基礎からのニューラルネット

—人工知能の基盤技術—

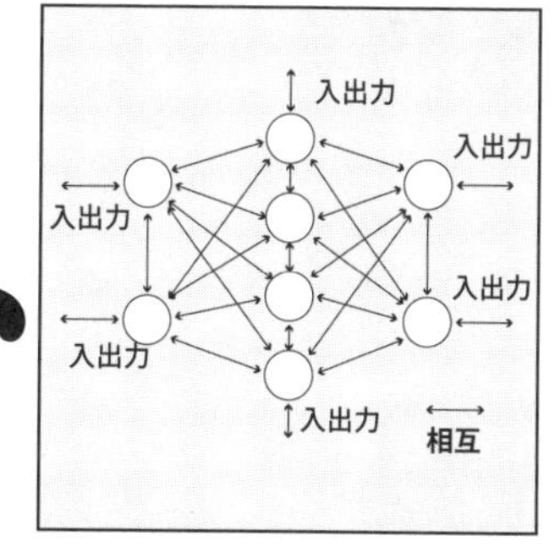

はじめに

2012年の「Googleの猫」のセンセーショナルな成功を契機に、「脳神経細胞の模倣」から進化した「深層学習」は、燎原の火のごとく、その応用領域を広げている。

「開発環境」という意味でも、「TensorFlow」などの使いやすいライブラリが提供され、「ビッグデータ」の恩恵で大規模なデータセットが容易に入手可能となり、「深層学習」を実装するための情報はウェブ上で溢れている。

このような環境を利用すれば、研究者でなくても、興味さえあれば「趣味」で「深層学習」のプログラムを書き、成果を得ることが可能である。

*

人工知能の研究には盛衰があり、現在は「第三のブーム」とも呼ばれているが、ここまで人工知能が人々の身近にまで迫ったことはなかった。

多くのユーザーにとって、「深層学習」は「道具」に近いものであり、使い方を理解することが最も重要であるが、中にはその「仕組み」を知りたいと思う人もいると思う。

そして、仕組みに興味をもつ人々の中から、新しい地平を切り開くパイオニアが輩出されるのだろう。

本書は、「深層学習」の「仕組み」に興味をもつ人々のために、「深層学習」の基礎である「人工ニューラルネット」の原理を解説することを目的として編まれた。

*

第1章と**第3章**は、それぞれ、独立の読み物として読んでいただけると思う。

第1章は人工知能研究の歴史を簡潔にまとめる。

第2章は本書の核心部であり、最も基本的な「階層型ニューラルネット」(パーセプトロン)の仕組みを詳説する。

理解のためには、どうしても数式を避けて通るわけにはいかないが、数値計算やグラフ、図を多用し、必ずしも数式の意味が分からなくても、数値とグラフ、図を追うことで原理を理解できるように工夫している。

第3章では物理学と人工知能研究の接点について述べる。

第4章は「深層学習」への導入とする。「深層学習」の発展の原動力となった「畳み込みネットワーク」「回帰ネットワーク」「長・短期記憶」「トランスフォーマ」の本質に焦点を絞った簡潔な説明を狙う。

申(しん) 吉浩(よしひろ)

基礎からのニューラルネット
―人工知能の基盤技術―

目　次

「サンプル・ファイル」のダウンロード

本書の「サンプル・ファイル」は、下記のページからダウンロードできます。

<工学社ホームページ>

https://www.kohgakusha.co.jp/suppor_u.html

ダウンロードしたファイルを解凍するには、下記のパスワードを入力してください。

358p9NqY

すべて「半角」で、「大文字」「小文字」を間違えないように入力してください。

第1章

ニューラルネットの歴史
―「パーセプトロン」から「深層学習」まで―

本章ではニューラルネットの歴史を概観していく。

1.1 はじめに

近年、「人工知能」(AI) がさまざまな領域で利用されている。

「スマートフォン」には「音声認識」や「機械翻訳」のアプリがあり、「自動車の自動運転」も限定された範囲ではあるが実用化されている。
「エアコン」や「掃除機」などの家電にも人工知能が搭載され、我々はその存在に気づくことすらなく人工知能を利用している。

*

人工知能を支える技術は、「**機械学習**」と「**ニューラルネット**」である。
この本では、この「ニューラルネット」について解説する。
「機械学習」について学びたい読者は、成書『機械学習アルゴリズム入門』をご覧いただきたい[1]。

第1章は「ニューラルネット」の歴史を概観し、続く**第2章**以降の導入としたい。

1.2 パーセプトロン

「ニューラルネットワーク」は、日本語では「**神経回路網**」という。
「神経」は脳の「神経細胞」であり、「回路網」は多数の「神経細胞」が結合して「回路」を形成していることを意味する。

「人工ニューラルネット」の研究は、この「神経回路網」の働きを模することで人間の思考能力を再現できるのではないかと考えることから始まった。

その研究の初期に考案されたのが、「**パーセプトロン**」である。

「パーセプトロン」は、「神経生理学」から得られた知見に基づくモデルから生み出された、もっとも単純な「人工ニューラルネット」である。

■ 1.2.1　マッカローとピッツの「形式ニューロン・モデル」

「パーセプトロン」も、いきなり誕生したわけではない。
「生物の活動をモデル化したい」という要求は以前からあり、特に「脳」への興味は「心理学」や「神経生理学」の多くの研究者がもっていた。

＊

神経生理学者で外科医の「ウォーレン・マッカロー」(Warren Sturgis McCulloch、1898年-1969年）と、論理学者で数学者である「ウォルター・ピッツ」(Walter J. Pitts, 1923年-1969年）は、1943年に、「**神経活動に内在する観念の論理計算**」（“A Logical Calculus of the Ideas Immanent in Nervous Activity”）を発表した[2]。
この論文では、「入出力の値」は「0」または「1」の「2値」だけをとるという「**形式ニューロン・モデル**」を提案している。

「形式ニューロン・モデル」では、「神経細胞」(ニューロン）を模した「ニューロン素子」が多数存在して、相互に結合することで「ネットワーク」を形成し、結合を介して一方の「ニューロン素子」から他方の「ニューロン素子」へと信号が送信される。

「ニューロン素子」間の結合には「重み」が与えられ、一つの「ニューロン素子」が最終的に受け取る入力値は、すべての入力に重みをかけた値の総和（入力の「重み付き和」）として定義される。

「重み付き和」として計算される「入力値」が、ある「閾値」を超えるとき、「ニューロン素子」は「興奮状態」となり、結合する他の「ニューロン素子」へと信号を送信する。
この結合の「重み」と「閾値」を変更することで、「AND」「OR」「NOT」の「論理演算」を実行できることが知られている。

＊

しかし、基本的な論理演算を実行できたとしても、それだけでは、より複雑な問題を学習して解くことができるわけではない。さらに深い研究が必要である。

■ 1.2.2 ホジキンとハックスレイの方程式

マッカローとピッツによる「形式ニューロン・モデル」は、電気生理学者の「アラン・ホジキン」(Sir Alan Lloyd Hodgkin、1914年-1998年)と「アンドリュー・ハックスレイ」(Andrew Fielding Huxley、1917年-2012年)による生理学的発見にその基礎をおいている。

ホジキンとハックスレイは、イカの巨大軸索における活動電位の発生と伝播を測定し、その解析から、現在の電気生理学の基礎となる概念を生み出すとともに、「興奮性細胞」の電気現象を定量的に扱う道を開いた。

特に、「神経」に刺激を与え、ある「閾値」を超えると「発火」することを明らかにするとともに、「活動電位の時間的変化」を表わす微分方程式を導いた。

2人は、電気生理学の基礎を築いた功績により、同じく電気生理学者である「ジョン・エックレス」とともに、1963年のノーベル医学・生理学賞を受賞している。

■ 1.2.3 「パーセプトロン」の誕生

1957年に心理学者の「フランク・ローゼンブラット」(Frank Rosenblatt、1928年-1971年)は、「形式ニューロン」の考えに基づき、学習機械「パーセプトロン」を考案。

そして翌年、「**パーセプトロン:脳における情報記憶と形成の確率的モデル**」(“The Perceptron: A Probabilistic Modelfor Information Storage and Organization in the Brain”)を、Psychological Review 誌に発表した[3]。

「Psychological Review」は「心理学」の分野の学術誌であり、そして、ローゼンブラットは心理学者である。

*

「なぜ、心理学者が?」と思われる読者も多いと思う。

1950年代は、コンピュータは開発されはじめたころであり、まだ「コンピュータ科学」や「人工知能」などの研究領域は存在していない。

そのころ「学習する機械」の研究を主導していたのは、「数学」や「電気工学」に強い心理学者や神経生理学者であった。

心理学者には「人の心を知りたい」という願望があり、「人間と同じように考える機械」を作りたいと考えても不思議ではない。

> ※ ローゼンブラットが提唱した「パーセプトロン」は、「ニューロン素子」が並列に並ぶ、いわゆる、「**単層パーセプトロン**」であるが、この章では歴史的な経緯を説明している点から、「パーセプトロン」と言えば「単層パーセプトロン」を指すものとする。
> **2章**以降では、「単層パーセプトロン」と、数の層からなる「多層パーセプトロン」とを区別する。

■ 1.2.4 「パーセプトロン」の出版

マサチューセッツ工科大学（MIT）の人工知能の大御所「マーヴィン・ミンスキー」（Marvin Lee Minsky, 1927年-2016年）と、その同僚の「シーモア・パパート」（Seymour Aubrey Papert、1928年-2016年）は、「パーセプトロン」を詳細に検討し、1969年に『**パーセプトロン**』と題する本を出版した[4]。

*

ミンスキーとパパートはこの本の中で、「パーセプトロン」の特長を示したが、同時に、その「限界」をも示して見せた。

限界とは、**「パーセプトロン」は「線形非分離問題」と呼ばれる一般的なクラスの問題を解くことはできない**、という事実である。

この本の「人工知能研究」への影響力は大きく、限界が示されたため、「パーセプトロン」を含む「人工ニューラルネット」の研究は衰退した、と言われている。

「パーセプトロン」の学習の仕組みとその限界については、**第2章**で詳しく説明する。

Column ミンスキーとパパート

ミンスキーは米国のコンピュータ科学者であり認知科学者で、専門は「AI」である。

現在のMITメディアラボの前身である、MITの「AIラボ」の創設者の1人でもある。

初期の「人工知能研究」を行ない、「人工知能の父」と呼ばれている。

また、映画「2001年宇宙の旅」の制作にもアドバイザーとして参加している。

「パーセプトロン」のローゼンブラットとはブロンクス科学高等学校の同級

生であり、興味深い偶然である。

ミンスキーはよく知られているので、ここで特に紹介したい人物は、パパートである。

＊

パパートは「発達心理学」で有名な「ジャン・ピアジェ」の弟子であり、ピアジェはパパートのことを、「パパートほど私の考えを理解してくれる者はいない」と言っていたそうである。

MIT に来て、ミンスキーとの研究の後、パパートは教育研究に「計算機科学」を応用し、同僚とともにプログラミング言語「**LOGO**」を開発した。

彼の目標は、「子どもが試行錯誤して問題を考えたり解いたりできる、創造的な道具を提供すること」にあった。

そして、「レゴ社」と共同で、「LOGO プログラミング」で動くロボットおもちゃ、「**レゴ マインドストーム**」を開発している。

最近は小学生などを対象にプログラミング教育を行なうプログラミング塾が巷に現われているが、そこで使われる教材の主流は「レゴ マインドストーム」と、「ビジュアルプログラミング言語」の「**スクラッチ**」である。

パパートは「レゴ マインドストーム」を開発し、「MIT メディアラボ」は「スクラッチ」を開発した。

パパートは子供のための「プログラミング教育」のパイオニアでもあるのである。

※ レゴ、レゴのロゴマーク、レゴ マインドストームは、レゴグループの登録商標です。

■ 1.2.5 「パーセプトロン」の実装

多くの文献では、ミンスキーとパパートによる「パーセプトロン」の理論的限界の指摘が「第１次ニューロブーム」※ の衰退に重大な影響があったとしているが、これ以外にも原因があったものと考えられる。

※「人工ニューラルネット」の研究には盛衰があり、ブームと冬の時代が交互に現われる。

「人工ニューラルネット」研究のブームを、**本章**では「**ニューロブーム**」と呼ぶこととする。

＊

本書を執筆している2022年現在は「第3次ニューロブーム」の最中にあるとされるが、「第1次ニューロブーム」を終息させた原因の一つは、「**実装プラットフォームの限界**」にある。

*

「パーセプトロン」が考案された1958年当時、コンピュータはまだ一般に利用できるほど普及していなかった。

やっとトランジスタ式のコンピュータが商用化された時期である。

そのため、ローゼンブラットは、「パーセプトロン」を実装するにあたり、コンピュータ上のプログラムとして実装する代わりに、ハードウェアを用いて実装している。

ローゼンブラットが制作した機械式装置は、「**Mark1 パーセプトロン**」と呼ばれた[5]。

「Mark1 パーセプトロン」の入力は、ごく普通の簡単なカメラで撮影した「20 × 20 = 400 画素」の画像であった。

また、「ニューロン素子間の結合」は配線で実現されており、結合の「重み」の変更は「可動式抵抗」を電気モータで回転させることで行なわれていた。

「可動式抵抗」とは、昔のテレビやラジオの音量調整に使われていたアナログ式の電機部品である。

*

コンピュータを使わず、機械で「人工知能」を作ろうという手法には限界があることは想像に難くない。

ミンスキーとパパートが限界を指摘しなくとも、「パーセプトロン」の研究は衰退したと思われる。

1.3 「線形非分離問題」と「深層化」

「パーセプトロン」は「線形非分離問題」を解くことができない、という事実が理論的に示されたことから、「第1次ニューロブーム」は終息を迎えることとなるが、多くの研究者が去る中、継続して「人工ニューラルネット」の研究を続ける研究者も存在した。

1986年に「ジェイムス・マクリーランド」と共同研究者（PDPグループ）は、2分冊の書籍『**Parallel Distributed Processing**』（**PDP**）を出版した[6]。

この本に収録された論文において、"「人工ニューラルネット」に「線形非分離問題」を学習させる手法"が提案されたことで、「ニューロブーム」が再燃することとなる。

■ 1.3.1 バックプロパゲーション

『PDP』の**第1巻**のサブタイトルは"Foundations"であり、「**バックプロパゲーション**」や「**ボルツマンマシン**」など、現在の「ニューラルネットワーク」研究の基礎となる技術的な内容が含まれている。

第2巻のサブタイトルは"Psychological and Biological Models"であり、「心理学」と「生物学的モデル」の論文がまとめられている。

*

注目すべきは、**第1巻**に収録された2編の論文である。

1つは、ラメルハートらによる"Learning Internal Representations by Error Propagation"である[7]。

ローゼンブラットが提案した「パーセプトロン」は「ニューロン素子」が並列に並ぶ、いわば、「単層パーセプトロン」と呼ばれるモデルを採用していたが、「パーセプトロン」を「**多層化**」(深層化、階層化)することで、「線形非分離問題」も解くことができるという事実がある。

この事実は、かなり前から知られていたようであるが、「**多層パーセプトロン**」を学習させるためのアルゴリズムが見いだせていなかったことから、「パーセプトロン」は「線形非分離問題」を解決できない、と考えられていたのである。

*

ラメルハートらの論文は、「多層ニューラルネット」の新しい学習方法、「バックプロパゲーション」を提案している。

「線形非分離問題」の解決に「多層パーセプトロン」を利用する道筋がついたことから、この論文は非常に注目を集めた。

(a)「多層化」によって「線形非分離問題」を解決する方法と、(b)「バックプロパゲーション」については、**第2章**で述べる。

1.3.2 非階層型ニューラルネット

もう1つの重要論文は、「ジェフリー・ヒントン」(Geoffrey Everest Hinton、1947年-)と「テレンス・セノフスキー」による"Learning and Relearningin Boltzmann Machines"である[8]。

*

現在の「深層学習」においては、複数の層を積み重ねた「**階層型ニューラルネット**」の利用が主流であるが、多数の「ニューロン素子」が複雑に絡み合った「**非階層型ニューラルネット**」も研究されてきた。

ヒントンとセノフスキーの論文は、「非階層型ネットワーク」の重要な例である「ボルツマンマシン」に関する研究において、嚆矢(こうし)となる論文である。

「ニューラルネット」の発展において「非階層型ニューラルネット」も重要な役割を果たし、「非階層型ニューラルネット」の研究において開発された技術が「深層学習」においても利用されている。

「非階層型ニューラルネット」については**第3章**で解説する。

1.3.3 さまざまな学術分野との協業

「第2次ニューロブーム」において特徴的な事実は、「情報処理」の研究者だけではなく、「脳神経生理学」「認知心理学」「理論物理学」など、学際的領域で共同研究が行なわれたことである。

*

この当時、これらの分野の研究者が集まる研究会が頻繁に行なわれ、研究が進められた。

現在の「深層学習」において非常に重要な技術である「**アテンション**」も、認知心理学の「**注意**」を参考に考案された。
視覚における「注意」とは、視野に入る情報をすべて処理するのではなく、特定の範囲の処理することを言う。

別の例としては、「階層型ニューラルネット」のモデルは、"「低次の特徴に反応する細胞」から「高次の細胞」に信号が伝達される過程で特徴が普遍化される"という脳神経学からの知見に根拠がある。

また、理論物理学者は、「非階層型ニューラルネット」を「固体物理」と対応付けて研究を進めた。これについては**第3章**で説明する。

＊

「ニューロブーム」は「家電」にまで及び、「ニューロ炊飯器」などが商品化されたが、炊飯器の温度制御のような簡単な応用しか実用化できず、「第2次ニューロブーム」は廃(すた)れていく。

Column **日本の神経回路研究者**

「第2次ニューロブーム」が起こる以前から、日本では地道に「ニューラルネット」の研究が行なわれていた。

「甘利俊一」(あまりしゅんいち、1936年-)は、数理解析により「ニューラルネットワーク」を研究し、「第2次ニューロブーム」の火付け役となる「バックプロパゲーション」と同等の学習アルゴリズムを、早くも1967年に提案している[9]。

「福島邦彦」(ふくしまくにひこ、1936年-)は、現在の「深層学習」の元祖とも言える多層ニューラルネット「**ネオコグニトロン**」を考案し、「手書き文字認識」に応用している[10](「**【Column】ネオコグニトロン**」を参照)。

甘利、福島以外にも多数の日本人究者が、「神経生理学」や「認知科学」の分野で大きな貢献を行なっている。

1.4 「深層学習」の誕生から現在まで

「第2次ニューロブーム」の終息以降、「ニューラルネット」の研究から去っていく研究者が多い中、「PDPグループ」のメンバーの一人であったヒントンの率いるグループが2012年に「深層学習」の初めてのモデルである、「**AlexNet**」を発表した[11]。

＊

画像の被写体を機械に識別させる、世界的なコンペティション「**ILSVRC**」(**ImageNet Large Scale Visual Recognition Challenge**)において、「AlexNet」は、それまで「26%」であったエラー率の記録を更新し、「18%」という記録を打ち立てた。

この改善は人工知能研究に新しい地平が開かれたことを予感させ、これを契機に、「第3次ニューロブーム」が起こり、現在に至っている。

■ 1.4.1 AlexNet

ヒントンらが発表した「AlexNet」は、8層のネットワークで、ユニット数は「65万」、パラメータ数は「6千万」である。
計算プラットフォームには、後述する「**GPU**」(Graphics Processing Unit)が用いられる。

*

「AlexNet」以前にも、「人工ニューラルネット」の性能は「多層化」によって向上するものと考えられていたが、「多層化」に伴ういくつかの課題が「**深層ニューラルネット**」の実用化を阻んできた。

*

まず、「多層ニューラルネット」の学習は「バックプロパゲーション」によって実行する。
「バックプロパゲーション」は、出力に近い「浅い層」における「誤差信号」(勾配)が入力に近い「深い層」に順次伝播し、その伝播が特定の漸化式に従う事実を利用して学習を実行する。

しかしながら、「深い層」では、伝播される誤差信号が「0」に近くなってしまい、学習が停滞するという「**勾配消失問題**」が発生する。

「AlexNet」では、「**ReLU関数**」と呼ばれる関数を導入することによって、この「勾配消失問題」が解決できることが示されている。

*

「ReLU関数」と「勾配消失問題」については**第2章**で説明する。

さらに、6千万個ものパラメータ調整を行なうために、「**事前学習**」や「**転移学習**」と呼ばれる工夫や、疎結合を実現するための「**畳み込み**」、「位置ずれ」を解消する「プーリング」などのさまざまな工夫が、「AlexNet」に盛り込まれた。

これらの工夫は、「深層ニューラルネット」における常套の技術として、重要な役割を果たしている。
「畳み込みニューラルネット」「転移学習」などについては**第4章**で説明する。

Column ネオコグニトロン

2012年に発表された「AlexNet」であるが、基本のアイデアは、1979年にNHK技研の福島邦彦によって考案された「ネオコグニトロン」において、すでに提案済みのものであった。

「ネオコグニトロン」では、現在では「深層学習」の標準技術となっている、「畳み込み」や「プーリング」がすでに取り入れられており、入力画像の「変形」や「位置ずれ」に強い設計となっていた。

*

「ネオコグニトロン」は、画期的な「人工ニューラルネット」のモデルであったが、例題として選ばれた応用が「文字認識」のみであったことから、「文字認識機械」ととらえられたこともあって、発表当時は大きな注目を集めることはなかった。

当時の計算機の性能の制約から、他の課題への適用が困難だったという事情もあったものと思われる。

計算能力の制約から解放された現在では、深層学習の「第3次ニューロブーム」において、その真価が評価されている。

■ 1.4.2 GPU

「AlexNet」を実装する上で「計算プラットフォーム」として利用されたハードウェアが「GPU」である。

*

「GPU」は、画像処理に特化した「演算装置」(プロセッサ)である。

現在のコンピュータディスプレイは高精細であることから、一画面当たりのデータサイズは莫大であり、加えて、ゲームなどで使われるコンピュータグラフィックでは高速な処理が求められることから、「グラフィック処理」は従来の「中央演算装置」(CPU)には荷の重い計算となっていた。

そこで、「グラフィック処理専用の演算装置」として開発されたハードウェアが、「GPU」である。

*

「GPU」は、ピクセルごとの計算を並列に行なう、専用のハードウェアである。

「コンピュータグラフィック」では「ポリゴン」と呼ばれる多角形で立体を表現し、その「回転」や「移動」で動画が作られる。

「回転」や「移動」は行列計算で行なわれることから、「GPU」は行列計算を高速に実行する演算装置と見ることもできる。

*

実は、「人工ニューラルネット」の学習のための計算の大部分は行列計算であるので、「GPU」を利用することによって、計算効率上の大きなメリットを得ることができるのである。

■ 1.4.3 「深層学習」の現在

「AlexNet」以後、Google によって開発された「AlphaGo」は囲碁の世界チャンピオンを含む一流の棋士に勝利するという偉業を達成した。

また、高品質な翻訳を実行する「Transformer」[12]や「BERT」[13]、自然に存在しても違和感のない人工画像を生成する「GAN」[14]とその発展形など、画期的な実用性能を誇る多くのモデルが提案されている。

これらのモデルのうち、いくつかについては**第4章**で説明する。

*

「深層学習」によって得られるモデルは、さまざまな領域で社会に貢献することが期待される。

しかし、その一方で、偽造した画像や文章を使う「フェイク・ニュース」の作成に利用されるなどのネガティブな面ももつ。

AI を使って生成した絵画風画像がコンクールで優勝してしまうという事例も報告されている。

*

今後の「深層学習」の発展は、諸刃の剣であることを理解しておく必要があるであろう。

第2章

階層型ニューラルネットモデル

本章では、「ニューロン単体」のモデルと、「ネットワーク」のモデル、「学習」のモデルについて、それぞれの基本的な考え方を説明について解説する。

2.1 脳神経網と「人工ニューラルネット」

2.1.1 脳神経細胞網

計算機中に実装される「**人工ニューラルネット**」は生物の「脳神経細胞網」を計算機の中に仮想的に実現したものであり、「ニューラルコンピューティング」は「人工ニューラルネット」を使った生理機能のシミュレーションである。

*

「人工ニューラルネット」の説明を始めるにあたって、「脳神経細胞網」の構造と機能を簡単に紹介する（図1）。

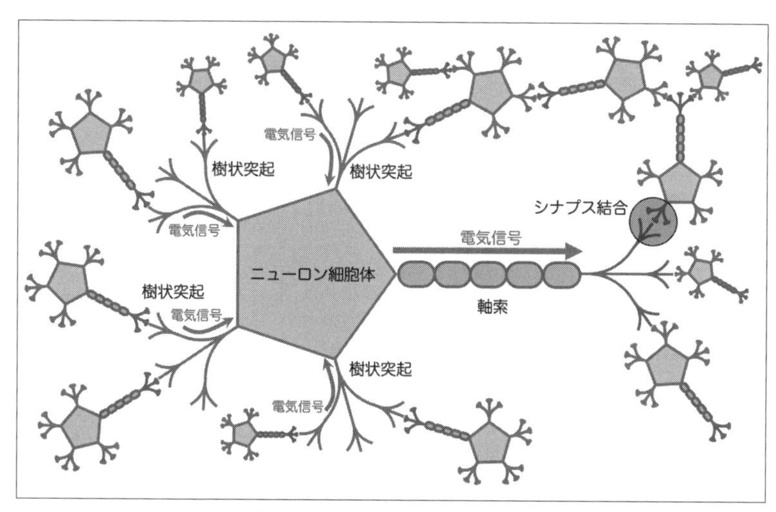

図1　「ニューロン細胞」と「脳神経細胞網」

*

「脳神経細胞網」は、「**ニューロン**」と呼ばれる「神経細胞」が、「**軸索**（じくさく）」と

「**樹状突起**(じゅじょうとっき)」と呼ばれる部位によって結合されて形成されるネットワークであり、このネットワークにおける電気信号の伝達パターンが「脳神経細胞網」の機能を決定する。

*

「軸索」は一つの「ニューロン」から伸びる長い紐状の部位であり、「ニューロン」が発火して電気信号を生成すると、その電気信号は軸索を通って隣接する「ニューロン」に伝えられる。

軸索末端は分岐して複数の「ニューロン」と結合することができるので、一つの「ニューロン」が発火した結果である電気信号は、複数の「ニューロン」に伝達される。

*

一方、「樹状突起」は別の「ニューロン」の軸索末端と結合していて、軸索末端に到達した電気信号は、「樹状突起」を通って「ニューロン」の細胞体に伝達される。

互いに結合している軸索末端と「樹状突起」はそれぞれ異なる「ニューロン細胞」の一部であり、軸索末端と「樹状突起」の結合部には「間隙(かんげき)」が存在するが、この「間隙」では電気信号は「化学物質」(神経伝達物質)の授受として伝達される。

*

「軸索末端」と「樹状突起」の結合を「**シナプス結合**」と呼ぶ。

電気信号を化学反応に変換する「シナプス結合」の仕組みにより、軸索末端の電位差が「樹状突起」に伝わるときの効率、すなわち、電気信号の伝達効率が可変となる。

「シナプス結合」における電気信号の伝達効率を「**シナプス強度**」と呼ぶが、「送信側の『ニューロン』の発火が受信側の『ニューロン』を高い頻度で発火させると、両者の『シナプス結合』における『シナプス強度』が強くなり、頻度が低くなると『シナプス強度』が弱くなる」とする「**ヘブ(Hebb)則**」は、「シナプス強度」が変化することを指す「**シナプス可塑性**」を表わしている。

「シナプス強度」が高い状態を「**興奮**」、低い状態を「**抑圧**」と呼ぶが、発火のタイミングで「シナプス強度」が変動する現象(**タイミング依存性シナプス可塑性**)も発見されており、「シナプス可塑性」のメカニズムは単純ではない。

*

次に、「ニューロン細胞体」中で電気信号が生成されるメカニズムを見てみよう。

「樹状突起」を通じた電気信号によってニューロン内の電位（**膜電位**）が上昇し、その値がある閾値(いきち)を超えると、「ニューロン細胞」は発火し、短時間に電位が急上昇し、その後急降下する。

この電位の急激な高下を「**スパイク**」と言い、「スパイク」による電位の変化が電気信号として「軸索」を伝わる。

*

非常に大雑把な説明ではあったが、電気信号が「ニューロン細胞」と「シナプス結合」が構成するネットワークの中で伝達される仕組みは、微視的には明らかになってきていることが分かると思う。

一方、情報がどのように伝えられて（コーディングされて）、どのように生理的機能に結びつくかについては、まだ、決定的な結論は得られていないようである。

情報を表現する現象について、「電位」「発火頻度」「位相」などの説があり、また特定の神経細胞と特定の生理機能が対応付いているという説（**おばあちゃん細胞説**）もある。

■ 2.1.2 「人工ニューラルネット」の基本概念

「人工ニューラルネット」は、「脳神経細胞網」を仮想的にコンピュータの中に再現し、さらに、生物の学習機能をプログラムとして実現することで、生物による学習と同じ現象をコンピュータ内で発生させようという試みである。

*

生まれたばかりの乳児は言語や社会に関する知識をまったく有しない完全な「無垢(むく)」の状態にある。

この「無垢」の状態から、外界からの刺激の「学習」を通して、言語を学び、社会性を獲得し、知識を蓄積して、知的能力を備えた成人へと成長する。

つまり、人間の知的能力の源泉は「学習」にあるわけであるから、人間が学習するプロセスをコンピュータ内で再現することができれば、コンピュータに知能を与えることができるであろうという考え方が、「人工ニューラルネット」の基本的なアイデアである。

しかしながら、現代の脳科学では、人間の「脳神経細胞網」で起こっている現象のすべてを解明できているわけではない。

また、仮に人間の「脳神経細胞網」の仕組みを完全に解明できたとしても、複雑な人間の脳神経の機能を忠実にコンピュータの中に再現することも現実的ではない。

＊

科学では、対象とする現象に解明できていない部分があったり、現象が非常に複雑で忠実に再現することが困難であったりする場合には、本質と関係が薄いと思われる部分を思い切って捨象(しゃしょう)した単純な「モデル」を利用することがある。

この手法を「**モデル化**」と呼ぶ。

たとえば、ボールを投げると、その軌跡は「放物線」を描くとされている。

ニュートン力学の運動方程式を用いて、各時刻におけるボールの空間座標を計算すれば、ボールの軌跡が放物線になることを導くことができる。

しかしながら、現実では、「空気抵抗」や、風の影響、地球の「自転・公転」の影響が存在するので、これらの影響を計算に入れると、軌跡は正確には放物線にはならない。

とはいえ、これらの外的要因の影響が充分に小さいと考えてもかまわない場合には、これらの外的要因の影響を捨象して、垂直方向に作用する重力のみを考慮したモデルを採用する。

「微細」な外的要因を捨象したモデルにニュートン力学を適用することで、「ボールの軌跡は放物線である」という主張が導かれるわけであるが、この主張は厳密にはあくまでも近似である。

それでも、現実において「放物線」による近似は充分に役に立っている。

＊

「脳神経細胞網」をコンピュータ内に構築する際にもモデル化を行なう。

近年、だんだんと複雑の度合いを増しているものの、「人工ニューラルネット」のモデルも非常に大胆な捨象に基づいて、単純な原理で記述される。

この章では、「ニューロン単体のモデル」と、「ネットワークのモデル」「学習のモデル」について、それぞれの基本的な考え方を説明する。

＊

「人工ニューラルネット」では、「ニューロン」をモデル化した概念を「**ノード**」または「**ニューロン素子**」などと呼ぶのが通例である。

「ニューロン」は「樹状突起」において多数の「ニューロン」と接続し、「シナプス結合」を介して電気信号を受け取ることは前に述べたが、ノードも他のノードから入力を受け取り、さらに、他のノードに対して出力を行なう。

ノード間の出力と入力の授受関係を「**リンク**」と呼ぶ。

脳神経細胞における「軸索」「シナプス結合」「樹状突起」という信号の伝達経路が「リンク」に相当する。

図2では入力ノードの出力を「x_1」から「x_n」で表わしている。

「n」はノードごとに固有であり、「ノードのネットワーク」を定めるときに決定されるが、「n」の設定に制限はない。

一方、信号「x_i」の値は、「0」か「1」の「離散値」であったり、区間 [0,1]（0 以上 1 以下のすべての実数）の値であったり、任意の「実数値」であったりするなど、モデルの定義によって多様であるが、これは後に述べる「**活性化関数**」の選択に依存する。

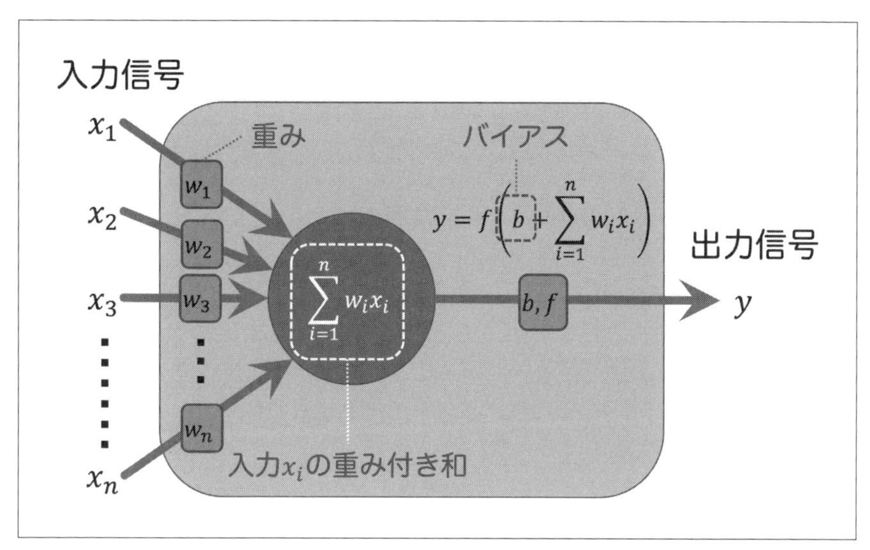

図2　ノード

ニューロン「R」（Receiver の R）にニューロン「S」（Sender の S）から

信号が入力されるとき、ニューロン「S」の軸索を経由して送られる電気信号は、ニューロン「R」の樹状突起末端での電位の変化を引き起こす。

このときの電位の伝達の効率、すなわち、「ニューロン『S』の軸索における電位変化がニューロン『R』の『樹状突起』において引き起こす電位変化の量」は、ニューロン「R」とニューロン「S」の組み合わせによって異なり、この伝達効率を「シナプス強度」と呼ぶことは、すでに述べた。

*

「ニューロン」のモデルである「ノード」においては、「シナプス強度」は重み「w」によって表現する。

すなわち、ノード「S」の出力がノード「R」に入力されるとき、ノード「S」の出力の強さが「x」であれば、ノード「R」が受け取る入力の強さは w_x となる。

重み「w」はノード「S」とノード「R」の組み合わせごとに独立であり、ノード「$S_1, ..., S_n$」がノード「R」に信号「$x_1, ..., x_n$」を出力するとき、それぞれの入力を定める「重み」を独立の変数「w_i」で表わし、ノード「R」がリンクで接続しているすべてのノードから受け取る入力の総和を、「$\sum_{i=1}^{n} w_i x_i$」で計算する。

*

さて、ニューロン「R」においては、入力された電気信号の総和が一定の閾値を超えると、ニューロン「R」は発火し、信号「y」を出力する。

このメカニズムを数式で簡潔に表現するため、バイアス「b」と活性化関数「f」を用いる。

現実では多様な活性化関数「f」が利用され、特に、**2-3 節**で説明する「**損失関数**」を使った「学習アルゴリズム」では、「活性化関数」が微分可能であることを要求するが、人工ニューラルネット研究の最初期に利用された活性化関数は「**階段関数**」であった。

*

以下では、「活性化関数」を「階段関数」（正確には「**ヘヴィサイド階段関数**」）であるとして、ニューロンモデルの記法について説明する（**図 3**）。

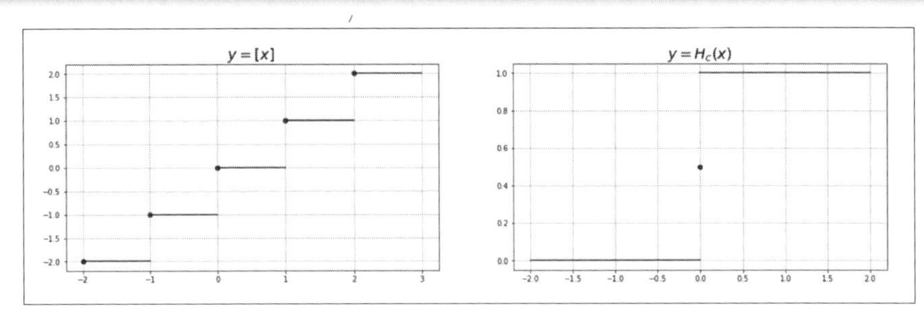

図３　階段関数とヘヴィサイド階段関数

階段関数に基づくこの「ニューロンモデル」は、発明者の名前にちなんで「**マッカロー・ピッツ（McCulloch-Pitts）モデル**」とも呼ばれるが、1943年に発表され、以来、人工ニューラルネット研究の基礎的な定式化となった。

---

(1) 今、入力「$x_1, ..., x_n$」の重み付き和「$\sum_{i=1}^{n} w_i x_i$」が、あらかじめ定められた閾値「θ」を超えた場合、ノードは信号「$y = 1$」を出力し、「θ」より小さいうちは信号「$y = 0$」を出力するようにしたい。

最も直接的な方法は、関数「$f_\theta(x)$」を、

$$f_\theta(x) = \begin{cases} 0, & x \leq \theta \text{ の時} \\ 1, & x > \theta \text{ の時} \end{cases}$$

と定めて、「活性化関数」を「f_θ」で定義する方法である。

ノード「R」への入力の総和は、「$\sum_{i=1}^{n} w_i x_i$」であるから、

$$y = f_\theta\left(\sum_{i=1}^{n} w_i x_i\right)$$

がノード「R」の出力となる。

(2) 上記の方法によって「活性化関数」を明確に記述することができるが、計算上の不便さを含んでいる。

2-2節で詳しく述べるように、重み「$w_1, ..., w_n$」と閾値「θ」は学習の

過程で変更されるパラメータであり、特に、「損失関数」と「勾配降下法」を用いた「学習アルゴリズム」では、「損失関数」をこれらのパラメータ、特に、「θ」で微分する必要がある。

「θ」が関数の定義に含まれていると、「θ」を変更するときに「活性化関数」を変更しなければならなくなり、微分の計算も厄介になる。

そこで、「活性化関数」を「θ」に依存しないように固定し、「θ」を「活性化関数」の引数の中に組み入れる工夫を行なう。

まず、活性化関数「$f_\theta(x)$」を、

$$f_0(x) = \begin{cases} 0, & x > 0\ \text{の時} \\ 1, & x > 1\ \text{の時} \end{cases}$$

に固定し、

$$y = f_0\left(-\theta + \sum_{i=1}^{n} w_i x_i\right)$$

で出力信号を定義する。

$$f_0\left(-\theta + \sum_{i=1}^{n} w_i x_i\right) = f_\theta\left(\sum_{i=1}^{n} w_i x_i\right)$$

が成り立つので、定義する関数になんら変更はないことが分かる。

*

「人工ニューラルネット」での一般的な記法では、「$-\theta$」の符号が「負」であることを嫌って、

$$y = f_0\left(b + \sum_{i=1}^{n} w_i x_i\right) \qquad \text{式 (1)}$$

という記法を用いることが多い。

この「$b = -\theta$」を**「バイアス」**と呼ぶ。この表記のもとでは、

$$f_0\left(b + \sum_{i=1}^{n} w_i x_i\right) = \begin{cases} 0, & \sum_{i=1}^{n} w_i x_i < -b\ \text{の時} \\ 1, & \sum_{i=1}^{n} w_i x_i \geq -b\ \text{の時} \end{cases}$$

が成り立ち、出力信号が入れ替わる閾値「θ」の値は「$-b$」である。

(3) **(2)** の記法では、重み「w_i」とバイアス「b」の二種類の変数を区別するが、これを不便だと考える人がいる。

特に、「人工ニューラルネット」の機能を数式で表現しようとする場合に、式が複雑になることを嫌う傾向がある。

そのため、多くの教科書では、さらに計算の便宜のよい簡潔な記法を用いることが多い。

「$w_0 = b$」とし、実際の入力「$x_1, ..., x_n$」に加えて、常に値「1」をとる仮想の入力「$x_0 = 1$」を想定すると、

$$b + \sum_{i=1}^{n} w_i x_i = \sum_{i=0}^{n} w_i x_i$$

と表記することができ、「バイアス」と「重み」を区別する必要がなくなり、数式での表現も簡潔になる。

たとえば、「$w = (w_0, ..., w_n)$」「$x = (1, x_1, ..., x_n)$」とベクトル表記のもとでは、ノードへの入力の「重み付き和」を、

$$\sum_{i=0}^{n} w_i x_i = \boldsymbol{w} \cdot \boldsymbol{x}$$

と、ベクトルの「ドット積」(内積) で簡潔に表記することができる。

*

本書では、数式を用いた計算は必要でない限りは避けることとしているので、数式で表現したときの簡潔さを追求するメリットはそれほど大きくない。

一方、「バイアス」と「重み」は物理的に異なる意味をもっており、両者を区別して考えることは理解の上で有効であるという考えから、**(2)** の記法を用いることとする (**図 2**)。

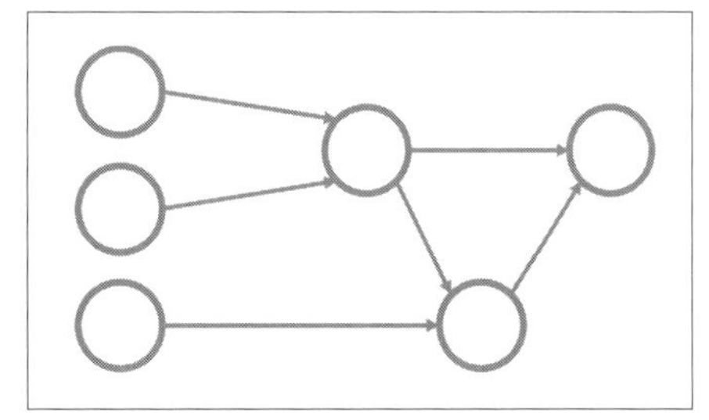

図 4　有向グラフ

Column 階段関数

「関数」のグラフを描いたとき、グラフが階段状になる関数のことを、一般に「階段関数」と呼ぶ。

実数全体に定義された「階段関数」は、実数全体を必ずしも有限個とは限らない区間に分割し、同一の区間に属する「x」に対しては、同じ「$f(x)$」の値を割り当てた関数である。

たとえば、ガウス記号 **[x]**（**⌊x⌋**と表記することもある）は、実数「x」を超えない整数を意味するが、関数としての $[x]$ は「階段関数」である。

実際、実数全体「R」は互いに交わりのない区間 $[n, n+1)$ $n = 0, \pm 1, \pm 2, \ldots$ の和となり、関数 $[x]$ は、下式で定義される。

$$[x] = n \quad x \in [n, n+1) \text{ の時}$$

階段関数「$H(x)$」が、区間（$-\infty, 0$)、$[0, 0]$、$(0, \infty]$ に対して定義され、

$$H_c(x) = \begin{cases} 0, & x < 0 \text{ の時} \\ c, & x = 0 \text{ の時} \\ 1, & x > 0 \text{ の時} \end{cases}$$

を満たすとき、「**ヘヴィサイド階段関数**」と呼ぶ。

初期の「ニューラルネットモデル」で利用される「活性化関数」は、「$c = 0$」のときのヘヴィサイド関数「H_0」であり、「単位階段関数」とも呼ばれる。

＊

以上で、「ニューロンの数理モデル」である「ノード」を構成する要素、「入力」「重み」「バイアス」「活性化関数」について理解を得たものと思う。

次は、「神経細胞網のモデル」について説明する。

神経細胞網は「ニューロン」が互いにつながり合ったネットワークなので、神経細胞網のモデルとしては、数学的構造の一つである、「グラフに基づく

表現」が自然である。

数学で言うグラフは、高校で習う「関数のグラフ」ではなく、複数の「ノード」が「リンク」を介して結合した構造のことを指す。
さらに、「リンク」に向きが存在するとき、**「有向グラフ」**と呼ぶ（**図4**）。

一方、「神経細胞網」における電気信号の流れは一方通行である。
すなわち、ニューロン「*S*」で発生した電気信号は「軸索」を通り、「シナプス結合」を介して、ニューロン「*R*」の「樹状突起」に伝達されるが、逆方向、つまり、「樹状突起」から「軸索」に電気信号が伝達されることはない。

したがって、「神経細胞網」をグラフでモデル化するのであれば、「有向グラフ」を用いるべきである。

ノード「*S*」からノード「*R*」に信号が入力されるとき、ノード「*S*」を始点、ノード「*R*」を終点とする「リンク」を定義する（**図5**）。

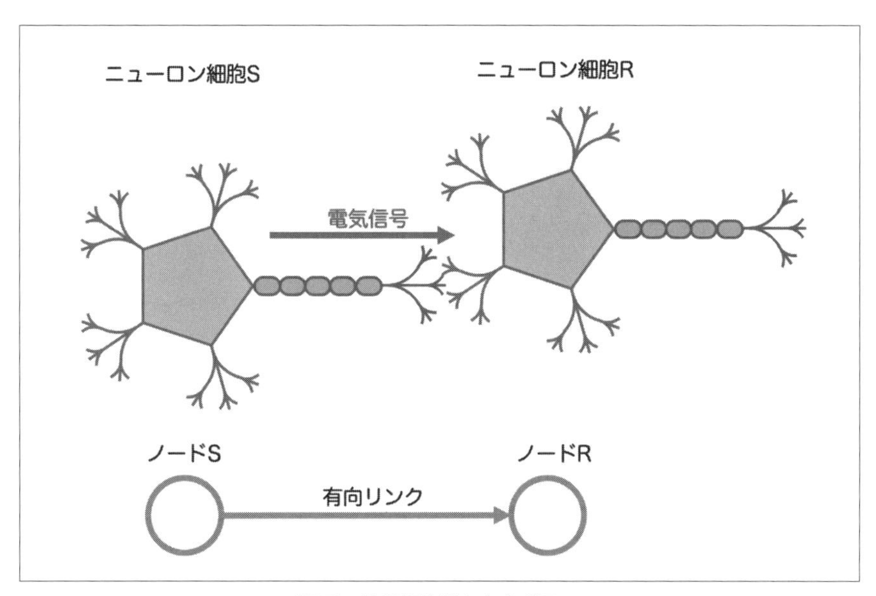

図５　神経細胞網と有向グラフ

計算機による「脳神経細胞網」の生理的機能のシミュレーションは、以下の逐次計算の手順で実行される（**図6**）。

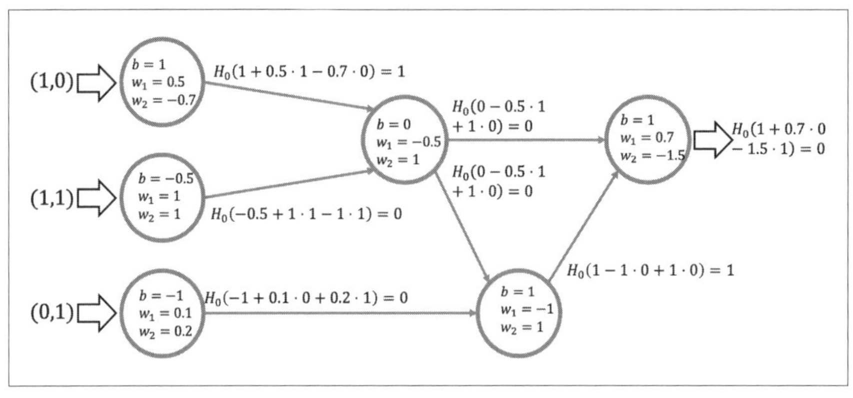

図６　ノードの出力の逐次計算

---

(1) 他のノードからの入力を受けない（入ってくる「リンク」が存在しない）ノードを「**始端ノード**」と呼び、時刻「$t = 1$」において、外部から「始端ノード」に入力された入力に基づいて、すべての「始端ノード」の出力を**式（1）**によって計算する。

(2) 時刻「t」では、時刻「$t - 1$」で計算した出力を受け取るすべてのノードにおいて、出力を**式（1）**によって計算する。

この計算ステップを、出力の計算を行なうノードが存在しなくなるまで、繰り返し実行する。

(3) いずれのノードにも信号を出力しない（出て行くリンクが存在しない）ノードを「**終端ノード**」と呼び、「終端ノード」の出力をシミュレーションの計算結果とする。

＊

何の制約も設けない一般的な「有向グラフ」上で、逐次計算に基づくシミュレーションを実行すると、以下に述べるような不都合が生じる可能性がある。

たとえば、**図７**のように、グラフ中に「**サイクル**」（閉路）が存在すると、サイクル内のノードが無限に発火を繰り返し、逐次計算が終了しない、という事態が起こり得る。

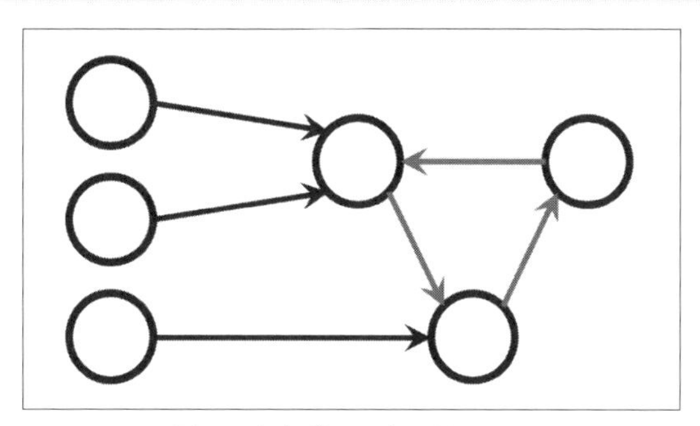

図7　有向グラフ中のサイクル

このため、「神経細胞網」をグラフとしてモデル化する際には、「サイクル」が存在しないようにグラフを制限することが行なわれる。

「サイクル」を含まない「有向グラフ」は、日本語では「**有向無閉路グラフ**」「**有向非巡回グラフ**」などと呼ばれ、また、英語では「directed acyclic graph」頭文字をとって、「DAG」と略されたりする。

また、**図8**のように、いずれかの「始点ノード」からノード「R」に到達する「パス」(経路) が複数存在し、かつ、その「長さ」(リンクの個数) が異なるときは、逐次計算によるシミュレーションでは、ノード「R」が時間差で発火し、それに起因して、グラフの「終端ノード」の出力が一意に定まらない。

これらの煩雑を避けるために、人工ニューラルネット研究では、ノードの「グラフ構造」を思い切って単純化した「**階層型ニューラルネットモデル**」が長く研究の主要な対象となってきた。

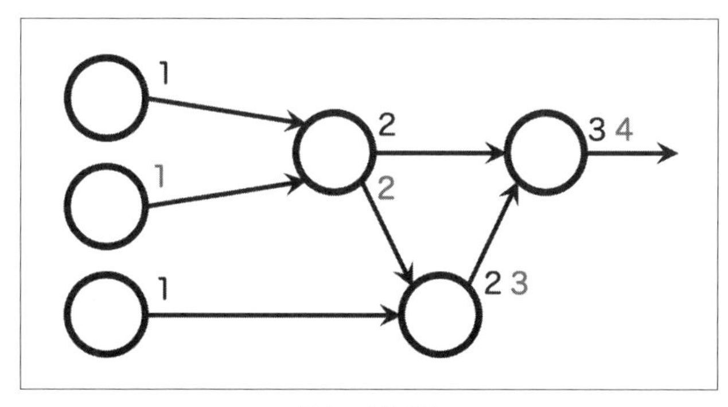

図8　時間差

L層の「階層型ニューラルネット」を以下の条件を満たすものと定義するが、直感的な理解には**図9**を眺めれば充分であろう。

- すべてのノードが「第1層」から「第L層」のいずれか一つに属する。
- すべての「第ℓ層」$(1 \leq \ell \leq L)$ は少なくとも一つのノードを含む。
- 「第L層」は「始端ノード」、「第1層」は「終端ノード」から構成される。
- 任意のリンクは、「第ℓ層」のノードを始点とし $(2 \leq \ell \leq \mathrm{L})$、「第 $(\ell-1)$ 層」のノードを終点とする。

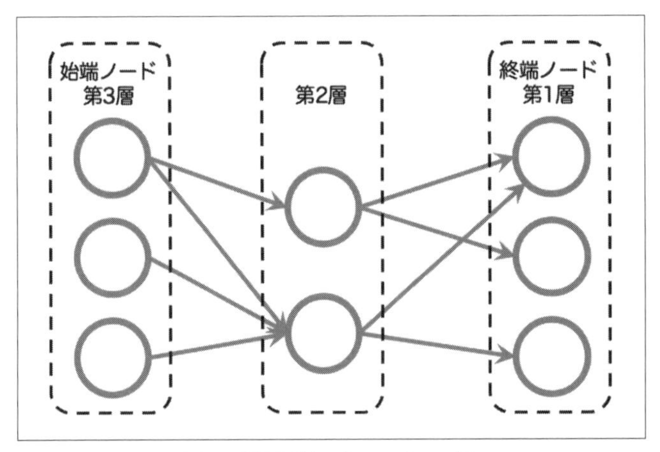

図9　階層型ネットワークモデル

*

3章で説明するように、「階層型ニューラルネット」でも、特に、以下の条件を満足するものを**「全結合ニューラルネット」**と呼ぶ。

- 「第ℓ層」の任意のノードを始点とし、$(2 \leq \ell \leq \mathrm{L})$、「第 $(\ell-1)$ 層」の任意のノードを終点とするリンクが、ただ一つ存在する。

層の番号の付け方は逆、つまり、信号が番号の小さい層から番号の大きい層に向かって伝播するように番号をつけることが一般であるが、ここでは説明の都合で、番号の大きい層から小さい層に向かって信号が伝播するような採番を採用する。

*

階層グラフ以外のモデル化により、物理現象や人間の記憶の仕組みなどを研究する試みもなされているが、現在華々しい成果を上げている「深層学習」の「ニューラルネット」の研究は、「階層型ニューラルネット」の研究から発展したものである。

＊

この章では、「階層型ニューラルネットモデル」に焦点を当て、「ニューラルネット」を理解する上で必要な概念を説明するとともに、「ニューラルネット」における学習とは何かを理解する。

2.2 「単層パーセプトロン」と「誤り訂正学習」

1943年に「ウォーレン・マッカロー」(Warren McCulloch, 1898年－1969年)と「ウォルター・ピッツ」(Walter Pitts, 1923年－1969年)がニューロンモデルを発表したが、「パーセプトロン」は、このニューロンモデルに基づく「階層型ニューラルネットモデル」である。

最も単純な構造を有する「パーセプトロン」である「**単層パーセプトロン**」は、1958年に「フランク・ローゼンブラッド」(Frank Rosenblatt, 1928年－1971年)によって実装されている。

「単層パーセプトロン」はネットワーク構造を表現する「階層グラフ」が1層のみからなるような構成を指し、2層以上の「階層グラフ」が「ニューラルネット」を表現する構成は「**多層パーセプトロン**」と呼ぶ。

2.2.1 「パーセプトロン」の構造

「パーセプトロン」において、信号伝搬の最終層、つまり、「階層グラフ」における「終端ノード」からなる層を「出力層」と呼び、「出力層」より下位の層を「隠れ層」と呼ぶ(**図10**)。

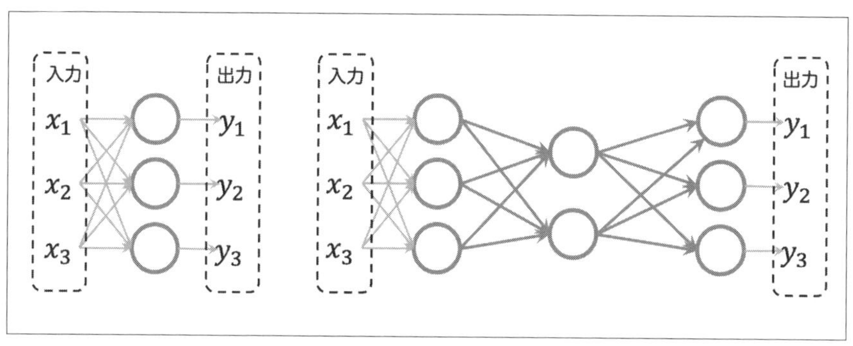

図10 「単層パーセプトロン」と「多層パーセプトロン」

「出力層」「隠れ層」に加えて、ネットワーク外部からの入力を「隠れ層」以降のノードに伝達するためのノードを設け、「入力層」を定義することもあるが、この表現では「単層パーセプトロン」は「入力層」と「出力層」の2層から構成されることになってしまう。

本書では、混乱のもとになると考えて、「入力層」という表現を使わないこととする。

「単層パーセプトロン」は英語の「single-layered perceptron」の訳であるが、活性化関数を「ヘヴィサイド階段関数」に限定していることと併せて、「単層パーセプトロン」の代わりに「**単純パーセプトロン**」という用語が用いられることもある。

「入力層」を含めて考えると、「単純パーセプトロン」は単層ではないことに理由があるのかもしれない。

本節では、「単層パーセプトロン」の説明を行なうが、同一の層に属するノードの機能は互いに独立であるので、一個のノードからなる簡潔な「パーセプトロン」を理解できれば充分である。

*

ここでは、「単層パーセプトロン」の学習アルゴリズムとして、「**誤り訂正学習**」のアルゴリズムを紹介する。

「誤り訂正学習」は、今でこそ教科書でしか取り上げられないが、歴史的に重要なアルゴリズムであり、何より、このアルゴリズムを理解することにより、「ニューラルネットの学習とは何か」を理解することができるようになるとともに、現代の学習アルゴリズムの基礎となる「損失関数」という考え方の必要性が理解できるようになる。

理解を容易にするために、ただ一つのノードからなる「パーセプトロン」を考え、さらに、ノードへの入力は「x_1」と「x_2」の2個であると仮定する(図11)。

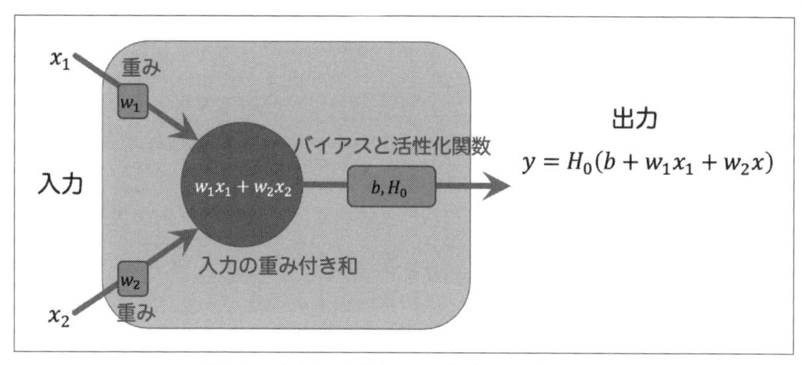

図 11　2 個の入力をもつ「パーセプトロン」

次に、**図 12** に示す直線「ℓ：$2x_1 - 4x_2 + 1 = 0$」を境界として分布する二種類のデータを考える。

一つのデータは「x_1」と「x_2」の値のペアであり、加えて、「0」か「1」の値をとるラベルが付与されている。

- 直線 ℓ の上側には、「1」をラベルにもち、■でプロットされる点が分布する。
- 直線 ℓ の下側には、「0」をラベルにもち、●でプロットされる点が分布する。

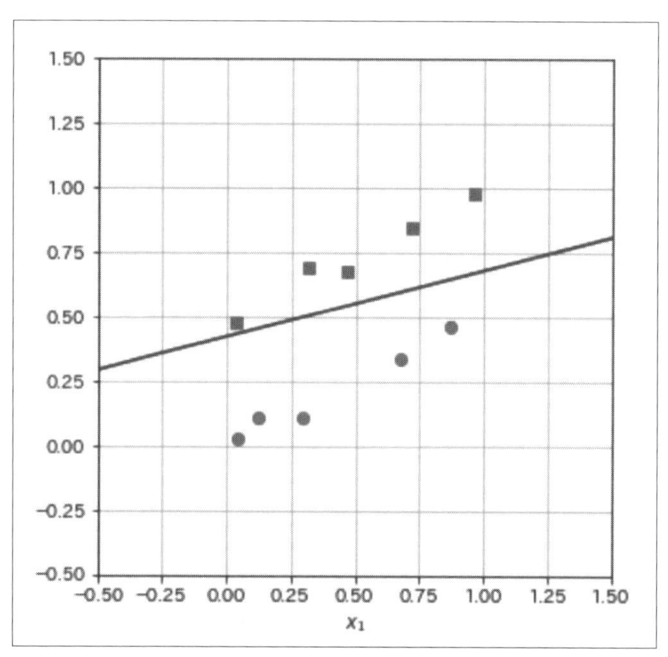

図 12　$2x_1 - 4x_2 + 1 = 0$ を境界とするデータ分布の例

データの集まりを「**データセット**」と呼ぶ。

この例では、5個のラベル「1」のデータと、5個のラベル「0」のデータの、合計10個のデータからなる「データセット」が与えられている。

今、**図11**の「パーセプトロン」の「重み」と「バイアス」を

$$w_1 = 2, \qquad w_2 = -4, \qquad b = 1$$

とすると、信号 (x_1, x_2) に対する「パーセプトロン」の出力は、

$$y = H_0(2x_1 + x_2 + 1) = \begin{cases} 1, & 2x_1 - 4x_2 + 1 > 0 \text{ の時} \\ 0, & 2x_1 - 4x_2 + 1 \leq 0 \text{ の時} \end{cases} \qquad \text{式 (2)}$$

となる。

「H_0」は「ヘヴィサイドの階段関数」である（**コラム「階段関数」**を参照）。
「パーセプトロン」の出力「y」は、点のラベルの「予測」である。

表1に、**図12**にプロットされた各データの座標、データに付与されたラベル、そして、**式（2）**で計算される、データを「パーセプトロン」に入力したときの出力を示す。

この例では、データの生成方法と「重み」と「バイアス」の設定（$w_1 = 2$, $w_2 = -4$, $b = 1$）から、ラベルと出力「y」が一致することは論理的に明らかであるが、一般に、ラベルと「パーセプトロン」の出力がすべてのデータにおいて一致するとき、**「パーセプトロン」は「データセット」と無矛盾である**という。

表1　データのラベルと「パーセプトロン」による出力「y」

x_1	x_2	ラベル	y
0.04	0.48	1	1
0.32	0.69	1	1
0.47	0.68	1	1
0.72	0.85	1	1

0.96	0.98	1	1
0.04	0.03	0	0
0.12	0.11	0	0
0.3	0.11	0	0
0.68	0.34	0	0
0.87	0.46	0	0

さて、人間が**図 12** のプロットを眺めれば、2 種類のデータの境界線である直線を見つけることは容易である。

しかし、実際には、機械学習の対象となるデータはより多数の値の組として表現される。

一つのデータを表現する値の個数を「**次元**」と呼ぶが、「次元」は数千、数万に及ぶこともまれではない。

一方、人間がデータのプロットを直感的に理解できる限界は「2 次元」までで、可視化の方法を工夫しても「3 次元」がギリギリである。

「次元」が数十、数百となれば、まったくのお手上げで、計算機の助けを借りなければ困難である。

*

今、「次元」を「d」としよう。

各データは、変数「$x_1, ..., x_d$」の値、すなわち、d 個の組（d 次元のベクトル）である。

さらに、

$$H : w_1x_1 + \cdots + w_dx_d + b = 0$$

を境界として分布する 2 種類のデータ群が与えられているとする。

・境界で二分される空間の片側の領域、

$$R_0 : w_1x_1 + \cdots + w_dx_d + b < 0$$

には m 個のデータが分布しているものとし、各データを d ベクトルとして

$$(\alpha_{1,1}, \ldots, \alpha_{1,d}), (\alpha_{2,1}, \ldots, \alpha_{2,d}), \ldots, (\alpha_{m,1}, \ldots, \alpha_{m,d})$$

と表現する。これらのデータにはラベル「0」を付与する。

・一方、残りの n 個のデータ

$$(\beta_{1,1},\ldots,\beta_{1,d}),(\beta_{1,1},\ldots,\beta_{1,d}),\ldots,(\beta_{n,1},\ldots,\beta_{n,d})$$

は、もう一方の領域、

$$R_1 : w_1x_1+\cdots+w_dx_d+b>0$$

に分布し、ラベル「1」を付与する。

このとき、我々は次の問題の解答を、計算機の助けを借りて求めたい。

> 上記「$m+n$ 個」のデータが与えられているとき、ラベル「0」のデータとラベル「1」のデータの間の境界「H」の方程式、すなわち、係数「$w_1, \ldots, w_d, b$」が未知であるとする。
> これらの係数の値をデータから計算せよ。

数学的に明確に記述するならば、以下のようになる。

$\{\alpha_{i,k}\,|\,i=1,\ldots,m,k=1,\ldots,d\}$ と $\{\beta_{j,k}\,|\,j=1,\ldots,n,k=1,\ldots,d\}$ を $d(m+n)$ 個の定数、「$w_1, \ldots, w_d$, b」を変数とする連立不等式、

$$\begin{array}{rcl}
w_1\alpha_{1,1}+w_2\alpha_{1,2}+\cdots+w_d\alpha_{1,d}+b & < & 0 \\
 & \vdots & \\
w_1\alpha_{m,1}+w_2\alpha_{m,2}+\cdots+w_d\alpha_{m,d}+b & < & 0 \\
w_1\beta_{1,1}+w_2\beta_{1,2}+\cdots+w_d\beta_{1,d}+b & > & 0 \\
 & \vdots & \\
w_1\beta_{n,1}+w_2\beta_{n,2}+\cdots+w_d\beta_{n,d}+b & > & 0
\end{array}$$

を、「$w_1, \ldots, w_d, b$」に関して解け。

この連立不等式を解く問題を、「パーセプトロン」の言葉で表現し直してみよう。

「$w_1, \ldots, w_d$」を「重み」、「b」を「バイアス」とする単体のノードで構成される単純な「パーセプトロン」を考える。

入力 $(x_1, \ldots, x_d)$ に対するこの「パーセプトロン」の出力は、

$$y = \begin{cases} 1, & w_1x_1 + \cdots + w_dx_d + b > 0 \text{ の時} \\ 0, & w_1x_1 + \cdots + w_dx_d + b \leq 0 \text{ の時} \end{cases}$$

で定義される。

つまり、**境界の方程式を定める係数**「$w_1, ..., w_d$」**と**「b」**は「パーセプトロン」の「重み」と「バイアス」に一致すること**が分かるので、前述の境界「H」を求める問題は次の問題と同じである。

> 上記「$m + n$ 個」のデータからなる「データセット」が与えられているとき、この「データセット」と無矛盾な「パーセプトロン」を決定せよ。

「パーセプトロン」を決定するとは、「重み」と「バイアス」の値を決定することである。

「重み」と「バイアス」の決定に使用される「データセット」を**「訓練データセット」**、「訓練データセット」中のデータを「**訓練データ**」と呼び、「訓練データセット」を用いて「重み」と「バイアス」を決定するプロセスを「学習」と呼ぶ。

より一般に、「**学習器**」(ここでは「パーセプトロン」)は、調整が可能な「パラメータ」(「パーセプトロン」の場合は「重み」と「バイアス」)を含んでおり、「訓練データ」と「訓練データに付随するラベル」に基づいて、**「パラメータ」を最適化する**計算手順が「学習アルゴリズム」である。

*

「誤り訂正学習」は「パーセプトロン」のための「学習アルゴリズム」であり、「パーセプトロン」が「訓練データセット」と無矛盾となるように「重み」と「バイアス」(パラメータ)を最適化する。

すなわち、「訓練データ」を入力したときの「パーセプトロン」の出力と、「訓練データ」に付随するラベルとが一致するように、重み「$w_1, ..., w_d$」とバイアス「b」を計算するアルゴリズムである。

以下では、「誤り訂正学習アルゴリズム」を説明するが、その原理は「誤り訂正学習アルゴリズム」に限定せず、後に説明するより一般的な「損失関数と「勾配降下法」を用いた学習」を含めた多くの学習アルゴリズムと共通である（図13）。

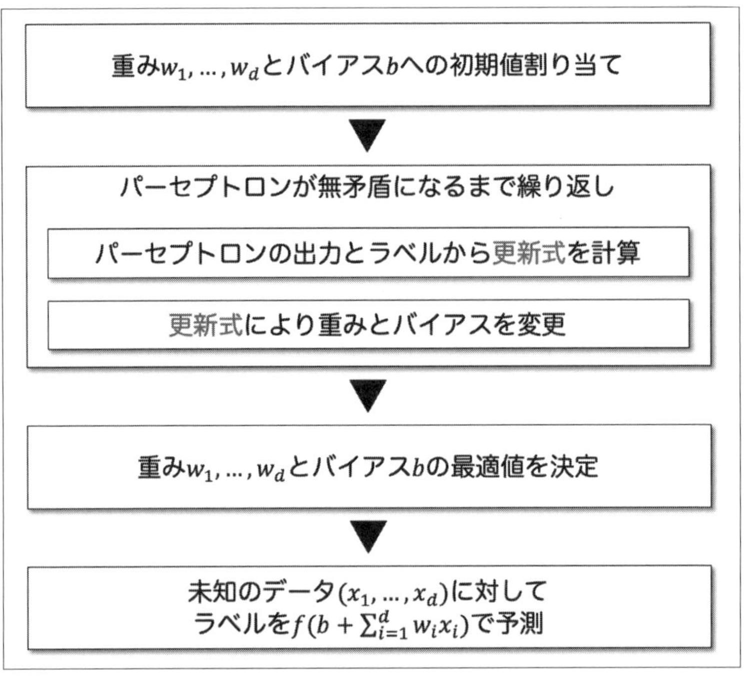

図13 「単層パーセプトロン」の「学習」の流れ

「学習アルゴリズム」の原理

(1)「パラメータ」に初期値を割り当てる。

(2)「訓練データ」を入力したときの「パーセプトロン」の出力（予測）と「訓練データ」に付与されたラベルが、「重み」と「バイアス」の更新式を定める。

この更新式に基づいて、「重み」と「バイアス」を微調整する。

(3) 終了条件を満足するまで「**ステップ2**」を繰り返す。

一方、「終了条件」は、「誤り訂正学習」と「損失関数と勾配降下法を用いた学習」では異なり、「誤り訂正学習」の場合の「終了条件」は、「パーセプトロン」が「訓練データセット」と無矛盾であること、すなわち、すべての「訓練データ」について、「パーセプトロン」の出力とラベルが一致することである

図12の10個の「訓練データ」に対して「誤り訂正学習」を実際に実行した結果を、**図14**と**表2**に示す。

この例では、「$w_1 = 1, w_2 = 0, b = -0.5$」が初期値として与えられ、更新式によって繰り返し更新された後、「$w_1 = -0.79, w_2 = 3.06, b = -1.3$」に最適化される。

表2に示すように、学習後にはラベルと「パーセプトロン」の出力とは一致し、「パーセプトロン」は「訓練データ」に対して無矛盾であることが分かる。

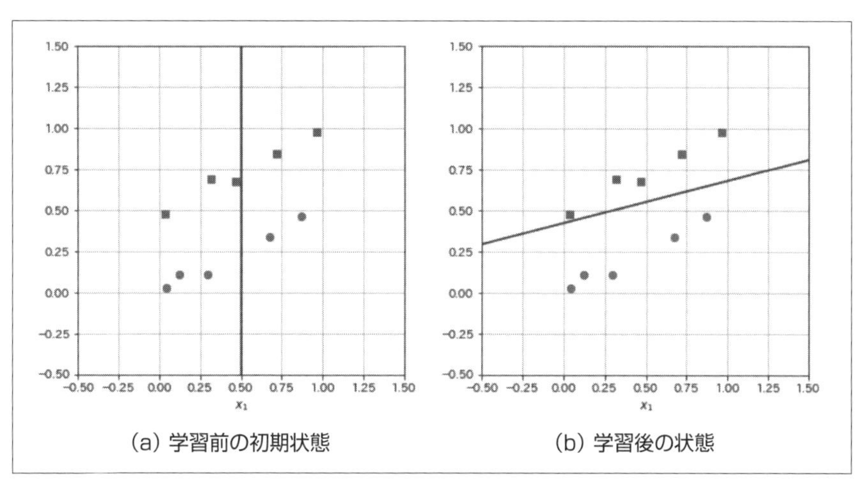

図14　学習のBefore-After

重み「w_1, w_2」とバイアス「b」は平面を2つの領域に分ける直線「$w_1x_1 + w_2x_2 + \mathrm{b} = 0$」を定めるが、**図14**は、この直線を学習前と学習後で比較できるように表示したものである。

学習後においては、ラベル「1」のデータ（■）とラベル「0」のデータ（●）が、直線を境界として分離されていることが分かる。

図15では、「誤り訂正学習」による重み「w_1（■）」と「w_2（◆）」、および、バイアス「b（●）」の更新の経過を示す。

また、ラベルと「パーセプトロン」の出力が異なる「不正解」のデータの個数の変化は点線で示されるが、増減を繰り返しながら、12回の更新の後に「0」になり、「訓練データセット」と無矛盾な「パーセプトロン」が得られたことが分かる。

表2　学習前の出力「y」と学習後の出力「y」

x_1	x_2	ラベル	y（学習前）	y（学習後）
0.04	0.48	1	0	1
0.32	0.69	1	0	1
0.47	0.68	1	0	1
0.72	0.85	1	1	1
0.96	0.98	1	1	1
0.04	0.03	0	0	0
0.12	0.11	0	0	0
0.3	0.11	0	0	0
0.68	0.34	0	1	0
0.87	0.46	0	1	0

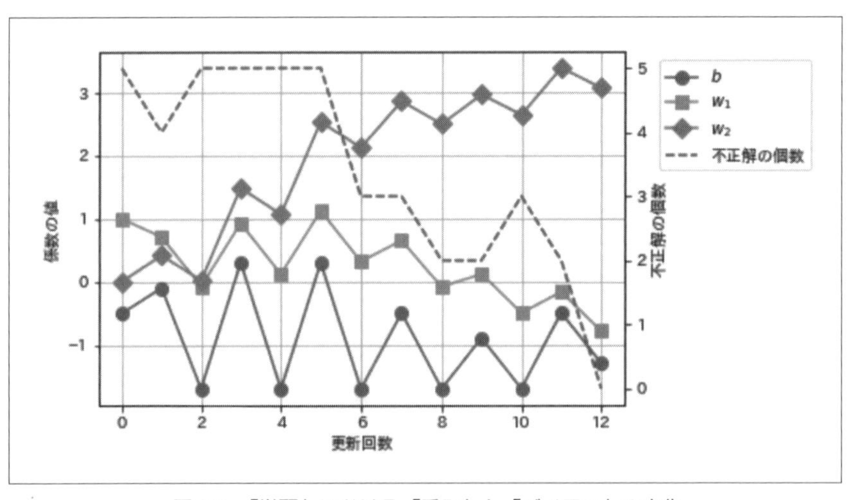

図15 「学習」における「重み」と「バイアス」の変化

さて、以下では、「誤り訂正学習」における更新式と、「誤り訂正学習」におけるパラメータ更新の計算を逐次的に追う。

一般に、「パラメータの更新のタイミングに依存して、「学習アルゴリズム」には以下の3種類が存在する。

・オンライン学習

「訓練データ」を順に学習器に入力し、出力が得られる都度、更新式を適用。

・バッチ学習

「全訓練データ」を学習器に入力し、すべての出力が得られるタイミングで、更新式を適用。

・ミニバッチ学習

「オンライン学習」と「バッチ学習」の中間の学習方法。

「訓練データセット」を複数のグループに分割して、個別のグループの「訓練データ」を学習器に入力し、出力が得られるタイミングで、更新式を適用。

各訓練データのグループを「**ミニバッチ**」と呼ぶ。

「オンライン学習」は、学習に使用するメモリが小さくてすむ一方、「学習に必要な時間が大きくなる」というデメリットがある。

「バッチ学習」はその逆で、学習に必要な時間は比較的小さく抑えられる一方、「大きなメモリ」が必要となる。

*

「ニューラルネット」を利用した「学習」では、膨大な大きさの「訓練データセット」を利用して学習を実行しなければならない場面が多く、使用メモリ量と学習時間のトレードオフに対して適切なバランスを設定する必要がある。

特に、「ニューラルネット」の計算に近年広く使われる「GPU」(Graphic Processing Unit) を使用する場合、「GPU」内の「キャッシュメモリ」に可能な限り多くの計算データを展開できると、計算効率が飛躍的に改善されることが知られている。

そのため、「ミニバッチ学習」によって、「メモリ量の制約」と「計算効率」とを両立させることは重要である。

*

さて、以下では、「オンライン学習」と「バッチ学習」のそれぞれについて、

「誤り訂正学習」の更新式を示し、具体的な例を用いて、「誤り訂正学習」のプロセスを逐次的に観察する。

図12の例では「訓練データ」の個数が多すぎるので、**表3**に示す4個の「訓練データ」からなる「訓練データセット」を考える。

それぞれのデータの値は $(x_1, x_2) = (0, 0)$, $(0, 1)$, $(1, 1)$, $(1, 0)$ であり、ラベルは「x_1」と「x_2」の論理積「$x_1 \land x_2$」で与えられるとする。

表3　AND演算のための「データセット」

x_1	x_2	ラベル ($x_1 \land x_2$)
0	0	0
0	1	0
1	1	1
1	0	0

図16では、**表3**の「訓練データ」を、ラベル「0」の点は「●」、ラベル「1」の点は「■」でプロットした。

この「訓練データセット」を利用した例は、「パーセプトロン」で論理積(AND)演算を実現することが可能であることを示す古典的な例である。

図16では、「重み」と「バイアス」の初期値を「$w_1 = 1, w_2 = 0, b = -0.5$」として、初期値が定める直線「$x = 0.5$」も併せて示している。

この直線の左側の点を「パーセプトロン」に入力すると出力「0」、右側の点を入力すると出力「1」を得るので、初期状態において、不正解の数は1個になる。

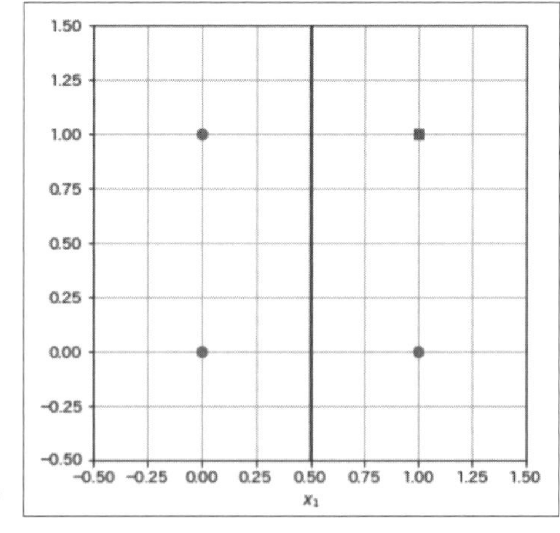

図16　「訓練データ」と初期パラメータ

■ 2.2.2 オンライン学習手順

訓練データ $(x_1, ..., x_d)$ を「重み」と「バイアス」の現在の値が「$w_1, ..., w_d$」と「b」である「パーセプトロン」に入力すると、

$$y = H_0\left(b + \sum_{i=1}^{d} w_i x_i\right)$$

により、出力が計算される。

一方、「訓練データ」のラベルを「t」で表わすとき、「誤り訂正学習」では、「重み」と「バイアス」は以下の更新式により更新する。

「誤り訂正学習」における更新式（オンライン学習）

$$w_i \leftarrow w_i + \eta(t - y)x_i, \qquad i = 1, \ldots, d \qquad \text{式 (3)}$$

$$b \leftarrow b + \eta(t - y) \qquad \text{式 (4)}$$

式 (3) は、現在の「重み」の値「w_i」に「$\eta(t - y)x_i$」を加えた値を新しい「重み」の値として、古い「重み」の値を置き換えることを意味する。

同様に、**式 (4)** は、現在の「バイアス」の値「b」に「$\eta(t - y)$」を加えた値を新しい「バイアス」の値として、古い「バイアス」の値を置き換えることを意味する。

*

ここで、「η」は「**学習率**」と呼ばれる定数で、1回あたりの更新における「重み」と「バイアス」の微調整の幅を調整するパラメータである。

一般に、「学習率」の値が小さすぎると、「データセット」と無矛盾な「重み」と「バイアス」の値に到達するまでに長い時間がかかり、「学習率」の値が大きすぎると「重み」と「バイアス」の値が振動して、適切な値に到達できない可能性がある。

そのため、「学習率」を適正な値に設定する必要が出てくる。

*

更新式 **(3)** と **(4)** において「$t = y$」が成り立つ場合、すなわち、「パーセプトロン」の出力とラベルが一致するときには、「重み」「バイアス」とも

に値が更新されないことに注意しておこう。

「$t - y = 0$」が成立するということは、「t」をラベルとしてもち、「y」を出力とする「訓練データ」は、現在の「パーセプトロン」と矛盾しないからである。

図16の初期パラメータから出発して、各「訓練データ」(各点) を順番に評価し、**式 (3)** と**式 (4)** を用いて重み「w_1, w_2」と「バイアス」を更新する計算を追っていく。

- データは (0, 0) → (0, 1) → (1, 1) → (1, 0) → (0, 0) の順で循環的に評価する。
- 学習率は $\eta = 0.4$ とする。

ステップ1 **(0, 0) を評価 ($b, w_1, w_2 = -0.5, 1, 0$).**

「訓練データ」のラベルは「$t = 0$」。

一方、

$$b + w_1x_1 + w_2x_2 = -0.5 + 1 \cdot 0 + 0 \cdot 0 < 0$$

より、「パーセプトロン」の出力「y」は「0」である。

「$t - y = 0$」が成り立つので、「重み」と「バイアス」の値は更新されない。

ステップ2 **(0, 1) を評価 ($b, w_1, w_2 = -0.5, 1, 0$).**

「訓練データ」のラベルは「$t = 0$」で、「パーセプトロン」の出力「y」の値は、

$$b + w_1x_1 + w_2x_2 = -0.5 + 1 \cdot 0 + 0 \cdot 1 < 0$$

より「0」であるので、「重み」と「バイアス」の値は更新されない。

ステップ3 **(1, 1) を評価 ($b, w_1, w_2 = -0.5, 1, 0$).**

「訓練データ」のラベルは「$t = 1$」で、「パーセプトロン」の出力「y」の値は、

$$b + w_1x_1 + w_2x_2 = -0.5 + 1 \cdot 1 + 0 \cdot 1 > 0$$

より「1」であるので、「重み」と「バイアス」の値は更新されない。

ステップ4 (1, 0) を評価 ($b, w_1, w_2 = -0.5, 1, 0$).

「訓練データ」のラベルは「$t = 0$」で、「パーセプトロン」の出力「y」の値は、

$$b + w_1 x_1 + w_2 x_2 = -0.5 + 1 \cdot 1 + 0 \cdot 1 > 0$$

より「1」となる。

「$t - y = 0 - 1 = -1$」であるので、**式 (3)** と**式 (4)** より、各パラメータは次のように更新される。

$$b = -0.5 + 0.4 \cdot (0 - 1) = -0.9$$
$$w_1 = 1 + 0.4 \cdot (0 - 1) \cdot 1 = 0.6$$
$$w_2 = 0 + 0.4 \cdot (0 - 1) \cdot 0 = 0$$

結果、「$b + w_1 x_1 + w_2 x_2$」が表わす直線の方程式は「$x_1 = 1.5$」となる (**図17**)。

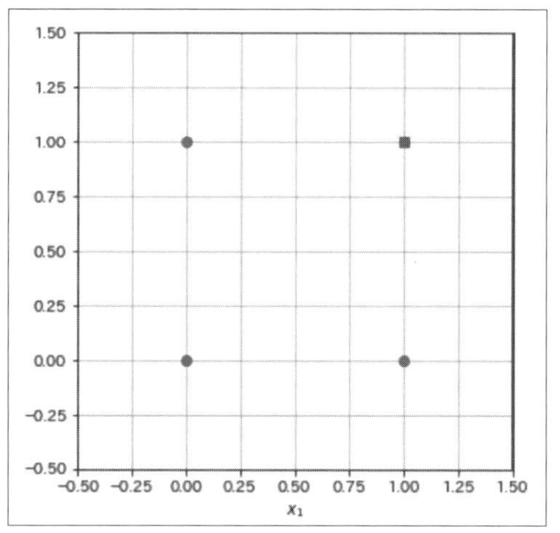

図17 [ステップ4] の評価後のグラフ

ステップ5 (0, 0) を評価 ($b, w_1, w_2 = -0.9, 0.6, 0$).

「訓練データ」を一巡したので、最初のデータ (0, 0) に戻って更新を継続する。

「訓練データ」のラベルは「0」、「パーセプトロン」に入力したときの出力も「$y = 0$」であるので、「重み」と「バイアス」は更新されない。

ステップ6 (0, 1) を評価 ($b, w_1, w_2 = -0.9, 0.6, 0$).

「訓練データ」のラベルは「0」、「パーセプトロン」に入力したときの出力も「$y=0$」であるので、「重み」と「バイアス」は更新されない。

ステップ7 (1, 1) を評価 ($b, w_1, w_2 = -0.9, 0.6, 0$).

「訓練データ」のラベルは「$t=1$」、「パーセプトロン」の出力は「$y=0$」であるので、**式 (3)** と**式 (4)** より、各パラメータは次のように更新される。

$$b = -0.9 + 0.4 \cdot (1-0) = -0.5$$

$$w_1 = 0.6 + 0.4 \cdot (1-0) \cdot 1 = 1$$

$$w_2 = 0 + 0.4 \cdot (1-0) \cdot 1 = 0.4$$

結果、「$b + w_1x_1 + w_2x_2$」が表わす直線の方程式は「$10x_1 + 4x_2 = 5$」となる（**図18**）。

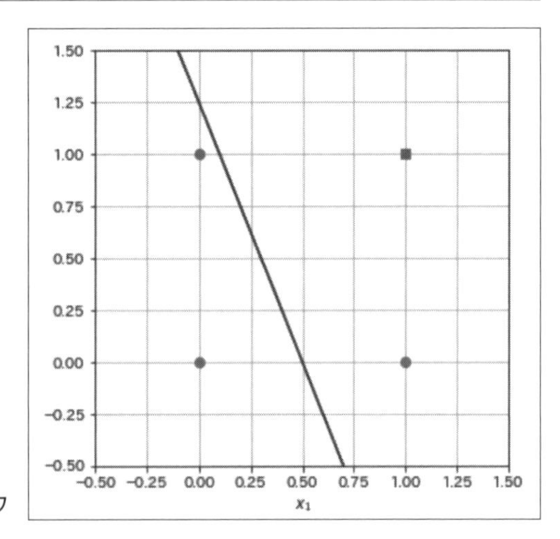

図18 [ステップ7] の評価後のグラフ

ステップ8 (1, 0) を評価 ($b, w_1, w_2 = -0.5, 1, 0.4$).

「訓練データ」のラベルは「$t=0$」、「パーセプトロン」の出力は「$y=1$」であるので、**式 (3)** と**式 (4)** より、各パラメータは次のように更新される。

$$b = -0.5 + 0.4 \cdot (0-1) = -0.9$$

$$w_1 = 1 + 0.4 \cdot (0-1) \cdot 1 = 0.6$$

$$w_2 = 0.4 + 0.4 \cdot (0-1) \cdot 0 = 0.4$$

結果、「$b + w_1x_1 + w_2x_2$」が表わす直線の方程式は、「$6x_1 + 4x_2 = 9$」となる（**図19**）。

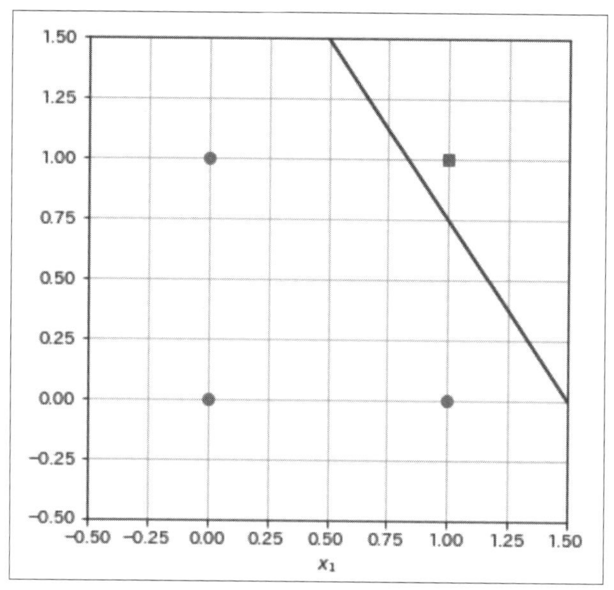

図19 [ステップ8]の評価後のグラフ

ステップ9 (0, 0)を評価 ($b, w_1, w_2 = -0.9, 0.6, 0.4$).

「訓練データ」のラベルは「0」、「パーセプトロン」に入力したときの出力も「$y = 0$」であるので、「重み」と「バイアス」は更新されない。

ステップ10 (0, 1)を評価 ($b, w_1, w_2 = -0.9, 0.6, 0.4$).

「訓練データ」のラベルは「0」、「パーセプトロン」に入力したときの出力も「$y = 0$」であるので、「重み」と「バイアス」は更新されない。

ステップ11 (1, 1)を評価 ($b, w_1, w_2 = -0.9, 0.6, 0.4$).

「訓練データ」のラベルは「1」、「パーセプトロン」に入力したときの出力も「$y = 1$」であるので、「重み」と「バイアス」は更新されない。

ステップ12 (1, 0)を評価 ($b, w_1, w_2 = -0.9, 0.6, 0.4$).

「訓練データ」のラベルは「0」、「パーセプトロン」に入力したときの出力も「$y = 0$」であるので、「重み」と「バイアス」は更新されない。

このとき、点で、「重み」と「バイアス」を変更することなく、「訓練データ」を一巡したので、この後評価を継続しても、パラメータが更新されることはない。

最終的に、「重み」とパラメータの最適値として、

$$b = -0.9$$

$$w_1 = 0.6$$

$$w_2 = 0.4$$

を得、このパラメータが決定する「パーセプトロン」は、以下のように、正しくラベルを出力することを確かめることができる。

$$f_0(-0.9 + 0.6 \cdot 0 + 0.4 \cdot 0) = f_0(-0.9) = 0$$

$$f_0(-0.9 + 0.6 \cdot 0 + 0.4 \cdot 1) = f_0(-0.5) = 0$$

$$f_0(-0.9 + 0.6 \cdot 1 + 0.4 \cdot 1) = f_0(0.1) = 1$$

$$f_0(-0.9 + 0.6 \cdot 1 + 0.4 \cdot 0) = f_0(-0.3) = 0$$

図20に、上記ステップの実行による「重み」と「バイアス」の変化を示す。

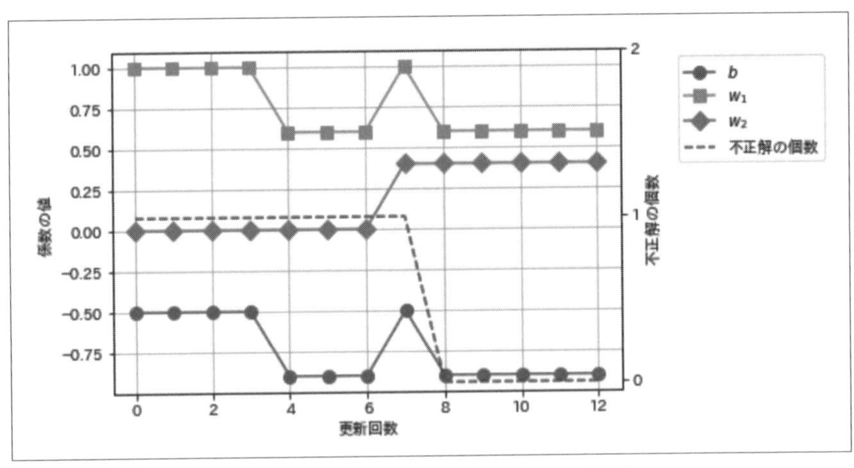

図20　パラメータの更新（オンライン学習）

ステップ9～12の4ステップでパラメータの値に変化がないのは、4個すべての「訓練データ」についてラベル「t」と「パーセプトロン」の出力「y」が一致することを確認しているからである。

■ 2.2.3 「バッチ学習」の手順

「バッチ学習」と「ミニバッチ学習」では、複数の「訓練データ」を入力とする「パーセプトロン」の出力を一括して計算し、「重み」と「バイアス」の更新を一時に実行する。

今、一回のパラメータの更新で評価する「訓練データ」を「$x[1], ..., x[k]$」、対応するラベルを「$y[1], ..., y[k]$」とする。

各訓練データ「$x[j]$」は、d個の値からなるベクトルで、

$$\boldsymbol{x}[j] = (x_1[j], \ldots, x_d[j])$$

と表記されるとする。

このとき、重み「$w_1, ..., w_d$」とバイアス「b」の更新式は、以下のように与えられる。

$$w_i \leftarrow w_i + \eta \left(\sum_{j=1}^{k} (t[j] - y[j])\, x_i[j] \right), \qquad i = 1, \ldots, d$$

式（5）

$$b \leftarrow b + \eta \left(\sum_{j=1}^{k} (t[j] - y[j]) \right)$$

式（6）

Column 更新式（5）の行列による表現

「行列」を使って表現すると、**更新式（5）**を簡潔に表現できるようになる。

個々の「訓練データ」を行ベクトルで表わし、それを積み重ねて、「$k \times d$」の行列「X」を以下のように定める。

$$\mathrm{X} = \begin{bmatrix} x_1[1] & \ldots & x_d[1] \\ \vdots & \ddots & \vdots \\ x_1[k] & \ldots & x_d[k] \end{bmatrix}$$

また、ベクトル「$\boldsymbol{w}, \boldsymbol{t}, \boldsymbol{y}$」を以下のように定める。

$$\boldsymbol{w} = \begin{pmatrix} w_1 & \cdots & w_d \end{pmatrix}$$
$$\boldsymbol{t} = \begin{pmatrix} t[1] & \cdots & t[k] \end{pmatrix}$$
$$\boldsymbol{y} = \begin{pmatrix} y[1] & \cdots & y[k] \end{pmatrix}$$

この表記のもとで、**更新式（5）**は以下のように表記することができる。

$$\boldsymbol{w} \leftarrow \boldsymbol{w} + \eta(\boldsymbol{t} - \boldsymbol{y})\mathrm{X}$$

機械学習でよく利用されるプログラミング言語「**Python**」で「Numpy ライブラリ」を使用する場合、「行列」と「ベクトル」の計算を簡潔な手順で記述できるので、「行列」による表現は実用上でも意義がある。

*

以下では、**表3**と**図16**で示した「訓練データセット」を例に用いて、「バッチ学習」の手順を示す。

「訓練データ」は4個であるので、

$$\boldsymbol{x}[1] = (0,0), \quad \boldsymbol{x}[2] = (0,1), \quad \boldsymbol{x}[3] = (1,1), \quad \boldsymbol{x}[4] = (1,0)$$

と表わす。

また、ラベルは、

$$t[1] = 0, \quad t[2] = 0, \quad t[3] = 1, \quad t[4] = 0$$

となるので、更新式は以下で与えられる。

$$w_1 \leftarrow w_1 + \eta\left((0 - y[1]) \cdot 0 + (0 - y[2]) \cdot 0 + (1 - y[3]) \cdot 1 + (0 - y[4]) \cdot 1\right)$$
$$w_2 \leftarrow w_2 + \eta\left((0 - y[1]) \cdot 0 + (0 - y[2]) \cdot 1 + (1 - y[3]) \cdot 1 + (0 - y[4]) \cdot 0\right)$$
$$b \leftarrow b + \eta\left((0 - y[1]) + (0 - y[2]) + (1 - y[3]) + (0 - y[4])\right)$$

以下のステップの計算では、この更新式を利用する。

ステップ 1 $b, w_1, w_2 = -0.5, 1, 0.$

式 (5) と式 (6) によって、「重み」と「バイアス」は、以下のように更新される。

$$w_1 = 1 + 0.4\left((0-0)\cdot 0 + (0-0)\cdot 0 + (1-1)\cdot 1 + (0-1)\cdot 1\right) = 0.6$$

$$w_2 = 0 + 0.4\left((0-0)\cdot 0 + (0-0)\cdot 1 + (1-1)\cdot 1 + (0-1)\cdot 0\right) = 0$$

$$b = -0.5 + 0.4\left((0-0) + (0-0) + (1-1) + (0-1)\right) = -0.9$$

更新された後の「重み」と「バイアス」による直線は「$x_1 = 1.5$」となる (図21)。

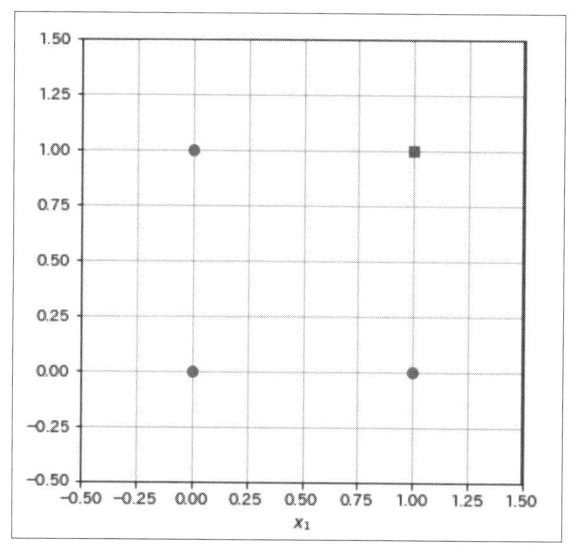

図21 [ステップ1]の評価後のグラフ

ステップ 2 $b, w_1, w_2 = -0.9, 0.6, 0.$

式 (5) と式 (6) により、「重み」と「バイアス」は、以下のように更新される。

$$w_1 = 0.6 + 0.4\left((0-0)\cdot 0 + (0-0)\cdot 0 + (1-0)\cdot 1 + (0-0)\cdot 1\right) = 1$$

$$w_2 = 0 + 0.4\left((0-0)\cdot 0 + (0-0)\cdot 1 + (1-0)\cdot 1 + (0-0)\cdot 0\right) = 0.4$$

$$b = -0.9 + 0.4\left((0-0) + (0-0) + (1-0) + (0-0)\right) = -0.5$$

更新された後の「重み」と「バイアス」による直線は「$10x_1 + 4x + 2 = 5$」となる (図22)。

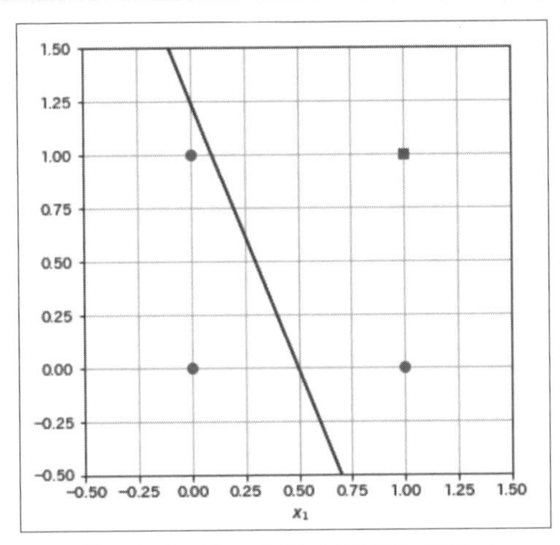

図22 ［ステップ2］の評価後のグラフ

ステップ3 $b, w_1, w_2 = -0.5, 1, 0.4.$

式（5）と**式（6）**により、「重み」と「バイアス」は、以下のように更新される。

$$w_1 = 1 + 0.4\left((0-0)\cdot 0 + (0-0)\cdot 0 + (1-1)\cdot 1 + (0-1)\cdot 1\right) = 0.6$$
$$w_2 = 0.4 + 0.4\left((0-0)\cdot 0 + (0-0)\cdot 1 + (1-1)\cdot 1 + (0-1)\cdot 0\right) = 0.4$$
$$b = -0.5 + 0.4\left((0-0) + (0-0) + (1-1) + (0-1)\right) = -0.9$$

更新された後の「重み」と「バイアス」による直線は「$6x_1 + 4x_2 = 9$」となる（**図23**）。

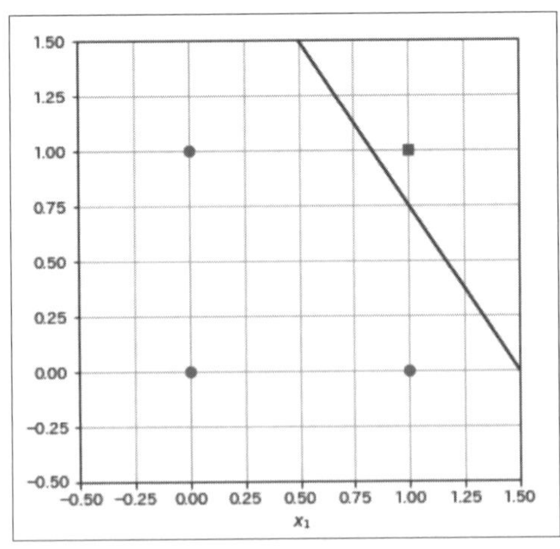

図23 ［ステップ3］の評価後のグラフ

ステップ 4 $b, w_1, w_2 = -0.9, 0.6, 0.4.$

すべてのデータにおいて、ラベル「t」と「パーセプトロン」の出力「y」は一致するので､以下に示すように「重み」と「バイアス」は更新されない。

$$w_1 = 0.6 + 0.4\left((0-0)\cdot 0 + (0-0)\cdot 0 + (1-1)\cdot 1 + (0-0)\cdot 1\right) = 0.6$$

$$w_2 = 0.4 + 0.4\left((0-0)\cdot 0 + (0-0)\cdot 1 + (1-1)\cdot 1 + (0-0)\cdot 0\right) = 0.4$$

$$b = -0.9 + 0.4\left((0-0) + (0-0) + (1-1) + (0-0)\right) = -0.9$$

すなわち、「パーセプトロン」はデータセットに対して無矛盾であるので、「誤り訂正学習」を終了する。

図 24 に､上記ステップの実行による「重み」と「バイアス」の変化を示す。

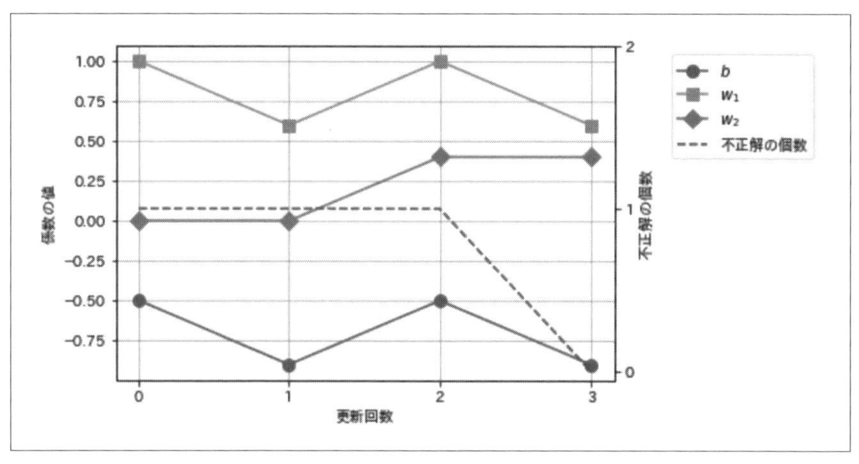

図 24　パラメータの更新（「バッチ学習」）

■ 2.2.4 「単層パーセプトロン」と「誤り訂正学習」の限界

「誤り訂正学習」では、ラベルの異なる「訓練データ」を分離するような「超平面」を探すことから、「分離超平面」がそもそも存在しないような分類問題を解くことはできない。

次元「d」の空間、すなわち、d 個の座標「$(x_1, ..., x_d)$」で点が特定されるような空間において、定数「$a_0, ..., a_d$」に対して、一次式、

$$H : a_0 + a_1 x_1 + \cdots + a_d x_d = 0$$

を満足する点「$(x_1, ..., x_d)$」の集合を「超平面」と呼ぶ。

「$d = 2$」、すなわち、「平面空間」における「超平面」は「直線」に、「$d = 3$」、すなわち、3次元空間における「超平面」は「平面」になる。

ラベルの異なるデータの境界が「超平面」になるという条件を満たす分類問題を、一般に、「**線形分離問題**」と呼ぶ。

本書では、「訓練データ」が誤差を含んでいて、誤差に由来して「分離超平面」が存在しないが、誤差を除去した「真の」データに対しては「分離超平面」が存在するとき、真のデータに対して「分離超平面」を探索する問題を、「**広義の線形分離問題**」と呼んで区別することにする。
「単層パーセプトロン」と「誤り訂正学習」では、(狭義の)「線形分離問題」しか解くことができず、これは「単層パーセプトロン」と「誤り訂正学習」の限界と認識されている。

*

「単層パーセプトロン」で解くことができない重要な問題の例として、「**XOR 演算問題**」がある(**表4**)。

表4 「XOR 演算」のための「データセット」

x_1	x_2	ラベル ($x_1 \oplus x_2$)
0	0	0
0	1	1
1	1	0
1	0	1

すなわち、入力「x_1」と「x_2」に対して、排他的論理和「$x_1 \oplus x_2$」を出力する「単層パーセプトロン」は存在しない。

図25からも直感的に分かるように、ラベル「1」の点(■)とラベル「0」の点(●)を分離するように直線を引くことはできない、つまり、「XOR 演算問題」は「線形分離問題」ではないからである。

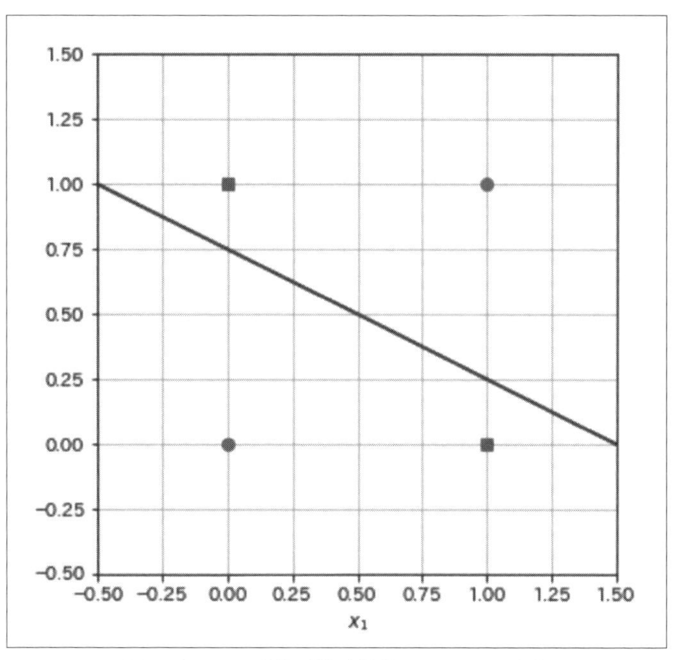

図 25　XOR 演算（線形分離でない問題の例）

Column「XOR 演算問題」が線形分離でないことの証明

直線「$\ell : ax + by + c = 0$」が、点 $(0, 0)$ と $(0, 1)$、点 $(0, 0)$ と $(1, 0)$ を分離するならば、$(0, 0)$ と $(1, 1)$ も分離することを示す。

「ℓ」が点 $(0, 0)$ と $(0, 1)$ を分離するための条件は、

$$0 > (a \cdot 0 + b \cdot 0 + c)(a \cdot 1 + b \cdot 0 + c) = c(a + c)$$

であり、また、点 $(0, 0)$ と $(1, 0)$ を分離する条件は、

$$0 > (a \cdot 0 + b \cdot 0 + c)(a \cdot 1 + b \cdot 0 + c) = c(b + c)$$

であるので、2 つの不等式の右辺同士、左辺同士の和から、不等式、

$$\begin{aligned} 0 &> c(a + c) + c(a + c) = ac + bc + 2c^2 \\ &\geq ac + bc + c^2 = (a \cdot 0 + b \cdot 0 + c)(a \cdot 1 + b \cdot 1 + c) \end{aligned}$$

が成り立ち、「ℓ」は点 $(0, 0)$ と $(1, 1)$ を分離することが分かる。

＊

「パーセプトロン」の「計算能力」を評価する上で、論理演算を実行できるかを調べることは重要である。

先の例で、「誤り訂正学習」により、「**AND 演算**」を実行する「単層パーセプトロン」を学習することが可能であることを見た。
同様に、「**OR 演算**」を実行する「単層パーセプトロン」、「**NOT 演算**」を実行する「単層パーセプトロン」を学習することも可能である。

その一方で、「XOR 演算」を実行する「単層パーセプトロン」が存在しない事実は、「単層パーセプトロン」が計算機の数理モデルである「チューリングマシン」と同じ計算能力をもたないことを意味する。

もっとも、「出力層」と「隠れ層」の2層で構成される「多層パーセプトロン」であれば、「XOR 演算」を実行できることが知られており（コラム参照）、「多層パーセプトロン」は「チューリングマシン」と同等の計算能力を有しているとされる。

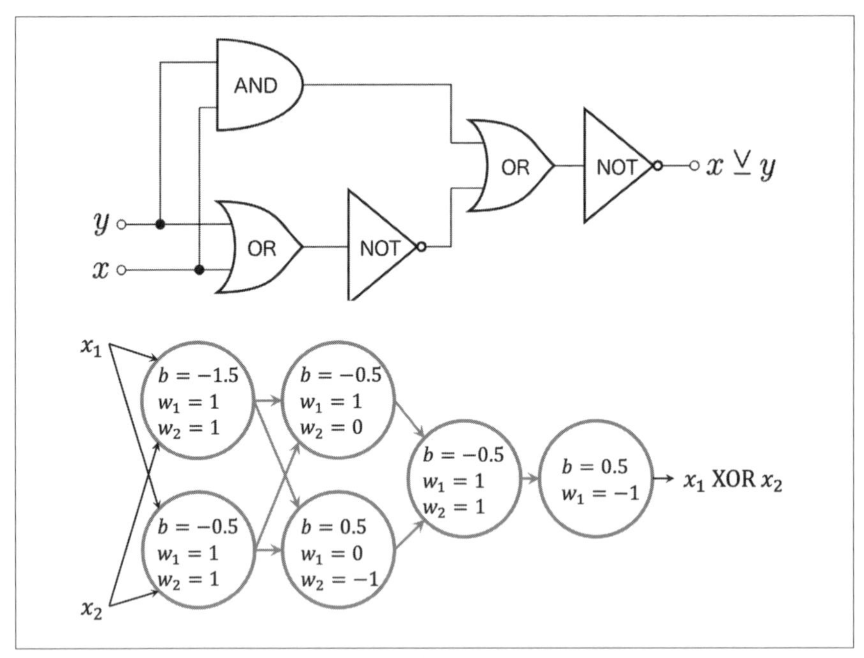

図 26 「XOR」を計算する「パーセプトロン」

*

「単層パーセプトロン」では「線形分離問題」しか取り扱えないとしても、「線形分離問題」を解決することには実用上の意義は存在する。

課題は、原理的な「線形分離問題」であっても、データに誤差が混入したり、外乱要因が存在することで、実データは「超平面」で分離不可能な場合があることである。

たとえば、**図27**は、**図12**と同じく「$2x_1 - 4x_2 + 1 = 0$」を分離直線とするデータの分布であるが、データに誤差が含まれているためどのような直線を引いても、ラベル「1」の点（■）とラベル「0」の点（●）を分離することができない。

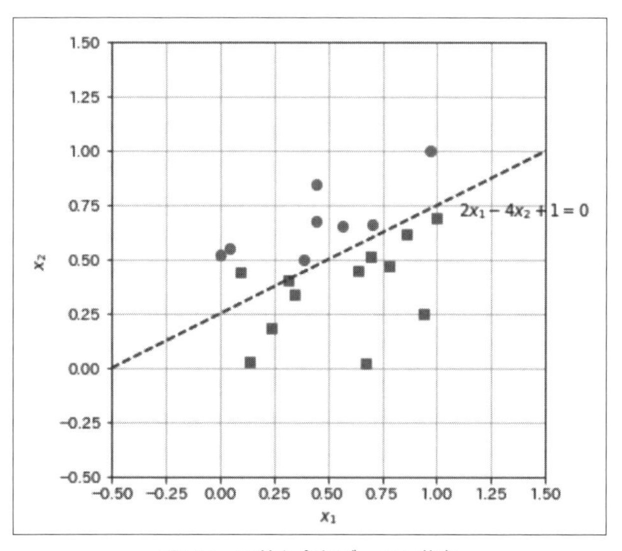

図27　誤差を含むデータの分布

「誤り訂正学習」では、「線形分離性」を満たさない「訓練データ」から「分離超平面」を学習することができないが、これは「『パーセプトロン』がデータセットと無矛盾であるか、否か」という「デジタル」な指標に基づいて学習を行なっていることが理由である。

逆に言えば、「『パーセプトロン』がデータをどの程度うまく分類しているか」という「アナログ」な指標を導入し、この指標を最良にするように学習を実行すれば、学習の結果が満足のいくものであるかどうかは別にして、兎にも角にも「答」(「分離超平面」)を見つけることはできるはずである。

次節では、「**損失関数**」という概念を導入し、アナログな学習を実現する方法を見る。

2.3 「損失関数」による限界突破

図27では、どのように直線を引いても、ラベルごとに完全にデータを分離することはできない。

どのように重み「w_1, w_2」とバイアス「b」の値を調節しても、必ず、ラベルと「パーセプトロン」の出力の間に「乖離」が発生する。

図27では、「$w_1 = 2, w_2 = -4, b = 1$」を選択すると破線の直線が得られるが、ラベルと「パーセプトロン」の出力の間の乖離は、破線の直線の上側に1点だけ存在するラベル「1」の点(■)においてのみ発生する。

つまり、「訓練データ」に対して無矛盾な「パーセプトロン」は存在せず、「誤り訂正学習」では問題を解決することができない。

■ 2.3.1 「損失関数」と「残差平方和」

「損失関数」は「乖離の計量」であり、**「損失関数」を最小にするように「重み」と「バイアス」を最適化する**ことで、ラベルと「パーセプトロン」の出力の間の乖離を最小化するパラメータを選択する。

乖離は「誤差」と同義であることが多く、誤差を計量する方法としては、物理や統計において昔から広く使われてきた方法が存在する。

「**二乗誤差和**」や「**残差平方和**」と呼ばれる、「損失関数」を最小化する「**最小二乗法**」である。

以下では、「線形回帰」を例にとって、「最小二乗法」について説明する。

● 線形回帰

バネの伸びがバネにかかる張力に比例することは「**フックの法則**」として知られている。

「バネ係数」は「張力」に対する「伸びの比例係数」として与えられるが、

バネの伸びを計測した下記の実験データからバネ係数を求めることを考えよう。

張力（g）	0	1	2	3	4
バネの長さ（cm）	9.89	10.2	10.45	10.66	10.76

図28では、x軸を「張力」、y軸を「バネの長さ」として、上記のデータをプロットした。

プロットしたデータはトレンドとして直線のまわりにばらついていることが分かる。

「バネ係数」を求めるためには、データに最もフィットする直線（回帰直線）を決定する必要がある。

ここでは、フィットの程度の定量化として「二乗誤差」を利用し、「二乗誤差」を最小にするようにパラメータ（この例では、直線の傾きとy切片）を決定する手法を示す。

この手法は、「最小二乗法」と呼ばれ、広く利用されている。

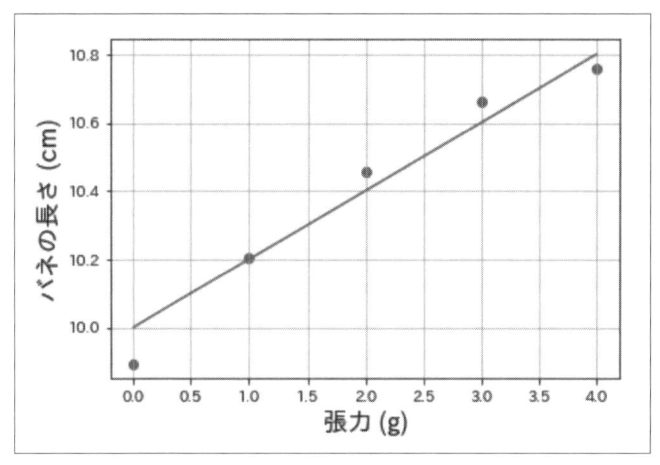

図28　フックの法則

今、「回帰直線」の傾きを表わすパラメータを「a」、y切片を表わすパラメータを「b」、「回帰直線」の方程式を「$y = ax + b$」と表わすとき、この式から得られる理論値と実験データとの間の「二乗誤差」は次の式で与えられる。

「x」が「張力」を表し、張力がxのときのバネの長さの理論値が「$ax + b$」で計算される。

$$S(a,b) = (9.89-b)^2+(10.2-a-b)^2+(10.45-2a-b)^2+(10.66-3a-b)^2+(10.76-4a-b)^2$$

「二乗誤差」は「a」と「b」の関数であることに注意しよう。

二乗誤差「$S(a, b)$」を最小化する「a」と「b」を求めることにより、「回帰直線」を求める。

まず、「$S(a, b)$」を「a」と「b」に関して整理すると、

$$S(a,b) = 30.0a^2 + 20.0ab - 212.24a + 5.0b^2 - 103.92b + 540.4678$$

を得るが、右辺を「a」と「b」で「偏微分」して、その値を「0」とおく。

$$\frac{\partial S}{\partial a} = 60.0a + 20.0b - 212.24 = 0$$
$$\frac{\partial S}{\partial b} = 20.0a + 10.0b - 103.92 = 0$$

この式を「a」と「b」に関する「連立一次方程式」と考えて、「a」と「b」について解くことによって、最適解を得ることができる。

$$a = 0.22, \quad b = 9.952$$

実は、**図28**のデータは、「$x = 0, 1, 2, 3, 4$」に対して「$y = 0.2x + 10$」の値を計算し、計算で得られた値に「平均0・標準偏差0.05」の正規分布に従う誤差を加算することによって、人工的に生成したものである（**コラム「分散」と「残差平方和」**を参照）。

「最小二乗法」で推定した「a」と「b」の値が、データ生成に用いた値「$a = 0.2$」と「$b = 10$」にかなり近いことから、「最小二乗法」が有効な推定手段であることが分かると思う。

Column 「分散」と「残差平方和」

n 個のデータ「$x_1, ..., x_n$」が与えられたとき、これらのデータの平均「μ」が

$$\mu = \frac{1}{n}\sum_{i=1}^{n} x_i \qquad \text{式 (7)}$$

で与えられることは周知であろう。

本来、これらのデータは値「μ」をとるべきであったが、誤差の混入によって「μ」の周りに「バラついて」いるという状況を考えよう。

このような状況は色々な場合に現われるもので、たとえば、19 世紀の科学者達は、望遠鏡を使って天体の位置の観測を行なうと、計測する度に観測した位置がバラつくことに気がついていた。

このようなデータのバラつきを定量化する方法として、「**分散**」という統計量が与えられている。

分散「σ^2」は次の式で定義される。

$$\sigma^2 = \frac{1}{n}\sum_{i=1}^{n}(x_i - \mu)^2$$

上式から、「分散」の正体は、「$x_1, ..., x_n$」の「真の値」を「μ」だと考えたときの、残差平方和「S」をデータの個数「n」で割った値「$\frac{S}{n}$」、別の言葉で言えば、「二乗誤差」の「平均」であることに気づくであろう。

実際には、誤差を含むデータが与えられているとき、その本来の値が何であるかは自明ではない。

実は、**式 (7)** で与えられる平均の式は、「残差平方和」を最小にする「μ」の値、つまり、「最小二乗法」によってデータから推定される本来の値なのである。

実際、「μ」を変数と考えて、残差平方和「S」を「μ」で微分して、その値を「0」と置くと、次の方程式を得る。

$$\frac{dS}{d\mu} = -2\sum_{i=1}^{n}(x_i - \mu) = 2\left(n\mu - \sum_{i=1}^{n} x_i\right) = 0$$

この方程式を「μ」に関して解けば、**式 (7)** が得られる。

すなわち、我々が当たり前だと考えている、**式 (7)** による平均の定義は、実は、「最小二乗法」から導かれる「定理」なのである。

*

よく考えれば、**式 (7)** を平均の自然な定義と考えている理由は、小学生のときの「刷り込み」に基づく思い込みにすぎない。

実際、古代ギリシャの数学者達は、平均の多義性に気がついており、**式 (7)** で定義される「算術平均」に加え、「幾何平均」と「調和平均」の存在を記録に残している。

*

「最小二乗法」の発見者は、史上最も偉大な数学者の一人と言われるガウス（Johann Carl Friedrich Gauss、1777－1855）である。

ガウスは、天体観測を行なう過程で、観測値に含まれる誤差の分布として、「正規分布」を発見しており、「最小二乗法」を駆使して天文学の研究を行っていたことが知られている。

Column 微分

「関数 $f(x)$ が『$x=a$』で微分可能である」とは、「$\Delta f = f(a+\Delta x) - f(a)$」に対して、極限、

$$f'(a) = \lim_{\Delta x \to 0} \frac{\Delta f}{\Delta x} = \lim_{\Delta x \to 0} \frac{f(a+\Delta x) - f(a)}{\Delta x}$$

が存在することを言う。

関数 $f(x)$ が、任意の「$x=a$」で微分可能であるとき、「$f(x)$ は微分可能である」といい、関数 $f'(x)$ を $f(x)$ の「導関数」と呼ぶ。

$f'(x)$ を「$\frac{df(x)}{dx}$」と書くことも多い。

記法の発明者の名前をとって、前者は「ラグランジュ（Lagrange, 1736－1813）の記法」と呼ばれ、後者は「ライプニッツ（Leibniz, 1646－1716）の記法」と呼ばれる。

「ライプニッツの記法」では微分を行なう変数が分母に明記されるので、誤解の余地がなく合理的である。

「微分積分学」は、ほぼ同時期に、ニュートン（Newton, 1642－1727）とライプニッツによって独立にその基礎が築かれた。

成果の出版はライプニッツが先であるが、成果の発見はニュートンが先であり、そのため、「ライプニッツがニュートンの研究を盗用した」という主張もあったが、現在は独立の業績であると認められている。

利用頻度の多い微分の公式としては、「和の微分公式」「積の微分公式」「逆数の微分公式」「合成関数の微分公式」があるが、「合成関数の微分公式」については別コラムで述べることとし、ここでは残りの公式を示す。

和の微分公式

$$(f+g)' = f' + g'$$

積の微分公式

$$(f \cdot g)' = f' \cdot g + f \cdot g'$$

逆数の微分公式

$$\left(\frac{1}{f}\right)' = -\frac{f'}{f^2}$$

本書で使用するいくつかの重要な関数について、その導関数を記す。

- $\dfrac{d(ax+b)^n}{dx} = na \cdot (ax+b)^{n-1}$
- $\dfrac{de^{ax+b}}{dx} = a \cdot e^{ax+b}$

● $\dfrac{d\log(ax+b)}{dx} = \dfrac{a}{ax+b}$

以上の公式を使って、以下の関数の「導関数」を計算することができる。

式 (8) は「残差平方和」の導関数であり、**式 (9)** は「交差エントロピー」と呼ばれる、**2.4.1 項**で導入する「損失関数」の「導関数」である。

「t」は定数である。

$$\frac{d(t-y)^2}{dy} = -2(t-y) \qquad \text{式 (8)}$$

$$\frac{d}{dy}\left(-t\log y - (1-t)\log(1-y)\right) = -\frac{t}{y} + \frac{1-t}{1-y} \qquad \text{式 (9)}$$

Column 「微分」の幾何的意味

$f'(a)$ は、「$y=f(x)$」のグラフの点 $(a, f(a))$ での「**接線の傾き**」となる。

実際、**次図**のように、

$$\frac{\Delta f}{\Delta x} = \frac{f(a+\Delta x) - f(a)}{\Delta x}$$

は点 $(a, f(a))$ と点 $(a+\Delta x, f(a+\Delta x))$ を結ぶ直線の傾きであり、

$$f'(a) = \lim_{\Delta x \to 0} \frac{\Delta f}{\Delta x}$$

であるからである。

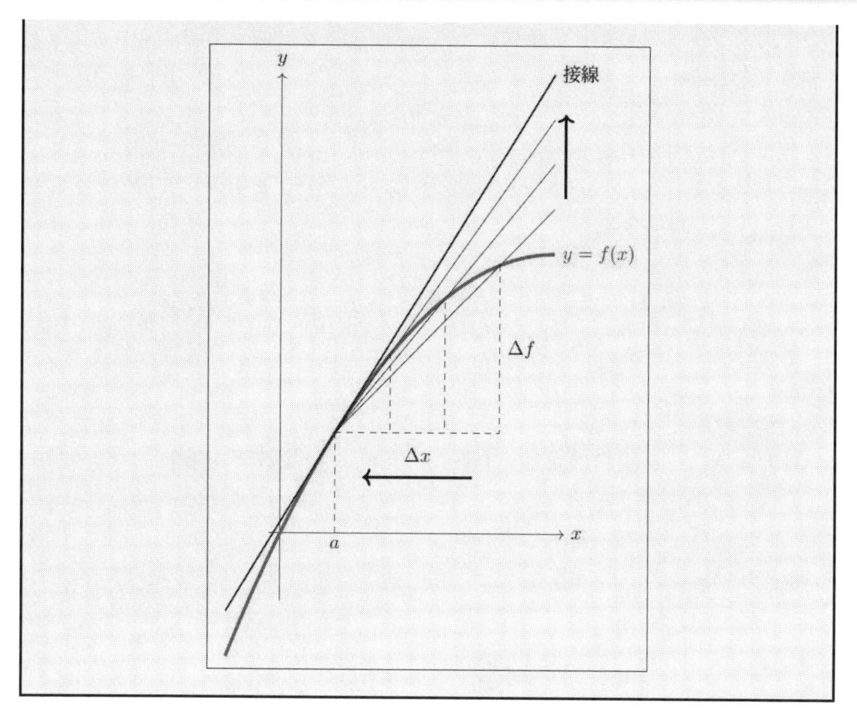

＊

「残差平方和」と「最小二乗法」について理解したところで、「残差平方和」を利用した「パーセプトロン」の「学習アルゴリズム」について述べる。

これまでと同じく i 番目の「訓練データ」「を $x[i] = (x_1[i], ..., x_d[i])$」、ラベルを「$t[i]$」で表わす。

訓練データ「$x[i]$」を入力したときの「パーセプトロン」の出力は、「活性化関数」を「f」として、

$$y[i] = f\left(b + \sum_{j=1}^{d} w_j x_j[i]\right)$$

で計算される。

＊

これまでは「活性化関数」をヘヴィサイド階段関数「H_0」に限定していたが、実用で利用される「活性化関数」は複数種類存在するので、以降では「ヘヴィサイド階段関数」に限定しない一般の関数「f」とする。

実際には、「ヘヴィサイド階段関数」はこれから述べる「学習アルゴリズム」

（勾配降下法）には適切ではないので、別の関数で置き換えるが、それについては後述する。

*

「訓練データ」$x[i]$ に対する「二乗誤差」は「$(t[i]-y[i])^2$」で計算され、「損失関数」は「$i=1, ..., n$」にわたる「$(t[i]-y[i])^2$」の総和で定義される。

すなわち、損失関数「L」は、

$$L(w_1,\ldots,w_d,b)=\sum_{i=1}^{n}(t[i]-y[i])^2=\sum_{i=1}^{n}\left(t[i]-f\left(b+\sum_{j=1}^{d}w_jx_j[i]\right)\right)^2$$

で定義される。

「$t[i], x_1[i], ..., x_d[i]$」は定数、「$b, w_1, ..., w_d$」が変数である。

「L」を最小化する重み「$w_1, ..., w_d$」とバイアス「b」を求めるために、「L」を「w_k」と「b」で偏微分して、値を「0」と置くと、「$b, w_1, ..., w_d$」に関する連立方程式、

$$\frac{\partial L}{\partial w_k}=-\sum_{i=1}^{n}\left[2\left(t[i]-f\left(b+\sum_{j=1}^{d}w_jx_j[i]\right)\right)f'\left(b+\sum_{j=1}^{d}w_jx_j[i]\right)x_k[i]\right]=0$$

式（10）

$$\frac{\partial L}{\partial b}=-\sum_{i=1}^{n}\left[2\left(t[i]-f\left(b+\sum_{j=1}^{d}w_jx_j[i]\right)\right)f'\left(b+\sum_{j=1}^{d}w_jx_j[i]\right)\right]=0$$

式（11）

を得る。

「f'」は「fの微分」（導関数）である。

「線形回帰」の例の場合と同様に、「損失関数」を最小にする「$w_1, ..., w_d$」と「b」を求めるために、この連立方程式の解を求めたい。

*

このとき、「活性化関数」が「ヘヴィサイド階段関数」であると不都合があることが分かる。

ヘヴィサイド階段関数「$H_0(x)$」は、「$x=0$」で微分可能ではなく、「$x\neq 0$」では常に「$f'(x)=0$」が成り立ってしまうからである。

つまり、$f'(\mathrm{u})$ を因子として含む関数「$\frac{\partial L}{\partial w_i}$」と「$\frac{\partial L}{\partial b}$」は、「$u=0$」で $f'(u)$ が存在しないことから定義できないか、「$u\neq 0$」で「$f'(u)=0$」となっ

てしまうことから常に「0」になってしまい、意味のないものになってしまうからである。

この問題は、「ヘヴィサイド階段関数」を使った場合の「損失関数」が離散的な値をとる「階段関数」になる事実を意味しているのだが、この事実を単純な例を用いて確かめてみよう。

今、1個の入力「x_1」のみを許す「パーセプトロン」を考える。

「パーセプトロン」のパラメータは重み「w_1」とバイアス「b」であり、

$$y = H_0(w_1 x_1 + b)$$

が、この「パーセプトロン」の出力を定義する。

今、サンプルデータとして、**図 29** に示す6個の「訓練データ」を考える。

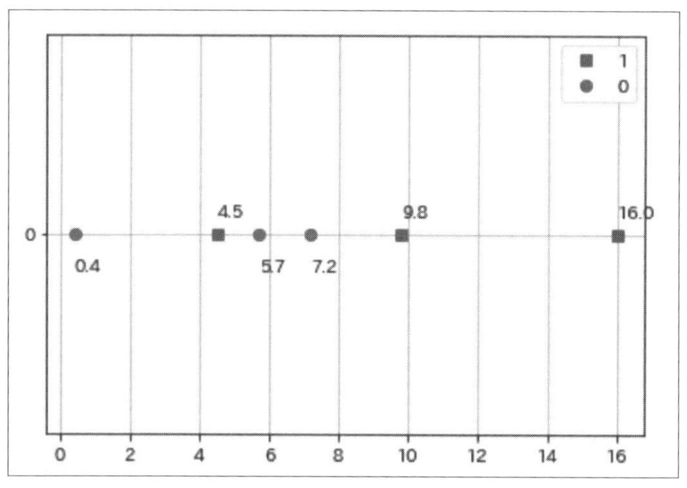

図 29　1 次元のサンプルデータ

ラベル「1」の「訓練データ」は「■」で、ラベル「0」の「訓練データ」は「●」でプロットしている。

この6個の「訓練データ」に関して、「損失関数」を具体的に定義すると、

$$\begin{aligned} L(w_1, b) = &(1 - H_0(4.5w_1 + b))^2 + (1 - H_0(16.0w_1 + b))^2 + (1 - H_0(9.8w_1 + b))^2 \\ &+ (0 - H_0(0.4w_1 + b))^2 + (0 - H_0(7.2w_1 + b))^2 + (0 - H_0(5.7w_1 + b))^2 \end{aligned}$$

となる。

一方、「訓練データ」は1次元なので、その「超平面」は0次元、すなわち、「分離超平面」は点になる。

具体的には、「$x_1 = -\frac{b}{w_1}$」が「分離点」を定め、「パーセプトロン」の出力は、

$$y = H_0(w_1 x_1 + b) = \begin{cases} 1, & x_1 > -\frac{b}{w_1} \text{ の時} \\ 0, & x_1 < -\frac{b}{w_1} \text{ の時} \end{cases}$$

となる。

分離点は「w_1」と「b」の比で定まるので、あらかじめ「$w_1 = 1$」とすることで分離点の座標を「$-b$」とし「1」、「$-b$」の値を横軸にして損失関数「$L(1, b)$」をプロットすると**図30**を得る。

「損失関数」が「階段関数」であることが明瞭に理解できる。

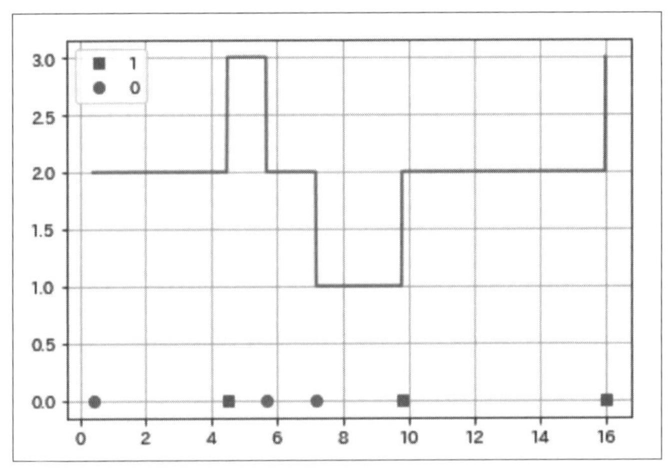

図30 「ヘヴィサイド階段関数」の場合の「損失関数」

※「$x_1 > -\frac{b}{w_1} \Leftrightarrow y = 1$」すなわち、「$x_1 > -\frac{b}{w_1} \Leftrightarrow w_1 x_1 + b > 0$」が成り立つことが予見されるので、「$w_1 > 0$」を最初から仮定することができる。

■ 2.3.2 ロジスティック関数

「『損失関数』が『階段関数』になってしまう」前述の問題は、「活性化関数」として微分可能で、「0」でない傾きをもつ関数を選択すれば解決する。

その点で、「**ロジスティック関数**」が「ヘヴィサイド階段関数」の代替と

して広く使われている。

ロジスティック関数「$\varsigma(x)$」は、

ロジスティック関数

$$\varsigma(x) = \frac{1}{1+e^{-x}}$$

と定義され、**図 31** で示すようなS字型のグラフをもつ。

「シグモイド関数」と呼ばれることも多いが、「シグモイド」とは「S字型」という意味で、広くはS字型のグラフを有するすべての関数を指す。

他の「シグモイド関数」と区別するために、「標準シグモイド関数」と呼ばれることもある。

実は、「ヘヴィサイド階段関数」に替わる微分可能関数として「ロジスティック関数」が利用される理由は、「ロジスティック関数」のグラフが「ヘヴィサイド階段関数」のグラフのよい近似であること、「ロジスティック関数」が計算の便宜上利点を有することの2点であり、原理的な根拠が存在するわけではない（**コラム**を参照）。

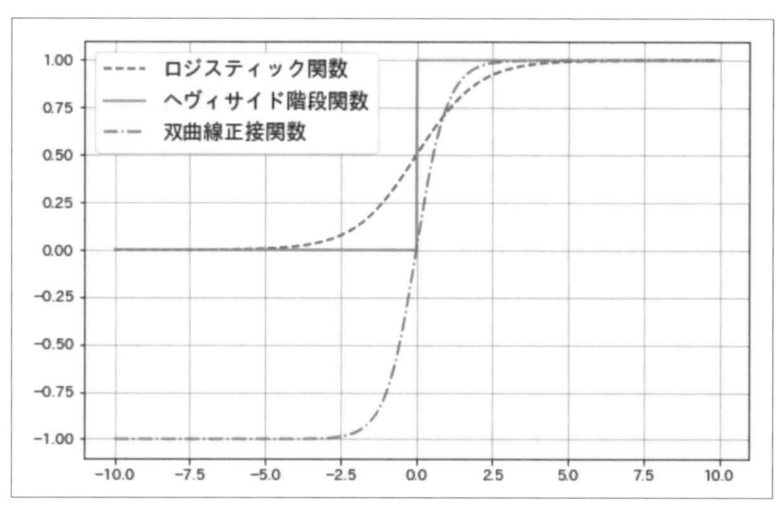

図 31　ヘヴィサイド階段関数・ロジスティック関数・双曲線正接関数

「**双曲線正接関数**」も、「活性化関数」として広く利用される「シグモイド関数」である。

双曲線正接関数

$$\tanh u = \frac{e^u - e^{-u}}{e^u + e^{-u}} = 2\varsigma(2u) - 1$$

実は、「双曲線正接関数」は、「ロジスティック関数」の座標を変換しただけの関数で、本質的にはロジスティック関数と同じである。ただし、「$u < 0$」で負の値をとる点に、実用的なメリットが存在する。

「ロジスティック関数」を「活性化関数」として利用すると、**図29**で示した例における「損失関数」は、

$$\begin{aligned} &L(w_1, b) \\ &= (1 - \varsigma(4.5w_1 + b))^2 + (1 - \varsigma(16.0w_1 + b))^2 + (1 - \varsigma(9.8w_1 + b))^2 \\ &\quad + (0 - \varsigma(0.4w_1 + b))^2 + (0 - \varsigma(7.2w_1 + b))^2 + (0 - \varsigma(5.7w_1 + b))^2 \end{aligned}$$

式（12）

となり、「活性化関数」が「ヘヴィサイド階段関数」の場合（**図30**）と同様に、「$w_1 = 1$」として「損失関数」のグラフを描くと**図32**のようになる。

損失関数「L」は「b」の関数であるが、**図32**の横軸は分離点の座標を表わしているため、「$-b$」であることに注意しよう。

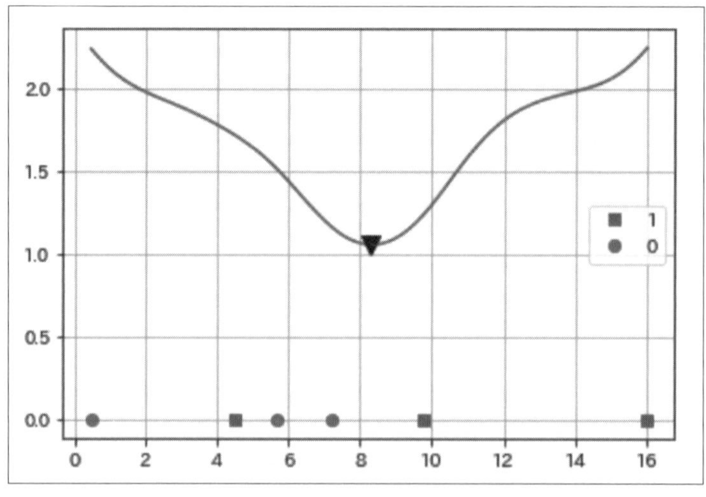

図32 「ロジスティック関数」の場合の「損失関数」（$w_1 = 1$）

「損失関数」のグラフは連続な曲線となり、「$b = -8.3$」の近傍で最小値を取り、**式（12）**で定義される「損失関数」の観点からは、「分離点」として「$x = -8.3$」（▼）を選ぶことが適切であることが分かる。

Column ロジスティック関数

「ロジスティック関数」は、人口の増加を表現する数理モデルとして、1838年に数学者フェルフルスト（Pierre-François Verhulst、1804－1849）によって導入された。

経済学者マルサス（Thomas Robert Malthus、1766－1834）は、社会的な産児制限の必要を訴え、当時の救貧法に反対する立場から、その理論的な裏付けとして、1798年に有名な「**人口論**」を発表している。

「人口論」においては、社会的制約がない状態では人口は「指数関数」にしたがって爆発的に増加し、やがては、「線形関数」にしたがってしか増加しない食料供給量を上まわり、飢餓を引き起こすとされる。

人口を「指数関数」でモデル化する「人口論」の手法は、環境や資源が人口増加の抑制因子として働くことを無視している点で不自然であり、フェルフルストはより自然な人口変化の数理モデルとして「ロジスティック関数」を導入した。

人口を「N」とし、人口の経時変化率「$\frac{dN}{dt}$」は、人口増加を促進する因子「aN」と、人口増加を抑制する因子「$1 - \frac{b}{N}$」の積で決定されるとすると、微分方程式、

$$\frac{dN}{dt} = aN\left(1 - \frac{N}{b}\right)$$

が導かれ、「$N = b\varsigma(at)$」はこの微分方程式の解である。

ショウジョウバエなどを使った実験によって、生物の個体数の変化が「ロジスティック関数」に従うことが確認されている。

また、「ロジスティック関数」を正規分布の「累積確率関数」の近似として利用することが提案され、広く利用されている。

提案当初、「グラフの形状が似ている」以上の根拠がないことから、その利

用の是非を巡って激しい議論を呼び起こしたが、計算の便宜上の利点が大きく、その実用的効用が認められている。

以下に、「ロジスティック関数」に関する重要な性質のいくつかを述べる。

・**増加関数である。**

「e^{-x}」が「減少関数」であることに従う。

・$\displaystyle \lim_{x\to\infty} \varsigma(x) = 1$

「$\displaystyle \lim_{x\to\infty} e^{-x} = 0$」に従う。

・$\displaystyle \lim_{x\to-\infty} \varsigma(x) = 0$

「$\displaystyle \lim_{x\to-\infty} e^{-x} = \infty$」に従う。

・$\varsigma(-x) = 1 - \varsigma(x)$

「$1 - \frac{1}{1+e^{-x}} = \frac{e^{-x}}{1+e^{-x}} = \frac{1}{e^{x}+1}$」に従う。

・$\varsigma'(x) = \varsigma(x) \cdot \varsigma(-x)$

「合成関数の微分公式」から導かれる。

$$\left(\frac{1}{1+e^{-x}}\right)' = \frac{-1}{(1+e^{-x})^2}\left(-e^{-x}\right) = \frac{1}{1+e^{-x}} \cdot \frac{e^{-x}}{1+e^{-x}}$$

*

引き続き、**図29**に示す「訓練データ」を使って、どのように「損失関数」を最小にするパラメータを見つければいいかを見てみよう。

「分離点」$x_1 = -\frac{b}{w_1}$を求めることが目的であるので、「$w_1 = 1$」と固定し、「L」を「b」のみの関数と考える。

$$L(b) = (1-\varsigma(4.5+b))^2 + (1-\varsigma(16.0+b))^2 + (1-\varsigma(9.8w+b))^2 + (0-\varsigma(0.4+b))^2 + (0-\varsigma(7.2+b))^2 + (0-\varsigma(5.7+b))^2$$

「$L(b)$」を最小化する「b」では損失関数「$L(b)$」の傾きが「0」となるので、線形回帰の場合と同様に、方程式「$\frac{dL(b)}{db} = 0$」の解として、「損失関数」を最小化する「分離点」の座標 $-b$ を求めることができる。

そこで、「ロジスティック関数」の性質である「$\frac{d\varsigma(x)}{dx} = \varsigma(x)\varsigma(-x)$」を利

用して損失関数「$L(b)$」の「b」に関する導関数を計算し、方程式を考える。

$$\begin{aligned}\frac{dL(b)}{db} &= -2(1-\varsigma(4.5+b))\varsigma(4.5+b)\varsigma(-4.5-b)\\ &\quad -2(1-\varsigma(16.0+b))\varsigma(16.0+b)\varsigma(-16.0-b)\\ &\quad -2(1-\varsigma(9.8+b))\varsigma(9.8+b)\varsigma(-9.8-b)\\ &\quad -2(0-\varsigma(0.46+b))\varsigma(0.46+b)\varsigma(-0.46-b)\\ &\quad -2(0-\varsigma(7.2+b))\varsigma(7.2+b)\varsigma(-7.2-b)\\ &\quad -2(0-\varsigma(5.7+b))\varsigma(5.7+b)\varsigma(-5.7-b)\\ &= 0\end{aligned}$$

この方程式の解として最適な「b」を求めることができる道理であるが、連立一次方程式で解を求めることが可能であった「線形回帰」のケースとは対照的に、直接的にこの非線形方程式の解を求めることは困難であることが分かる。

■ 2.3.3 勾配降下法

「『損失関数』の最小値を定める方程式の解を直接求めることができない」という問題は、「人工ニューラルネット」を実現する上で一般に発生し、問題の解決は必須である。

そこで、直接的に方程式の解を求める代わりに、「**勾配降下法**」と呼ばれる逐次計算によって解析的に解を求める手法が用いられる。

「勾配降下法」を用いると、「活性化関数」が各点で微分可能で、かつ、関数を最小化する点でのみ導関数の値が「0」となるという条件を有していれば、関数の定義によらず、「損失関数」を最小化する点を近似的に求めることができる。

*

図 32 で与えられた「訓練データ」を例に用いながら、「勾配降下法」の基本的な原理を見ていく。

説明の便宜のために、「$w_1 = 1$」を仮定するので、分離点の座標は「$x_1 = -b$」で与えられる。

「勾配降下法」による学習も、「誤り訂正学習」と同じように、「終了条件を満足するまで、あらかじめ定められた更新式により『重み』と『バイアス』の更新を繰り返す」というフレームワークに従う（**図 13**）。

「損失関数」が「b」のみの関数であるこの例では、学習率「$\eta > 0$」に対して、更新式を、

$$b \leftarrow b - \eta \frac{dL}{db}(b) \quad \text{式 (13)}$$

で与え、更新の都度、「b」の値を「$-\eta \frac{dL}{db}(b)$」だけ変化させる。
式（13）は「b」の増減の方向と変化量を決定する。

・「$\frac{dL}{db}(b) > 0$」であれば、現在の「b」の値の周辺で $L(b)$ は「増加関数」となる。
したがって、$L(b)$ の値を減らすためには、「b」の値を「適度に」減らすべきである。

実際、更新式における「b」の変分「$-\eta \frac{dL}{db}(b)$」は「負」であり、「b」の値は減少するように更新される。
また、学習率「η」は「b」の変化量を調節するパラメータであることが分かる。

・逆に、「$\frac{dL}{db}(b) < 0$」であれば、現在の「b」の値の周辺では $L(b)$ は「減少関数」であるので、$L(b)$ の値を減らすためには「b」の値を適度に増やすべきである。

実際、更新式における「b」の変分「$-\eta \frac{dL}{db}(b)$」は正となり、「b」の値は増加するように更新される。

・$L(b)$ の最小値を与える「b」の値を「b_0」と表わす。
「b」が「b_0」の近くに位置するときは「b」の変化を小さく抑える必要があり、逆に、「b」が「b_0」から離れているときには「b」を大きく変化させたほうが早く「b_0」に到達することができる。

一方、「b」が「b_0」に近ければ「$\frac{dL}{db}(b)$」の値は「0」に近く、
「$\left|\frac{dL}{db}(b)\right|$」の値が大きければ「$b$」も「$b_0$」から離れている。
式（13）では、「b」の変分を「$\frac{dL}{db}(b)$」に比例するように「$-\eta \frac{dL}{db}(b)$」と

定めることにより、「b」が「b_0」に近づけば「b」の値の変化量が小さくなり、逆に、遠ければ（傾向として）変化量が大きくなる効果がある。

以下では、「$\eta = 10$」とし、**図32**の例を用いて、実際の計算を通して「勾配降下法」の手順の説明を行なう。

表5に、更新の各ステップにおいて計算される分離点の座標「$-b$」、「損失関数」の導関数 $= \frac{dL}{db}$、損失関数「L」の値を整理する。

ステップ1

「b」の初期値を「$b = 0$」とすると、「損失関数」の値は「$L(0) \approx 2.368$」である（**図33 (a)**）。

ステップ2

「$b = 0$」のとき、「$\frac{dL}{db}(0) \approx 0.299$」と計算されるので、更新式により、

$$b = 0 - \eta \times \frac{dL}{db}(0) \approx -2.987$$

と計算される。

分離点の座標は「$x_1 = -b \approx 2.987$」となり、初期の位置から「正」の方向に移動する（**図33 (b)**）。

ステップ3

「$b \approx -2.987$」のとき、「$\frac{dL}{db}(-2.987) \approx 0.094$」と計算されるので、更新式により、

$$b \approx -2.987 - \eta \times \frac{dL}{db}(-2.098) \approx -3.932$$

と計算される。

分離点の座標は「$x_1 = -b \approx 3.932$」となり、前回の位置からさらに「正」の方向に移動する（**図33 (c)**）。

ステップ4

「$b \approx -3.932$」のとき、「$\frac{dL}{db}(-3.932) \approx 0.116$」と計算されるので、更新式により、

$$b \approx -3.932 - \eta \times \frac{dL}{db}(-3.932) \approx -5.088$$

と計算される。

分離点の座標は「$x_1 = -b \approx 5.088$」となり、前回の位置からさらに「正」の方向に移動する（図 33 (d)）。

ステップ 5

「$b \approx -5.088$」のとき、「$\frac{dL}{db}(-5.088) \approx 0.172$」と計算されるので、更新式により、

$$b \approx -5.088 - \eta \times \frac{dL}{db}(-5.088) \approx -6.811$$

と計算される。

分離点の座標は「$x_1 = -b \approx 6.811$」となり、前回の位置からさらに「正」の方向に移動する（図 33 (e)）。

ステップ 6

「$b \approx -6.811$」のとき、「$\frac{dL}{db}(-6.811) \approx 0.226$」と計算されるので、更新式により、

$$b \approx -6.811 - \eta \times \frac{dL}{db}(-6.811) \approx -9.067$$

と計算される。

分離点の座標は「$x_1 = -b \approx 9.067$」となり、前回の位置からさらに正の方向に移動する（図 33 (f)）。

ステップ 7

「$b \approx -9.067$」のとき、「$\frac{dL}{db}(-9.067) \approx -0.129$」と、初めて「負」の値となる。

導関数「$\frac{dL}{db}$」の値の符号が変わったことにより、

$$b \approx -9.067 - \eta \times \frac{dL}{db}(-9.067) \approx -7.775$$

と計算される「b」の値は、初めて増加する。

分離点の座標は「$x_1 = -b \approx 7.775$」となり、今度は前回の位置から「負」

の方向に移動する（**図 33 (g)**）。

ステップ 8

6 回目より後の更新では、「b」の値は増加と減少を交互に繰り返すが、増加、減少の幅は徐々に小さくなっていく。

これは、分離点が「損失関数」を最小化する点に近づいてきて、「損失関数」のグラフの傾きの値が「0」に近くなる、すなわち、更新の幅を決定する導関数「$\frac{dL}{db}$」の値が「0」に近くなることによる。

更新式を 14 回適用した後の「b」の値は「$b = -8.290$」であり、導関数の値は「$\frac{dL}{db}(-8.290) \approx -0.008$」と「0」に近い。

図 33 (h) を見ても、分離点は「$x_1 = -b$」のグラフである曲線の最低点に近くなっていることが分かる。

表 5 「勾配降下法」による学習

更新回数	$-b$	dl/db	L
初期値	0.000	−0.299	2.368
1 回	2.987	0.094	1.889
2 回	3.932	0.116	1.789
3 回	5.088	0.172	1.630
4 回	6.811	0.226	1.247
5 回	9.067	−0.129	1.104
6 回	7.775	0.096	1.084
7 回	8.739	−0.070	1.071
8 回	8.034	0.052	1.065
9 回	8.555	−0.038	1.061
10 回	8.174	0.028	1.059
11 回	8.454	−0.020	1.058
12 回	8.249	0.015	1.058
13 回	8.399	−0.011	1.057
14 回	8.290	0.008	1.057

14 回以降、「b」の更新を継続すると、更新による「b」の値の変化は「0」

に漸近していくが、「0」になることはない。

したがって、**「b」の値が充分に収束したと考えられる時点でそれ以上の更新を中止**し、そのときの「b」の値を「損失関数」を最小化する「b」の値の近似値として利用する。

以上述べた例では、説明を分かりやすくするために、「$w_1 = 1$」を仮定して「損失関数」「L」を「b」のみで定まる一変数関数としたが、このような仮定はもちろん便宜的なものである。

「パーセプトロン」が複数の入力「$x_1, ..., x_d$」をとり、これら入力に対する重み「$w_1, ..., w_d$」が複数存在するときには、「重み」の一つを定数としただけでは損失関数「L」は一変数関数にはならず、多くの「重み」を定数とすると「分離超平面」の探索範囲が著しく小さくなってしまう。

「損失関数」が多変数関数である場合に使うことができる「勾配降下法」が必要である。

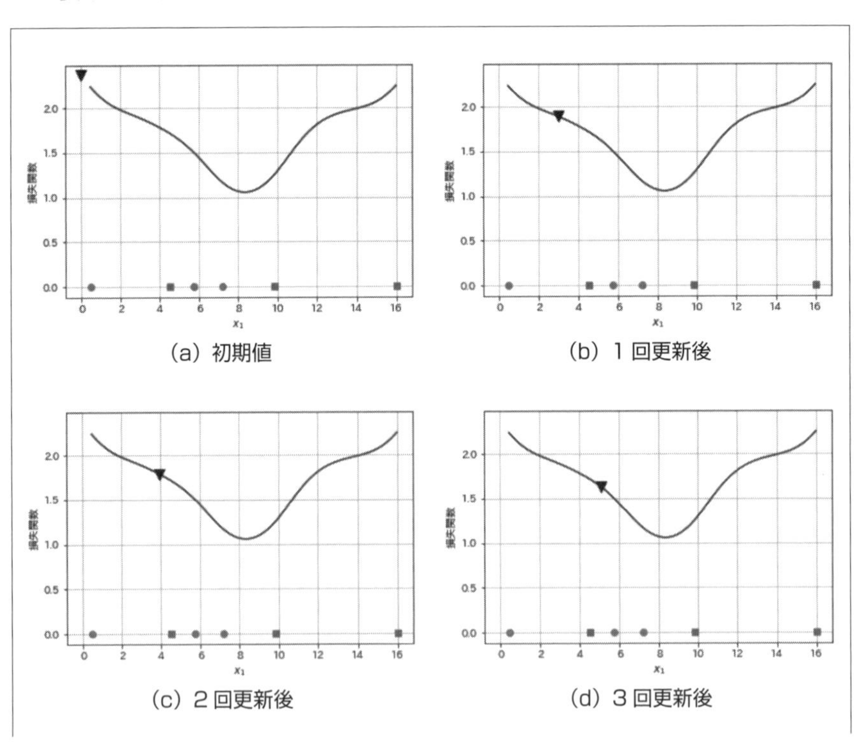

(a) 初期値

(b) 1回更新後

(c) 2回更新後

(d) 3回更新後

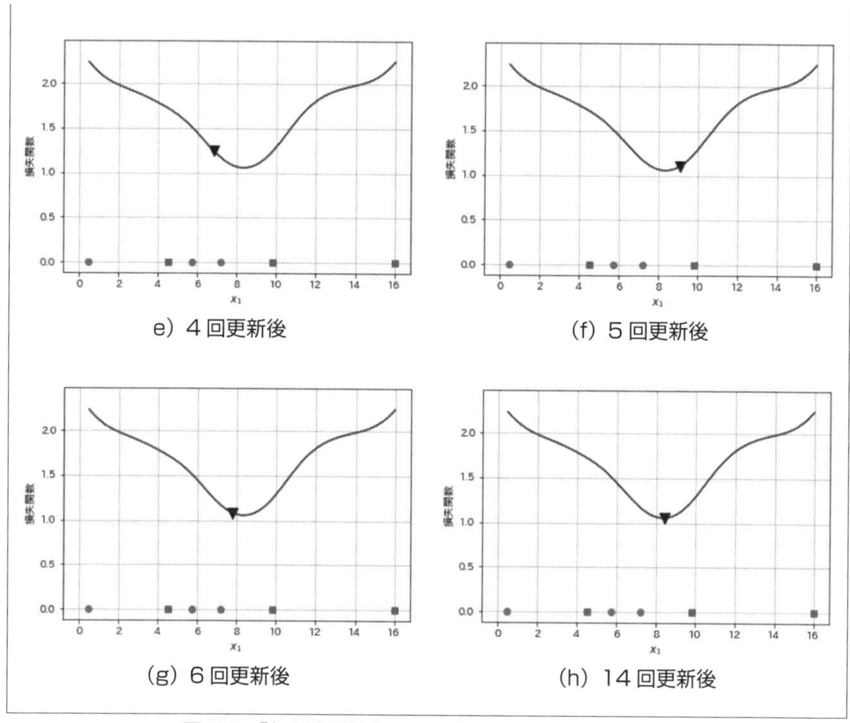

e）4 回更新後　(f）5 回更新後

(g）6 回更新後　(h）14 回更新後

図 33 「勾配降下法」による学習のシミュレーション

■ 2.3.4 多変数関数における「勾配降下法」

同じ**図 29** の例において、今度は、「損失関数」を「w_1」と「b」の「二変数関数」であると考える。

「損失関数」を与える**式（12）**を再掲する。

$$L(w_1, b) = (1 - \varsigma(4.5w_1 + b))^2 + (1 - \varsigma(16.0w_1 + b))^2 + (1 - \varsigma(9.8w_1 + b))^2 + (0 - \varsigma(0.4w_1 + b))^2 + (0 - \varsigma(7.2w_1 + b))^2 + (0 - \varsigma(5.7w_1 + b))^2$$

式（12）

＊

損失関数「$L(w_1, b)$」がどのように分布するかを、x 軸を「w_1」、y 軸を「b」、z 軸を $L(w_1, b)$ として、**図 34 (a)** に示す。

図 34 (b) は同じグラフを「等高線図」で表現したものである。

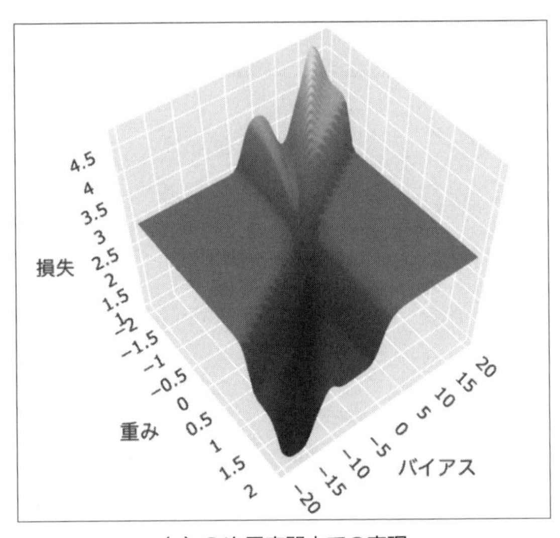

(a) 3次元空間内での表現

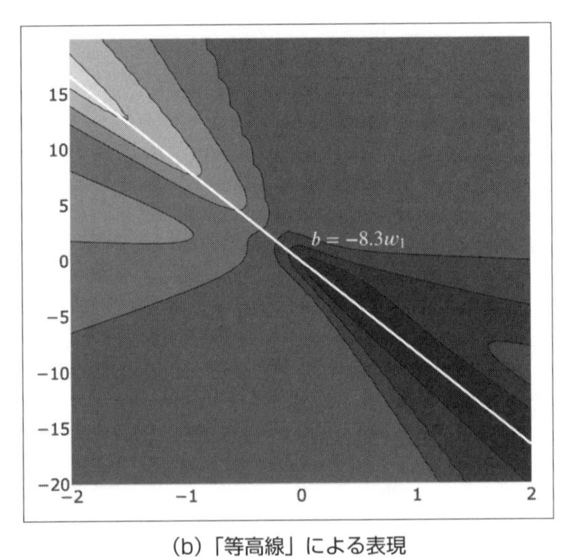

(b)「等高線」による表現

図34　重み「w_1」とバイアス「b」に対する損失

図34を観察すると、おおよそ「$b = -8.3w_1$」の直線に沿って、高い山脈と深い峡谷が連なることが読み取れる。

山脈と峡谷の境は「$w_1 = 0$」であり、「$w_1 < 0$」では山脈が聳(そび)え、「$w_1 > 0$」

では峡谷が刻まれる。

この観察から、「損失関数」を最小化するように重み「w_1」とバイアス「b」を選ぶのであれば、「$w_1 > 0$」の領域で「$b = -8.3w_1$」を満たすように選ぶことが望ましいことを示している。

この観察は、「$w_1 = 1$」を仮定した場合「$b = -8.3$」付近で「損失関数」が最小値をとる事実とも符合する。

実は、「損失関数」のこの性質は、以下の考察によって事前に予見することができる。

「損失関数」を最小値に近づける「よい」分離点の分布範囲は「訓練データ」の分布によって制限される。

たとえば、**図29**を観察すれば、「よい」分離点は、座標「$x_1 = 7.2$」のラベル「0」の点と、座標「$x_1 = 9.8$」のラベル「1」の点の中間、座標で言えば、「$8 < x_1 < 9$」の区間あたりに存在するべきことが直感的に分かる。

つまり、重み「w_1」とバイアス「b」が定める分離点の座標は「$x_1 = -\frac{b}{w_1}$」であるので、「w_1」と「b」が良い分離点を定めるのであれば、分離点の座標「$-\frac{b}{w_1}$」はこの範囲におさまり、互いにおおむね近い値をとると考えられる。

すでに、「$w_1 = 1$」のときには「$b = -8.3$」の近傍で「損失関数」が最小になることを観察しているので、「損失関数」を最小値に近づける「w_1」と「b」の組み合わせでは、「$-\frac{b}{w_1}$」の値が「8.3」に近いであろうこと、すなわち、「$b = -8.3w_1$」の直線の近傍に分布するであろうことが予見できる。

*

さらに、「$b = -8.3w_1$」の直線上で、「$w_1 < 0$」では「損失関数」の値が高く、「$w_1 > 0$」では「損失関数」の値が小さくなることは、以下のように説明できる。

図29の「訓練データ」の分布を見ると、ラベル「1」のデータは座標が大きくなる側に分布し、逆に、ラベル「0」のデータは座標が小さくなる側に分布しているので、「w_1」と「b」を「重み」と「バイアス」にもつ「パーセプトロン」の出力が、「$x_1 > -\frac{b}{w_1}$」の範囲で「1」に近づくのであれば「損失関数」は小さくなり、逆に、「$x_1 > -\frac{b}{w_1}$」の範囲で出力が「0」に近づくのであれば「損失関数」は大きくなる。

*

一方、「パーセプトロン」の出力は「$\zeta(b + w_1x_1)$」で定義され、「$b + w_1x_1 > 0$」を満たす入力に対して「1」に近くなり、逆に、「$b + w_1x_1 < 0$」を満たす入力に対して「1」に近くなる。

つまり、「損失関数」の値を小さくするためには、「$x_1 > -\frac{b}{w_1}$」で「$b + w_1x_1 > 0$」が成立する必要があり、そのための条件は「$w_1 > 0$」である。

逆に、「$w_1 < 0$」であれば、「$x_1 > -\frac{b}{w_1}$」で「$b + w_1x_1 < 0$」が成り立ち、「損失関数」の値は大きくなる。

*

「$w_1 = 1$」を仮定し「損失関数」を一変数関数として扱う場合では、「b」の変分「Δb」を「$-\eta\frac{dL}{db}(b)$」で定めて、「b」の値を更新した。

一方、「損失関数」を「w_1」と「b」に関する「二変数関数」と考えるときには、「w_1」の変分「Δw_1」と「b」の変分「Δb」の両方、すなわち、ベクトル（Δw_1, Δb）を決めなければならない。

このとき、できるだけ効率的に「損失関数」の最小値に辿り着くためには、「損失関数」の変分

$$\Delta L = L(\bar{w}_1 + \Delta w_1, \bar{b} + \Delta b) - L(\bar{w}_1, \bar{b})$$

が最小になるように（「負」で絶対値が最大になるように）、ベクトル（Δw_1, Δb）の方向を決める必要がある。

「$\bar{w}_1, \bar{b}$」を更新前の「重み」と「バイアス」であるとする。

「ΔL」を厳密に評価することは難しいが、近似的に評価することはできる。

図34(a) に示す曲面「$z = L(w_1, b)$」上の点「$(\bar{w}_1, \bar{b}, L(\bar{w}_1, \bar{b}))$」において、曲面の接平面「$T$」を考える。

「T」の方程式は、適当な係数「ω, β」に対して、

$$T : z = \omega(w_1 - \bar{w}_1) + \beta(b - \bar{b}) + L(\bar{w}_1, \bar{b})$$

と表わされるが、実は、係数「ω, β」は「偏微分」と呼ばれ、記号「$\frac{\partial L}{\partial w_1}(\bar{w}_1, \bar{b})$」と「$\frac{\partial L}{\partial b}(\bar{w}_1, \bar{b})$」で表わされるので、接平面「$T$」の方程式は、

$$T : z = \frac{\partial L}{\partial w_1}(\bar{w}_1, \bar{b}) \cdot (w_1 - \bar{w}_1) + \frac{\partial L}{\partial b}(\bar{w}_1, \bar{b}) \cdot (b - \bar{b}) + L(\bar{w}_1, \bar{b})$$

式（14）

となる（**コラム「『接超平面』と『テイラー展開』」**を参照）。

一般に、微分可能関数「$z = f(x, y)$」の点$(\bar{x}, \bar{y}, \bar{z})$における「接平面」の方程式は、

$$z = \frac{\partial f}{\partial x}(\bar{x}, \bar{y}) \cdot (x - \bar{x}) + \frac{\partial f}{\partial y}(\bar{x}, \bar{y}) \cdot (y - \bar{y}) + \bar{z}$$

で与えられる。

ここでは「偏微分」の計算を行なうわけではないので、「偏微分」についての解説は**コラム「偏微分」**に譲るものとして、「$\frac{\partial L}{\partial w_1}, \frac{\partial L}{\partial b}$」**は「接平面」の係数を表わす単なる記号**だと思っておいていただければ充分である。

ただ、微分可能関数「$g(x)$」の微分「$\frac{dg}{dx}$」は「導関数」とも呼ばれ、「x」の関数であるように、$f(x, y)$ の偏微分「$\frac{\partial f}{\partial x}, \frac{\partial f}{\partial y}$」も関数であり、$(x, y) = (\bar{x}, \bar{y})$における値を指定するためには「$\frac{\partial f}{\partial x}(\bar{x}, \bar{y}), \frac{\partial f}{\partial y}(\bar{x}, \bar{y})$」のように関数の引数を指定する必要がある。

さて、点$(\bar{w}_1, \bar{b})$の近傍において、「接平面」の方程式(14)の右辺は$L(w_1, b)$ の近似を与える関数として利用することができる。

すなわち、「$\Delta w_1 = w_1 - \bar{w}_1, \Delta b = b - \bar{b}$」と置くと、$|\Delta w_1|$と$|\Delta b|$が充分小さければ、近似式

$$L(w_1, b) \approx \frac{\partial L}{\partial w_1}(\bar{w}_1, \bar{b}) \cdot \Delta w_1 + \frac{\partial L}{\partial b}(\bar{w}_1, \bar{b}) \cdot \Delta b + L(\bar{w}_1, \bar{b})$$

が成り立つので、「損失関数」の変分「ΔL」を以下のように近似することができる。

$$\Delta L \approx \frac{\partial L}{\partial w_1}(\bar{w}_1, \bar{b}) \cdot \Delta w_1 + \frac{\partial L}{\partial b}(\bar{w}_1, \bar{b}) \cdot \Delta b \qquad \text{式 (15)}$$

「損失関数」の変分「ΔL」を最小化するようなベクトル($\Delta w_1, \Delta b$)の方向を定めることが狙いであったので、ΔL の評価にこの近似式を利用することにしよう。

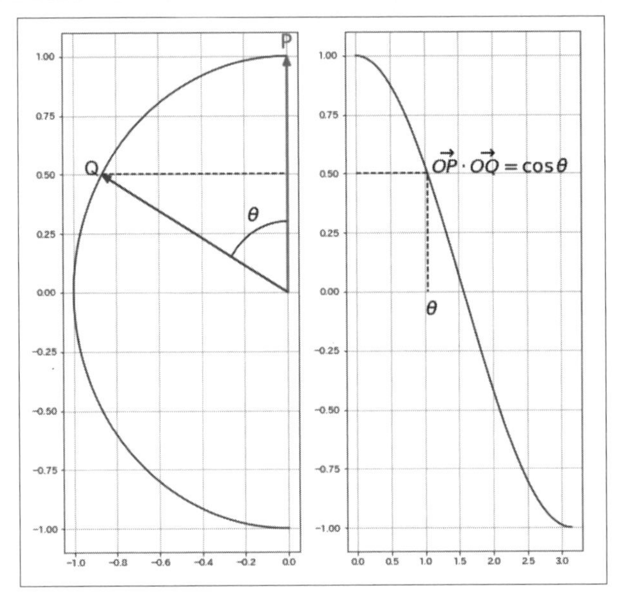

図 35　ベクトルの内積

＊

実は、**式 (15)** の右辺は、ベクトル（Δw_1, Δb）とベクトル $\left(\frac{\partial L}{\partial w_1}(\bar{w}_1,\bar{b}), \frac{\partial L}{\partial b}(\bar{w}_1,\bar{b})\right)$ の内積である。

以下では、表記を簡単にするために、

$$\overline{\frac{\partial L}{\partial w_1}} = \frac{\partial L}{\partial w_1}(\bar{w}_1,\bar{b}), \quad \overline{\frac{\partial L}{\partial b}} = \frac{\partial L}{\partial b}(\bar{w}_1,\bar{b})$$

の表記を用いる。

したがって、二つのベクトルのなす角を「θ」と表わすと、

$$\Delta L \approx \left(\overline{\frac{\partial L}{\partial w_1}}, \overline{\frac{\partial L}{\partial b}}\right)\cdot(\Delta w_1,\Delta b) = \sqrt{\overline{\frac{\partial L}{\partial w_1}}^2 + \overline{\frac{\partial L}{\partial b}}^2}\cdot\sqrt{\Delta {w_1}^2 + \Delta b^2}\cdot\cos\theta$$

が成り立つので、「ΔL」の値が取る範囲は、

$$-\sqrt{\overline{\frac{\partial L}{\partial w_1}}^2 + \overline{\frac{\partial L}{\partial b}}^2}\cdot\sqrt{\Delta {w_1}^2 + \Delta b^2} \le \Delta L \le \sqrt{\overline{\frac{\partial L}{\partial w_1}}^2 + \overline{\frac{\partial L}{\partial b}}^2}\cdot\sqrt{\Delta {w_1}^2 + \Delta b^2}$$

で与えられる（**図 35**）。

特に、「$\Delta L=-\sqrt{\overline{\frac{\partial L}{\partial w_1}}^2+\overline{\frac{\partial L}{\partial b}}^2}\cdot\sqrt{\Delta {w_1}^2+\Delta b^2}$」が成り立つこと、「$\theta=\pi$」(度表示では θ = 180 度) が成り立つこと、(Δw_1, Δb) が $\left(-\overline{\frac{\partial L}{\partial w_1}},-\overline{\frac{\partial L}{\partial b}}\right)$ と同じ向きを持つこととは、すべて同値である。

*

以上の考察によって、以下の更新式が得られる。

$$(w_1,b)\leftarrow(w_1,b)-\eta\cdot\left(\overline{\frac{\partial L}{\partial w_1}},\overline{\frac{\partial L}{\partial b}}\right) \quad \text{式 (16)}$$

関数の最小値を求めるこの方法 (勾配降下法) は、斜面を転がるボールに喩えて理解することができる。

ボールは獲得する「運動エネルギー」を最大化する方向、つまり、常に斜面の最も勾配が急な方向に降下し、結果として、最短で斜面の最低部に到達する。

斜面の方程式を「$z=f(x,y)$」で表わすとき、斜面上の点 $(\bar{x},\bar{y},f(\bar{x},\bar{y}))$ における、最急降下勾配の方向はベクトル「$\left(-\frac{\partial f}{\partial x}(\bar{x},\bar{y}),-\frac{\partial f}{\partial y}(\bar{x},\bar{y})\right)$」で与えられ、更新式 (16) における変分を定めるベクトルと一致する。

このことから、「勾配降下法」は「**最急降下法**」と呼ばれることもある。

*

「勾配降下法」の説明の最後に、**式 (12)** で定義される損失関数「$L(w_1, b)$」について、「$\frac{\partial L}{\partial w_1}$」と「$\frac{\partial L}{\partial b}$」を与える式を示す。

少し一般化して、n 個の訓練データ「$x_1[1], \ldots, x_1[n]$」とラベル「$t[1], \ldots, t[n]$」に対して定義される「損失関数」、

$$L=\sum_{i=1}^{n}(t[i]-\varsigma(b+w_1x_1[i]))^2$$

に対する「$\frac{\partial L}{\partial w_1}$」と「$\frac{\partial L}{\partial b}$」は、

$$\begin{aligned}&\frac{\partial L}{\partial w_1}(w_1,b)\\&=-2\sum_{i=1}^{n}(t[i]-\varsigma(b+w_1x_1[i]))\varsigma(b+w_1x_1[i])\varsigma(-b-w_1x_1[i])x_1[i]\end{aligned} \quad \text{式 (17)}$$

$$\frac{\partial L}{\partial b}(w_1, b) = -2\sum_{i=1}^{n}(t[i] - \varsigma(b + w_1x_1[i]))\varsigma(b + w_1x_1[i])\varsigma(-b - w_1x_1[i]) \quad \text{式 (18)}$$

により計算することができる。

＊

これらの式の導出は「合成関数の微分公式」によるが、導出方法を知ることは必ずしも必要ではないので、説明は**コラム「合成関数の微分公式」**に譲る。

Column 勾配ベクトルを表わす記号∇（ナブラ）

損失関数「L」が、重み「w_1」とバイアス「b」の「二変数関数」であるとき、「勾配ベクトル」を与える関数が$\left(\frac{\partial L}{\partial w_1}, \frac{\partial L}{\partial b}\right)$で与えられることを見たが、記述の簡便のため、勾配ベクトルを演算子「∇」（**ナブラ**）を用いて、

$$\nabla L(w_1, b) = \left(\frac{\partial L}{\partial w_1}, \frac{\partial L}{\partial b}\right)$$

と表わすことも多い。

＊

物理学を勉強した方には馴染みのある記法であると思うが、「ナブラ」という呼び方は形が「竪琴」に似ていることによるギリシャ語由来である。

19世紀の数学者ハミルトン（William Rowan Hamilton、1805－1865）が初めて導入した。

「パーセプトロン」がd個の入力「$x_1, ..., x_d$」をとり、対応する「重み」が「$w_1, ..., w_d$」である場合には、

$$\nabla L(w_1, \ldots, w_d, b) = \left(\frac{\partial L}{\partial w_1}, \ldots, \frac{\partial L}{\partial w_d}, \frac{\partial L}{\partial b}\right)$$

によって「勾配ベクトル」を計算する。

2.3.5 「勾配降下法」の計算例

図29の「訓練データセット」を例に取り、「勾配降下法」の計算例を示す。

式（12）で定義される「損失関数」に対して、「勾配ベクトル」を計算するための「偏微分」の式は以下のように与えられる。

計算には、「合成関数の微分」を使う（**コラム「合成関数の微分」、コラム「ロジスティック関数」**を参照）。

$$
\begin{aligned}
\frac{\partial L}{\partial w_1}(w_1,b) = & -2\,(1-\varsigma(4.5w_1+b))\,\varsigma(4.5w_1+b)\varsigma(-4.5w_1-b)\cdot 4.5 \\
& -2\,(1-\varsigma(16.0w_1+b))\,\varsigma(16.0w_1+b)\varsigma(-16.0w_1-b)\cdot 16.0 \\
& -2\,(1-\varsigma(9.8w_1+b))\,\varsigma(9.8w_1+b)\varsigma(-9.8w_1-b)\cdot 9.8 \\
& -2\,(0-\varsigma(0.4w_1+b))\,\varsigma(0.4w_1+b)\varsigma(-0.4w_1-b)\cdot 0.4 \\
& -2\,(0-\varsigma(7.2w_1+b))\,\varsigma(7.2w_1+b)\varsigma(-7.2w_1-b)\cdot 7.2 \\
& -2\,(0-\varsigma(5.7w_1+b))\,\varsigma(5.7w_1+b)\varsigma(-5.7w_1-b)\cdot 5.7
\end{aligned}
$$

式（19）

$$
\begin{aligned}
\frac{\partial L}{\partial b}(w_1,b) = & -2\,(1-\varsigma(4.5w_1+b))\,\varsigma(4.5w_1+b)\varsigma(-4.5w_1-b) \\
& -2\,(1-\varsigma(16.0w_1+b))\,\varsigma(16.0w_1+b)\varsigma(-16.0w_1-b) \\
& -2\,(1-\varsigma(9.8w_1+b))\,\varsigma(9.8w_1+b)\varsigma(-9.8w_1-b) \\
& -2\,(0-\varsigma(0.4w_1+b))\,\varsigma(0.4w_1+b)\varsigma(-0.4w_1-b) \\
& -2\,(0-\varsigma(7.2w_1+b))\,\varsigma(7.2w_1+b)\varsigma(-7.2w_1-b) \\
& -2\,(0-\varsigma(5.7w_1+b))\,\varsigma(5.7w_1+b)\varsigma(-5.7w_1-b)
\end{aligned}
$$

式（20）

前述の実験と同様に、「重み」と「バイアス」の初期値を「$w_1 = 1, b = 0$」とし、**式（16）**、**式（19）**、および、**式（20）**を更新式として、「w_1」と「b」の更新を実行してみる。

これまでの例と異なり、非常に多くの更新を実行するため、初回の更新式の適用を説明する。

＊

初期状態は「$w_1 = 1, b = 0$」である。

式（19）と**式（20）**に「$w_1 = 1, b = 0$」を代入すると、

$$\frac{\partial L}{\partial w_1}(1,0) \approx 0.1812$$
$$\frac{\partial L}{\partial b}(1,0) \approx 0.2987$$

を得るので、学習率［ η = 0.01 ］のもとで、結果を**式（16）**の右辺に値を代入すると、

$$(w_1, b) - \eta \cdot \left(\frac{\partial L}{\partial w_1}(1,0), \frac{\partial L}{\partial b}(1,0)\right) \approx (1,0) - 0.01 \cdot (0.1812, 0.2987)$$
$$= (0.9982, -0.0030)$$

が、更新後の新しい「w_1」と「b」の値を定める。

＊

損失関数「$L(w_1, b)$」を収束させるために、同様の更新を 3,000 回以上実行した。

表6に、更新による「w_1」「b」「$\frac{\partial L}{\partial w_1}$」、「$\frac{\partial L}{\partial b}$」、および、$L(w_1, b)$ の変化を示すが、すべての更新について記載することは不可能なので、250 回ごとの値を記す。

表6　更新式の適用（ η = 0.01）

更新回数	w_1	b	$\frac{\partial L}{\partial w_1}$	$\frac{\partial L}{\partial b}$	$L(w_1, b)$	ΔL
0	1	0	0.1812	0.2987	2.3678	—
1	0.9982	−0.0030	0.1818	0.2987	2.3665	—
250	0.1405	−0.7371	−0.0220	0.2157	1.1320	−1.2358
500	0.1845	−1.1571	−0.0140	0.1302	1.0593	−0.0727
750	0.2134	−1.4231	−0.0096	0.0868	1.0303	−0.0290
1000	0.2339	−1.6068	−0.0070	0.0621	1.0165	−0.0138
1250	0.2491	−1.7415	−0.0053	0.0467	1.0091	−0.0074
1500	0.2608	−1.8445	−0.0041	0.0363	1.0047	−0.0044
1750	0.2701	−1.9255	−0.0033	0.0289	1.0021	−0.0026
2000	0.2776	−1.9907	−0.0027	0.0235	1.0004	−0.0017
2250	0.2838	−2.0440	−0.0022	0.0193	0.9992	−0.0012
2500	0.2889	−2.0881	−0.0019	0.0161	0.9984	−0.0008
2750	0.2932	−2.1251	−0.0016	0.0135	0.9978	−0.0006
3000	0.2968	−2.1563	−0.0013	0.0115	0.9975	−0.0003

更新の回数が増えると、勾配ベクトル$\left(\frac{\partial L}{\partial w_1}, \frac{\partial L}{\partial b}\right)$の各成分が「0」に近づき、それに伴い、$L(w_1, b)$ の値の変分も「0」に近づいていく様子が分かる。

＊

図36 (a) に、損失関数$L(w_1, b)$ の値だけを取り出して、更新回数を横軸として、値の変化をグラフとして表示する。

一般に、「データセット」のデータをすべて用いた1回の更新作業を「**エポック**」と呼ぶので、ここでは「エポック数」と更新回数は同じ意味をもつ。

更新回数が500未満では、「損失関数」の値は急速に減少し、更新回数が1,000回を超えると、曲線の傾きは「0」に近づき、「損失関数」の値は「1.0」に近い値に収束していく。

一方、**図36 (b)** に、「重み」(横軸) と「バイアス」(縦軸) の変化を点(w_1, b) の軌跡として描画する。

初期値「$(w_1, b) = (1, 0)$」から出発し、最初は谷底に向かって急降下し、その後、谷底に沿って進む様子が分かる。

図34 より、重み「w_1」とバイアス「b」を変化させたとき、「損失関数」は「$b = -8.3w_1$ $(w_1 > 0)$」の周辺で最小値を取ることが分かっているので、「勾配降下法」による学習がうまく機能していることが分かる。

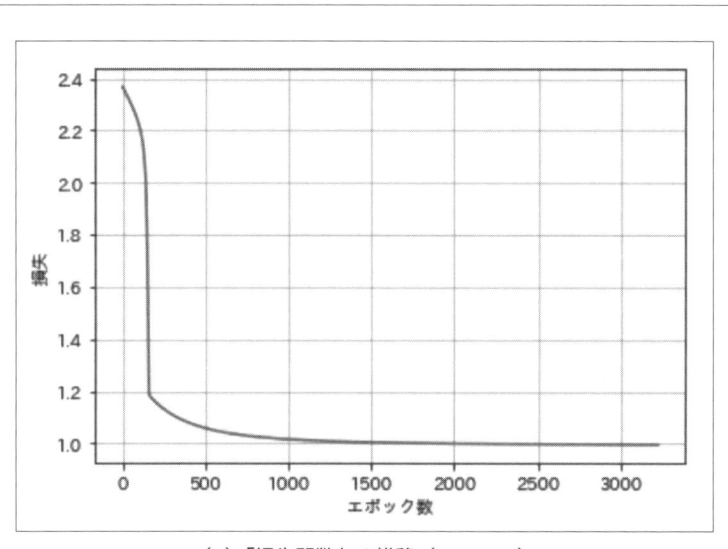

(a)「損失関数」の推移（$\eta = 0.01$）

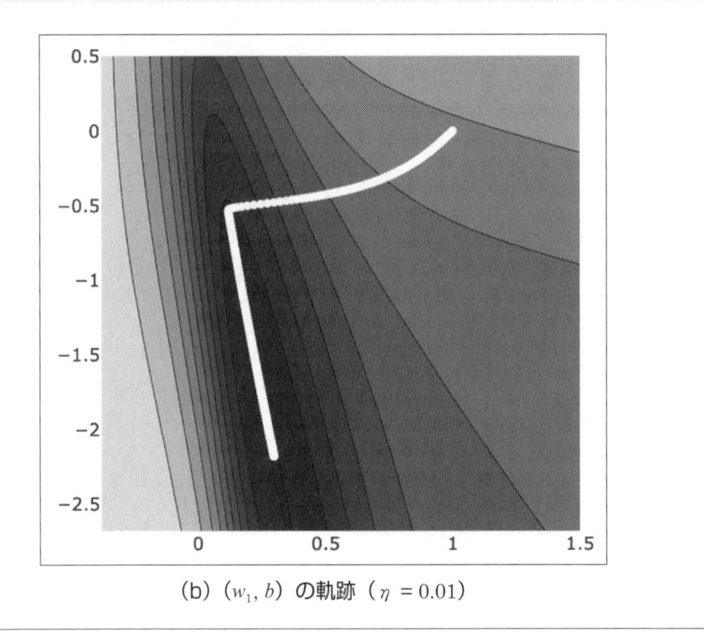

(b) (w_1, b) の軌跡（η = 0.01）

図 36 「勾配降下法」による学習（η = 0.01）

*

「誤り訂正学習」では「パーセプトロン」が「訓練データセット」と無矛盾になるまで「重み」と「バイアス」の更新を継続するが、「損失関数」と「勾配降下法」では、「訓練データセット」と無矛盾となる「重み」と「バイアス」が存在しない場合でも、最適な「重み」と「バイアス」を探索することができる。

その一方で、更新計算の終了条件を「勾配ベクトルが 0 になる」と設定したのでは、計算が終了しない可能性があり、更新作業の終了条件を恣意的に決定する必要がある。

そのため、「『損失関数』の変分が充分に小さくなる」「勾配が充分に小さくなる」「充分な回数の更新を実行した」などの条件を、事前に定めた閾値に基づいて判定することが普通である。

この計算例では、更新回数が 10,000 回に到達するか、または、

$$\left(\frac{\partial L}{\partial w_1}\right)^2 + \left(\frac{\partial L}{\partial b}\right)^2 < 0.0001$$

のいずれかが成立した時点で更新式の適用を停止するようにしている。

■ 2.3.6 学習率の選択

正しい「重み」と「バイアス」の値を学習するためには、学習率を適切に選択することが重要である。

図37では、学習率を「$\eta = 0.1$」に変更したときの「損失関数」の変化と「重み」と「バイアス」の軌跡を示す。

図37(a)に示すように、「$\eta = 0.1$」のときには、「損失関数」の値が激しく振動することが分かる。

この振動の原因は、**図37(b)**の観察から理解することができる。

図37(b)を観察すると、初期状態「$(w_1, b) = (1, 0)$」から出発した当初は、谷底に向かって降下していき、「$\eta = 0.01$」のときと同様の軌跡を描くことが分かる。

ところが、谷の最低部に到達した後は、「$\eta = 0.01$」のときのように谷底に沿うように進むのではなく、谷底をまたぐような軌跡で振動しながら進んでいる。

この違いは、「η」の値が大きいことから、1回の更新あたりの「重み」と「バイアス」と変分が大きくなることによる。

つまり、谷の片側の斜面に点(w_1, b)が位置するとき、「勾配ベクトル」は谷底を向いているが、更新による変分が大きいため、谷の最低部を通り越して、反対側の斜面に移動してしまう。

反対側の斜面では「勾配ベクトル」の向きが逆になり、次の更新では、もといた斜面に移動する。

この経過の繰り返しが、「損失関数」の値の振動を生むのである。

表7で示した数値を観察しながら、実際に確認してみよう。

更新回数0回〜18回

勾配ベクトル$\left(\frac{\partial L}{\partial w_1}, \frac{\partial L}{\partial b}\right)$成分はすべて「正」であり、点$(w_1, b)$は初期位置から左下の方向、すなわち、谷底に向かって降下していく。

確かに、「損失関数」$L(w_1, b)$の値も漸減している。

更新回数 19 回～ 151 回

19 回目の更新で、勾配ベクトル $\left(\frac{\partial L}{\partial w_1}, \frac{\partial L}{\partial b}\right)$ の成分は、それまでの「正」の値から「負」の値に変わり、点 (w_1, b) の移動の向きが反転する。

以降は、ベクトルの向きは反転を繰り返し、点の軌跡は振動する。

以下では、152 回目以降を例にとって、少しだけ詳細に説明する。

更新回数 152 回～ 155 回

152 回目の更新時、勾配ベクトル $\left(\frac{\partial L}{\partial w_1}, \frac{\partial L}{\partial b}\right)$ の成分は「正」の値から「負」の値に変わり、点 (w_1, b) の移動の向きが反転する。

153 回目の更新における移動で、w_1 座標の値も「0.1975」から「0.5973」と大きく増大し、谷の左岸から右岸に一跳びで移動している。

154 回目と 155 回目の更新時には、点 (w_1, b) は谷の右岸に位置しており、勾配ベクトル $\left(\frac{\partial L}{\partial w_1}, \frac{\partial L}{\partial b}\right)$ の成分は「正」であるので、移動の向きは反転して、谷の底にむけて左に移動する。

しかし、155 回目の更新時の移動量が大きいため、谷底を通り過ぎてしまい、156 回目の更新時の点 (w_1, b) は谷の左岸斜面に移動する。

更新回数 155 回～ 157 回

156 回目の更新時の点 $(w_1, b) = (0.5970, -2.1442)$ は谷の左岸斜面に位置するため、勾配ベクトル $\left(\frac{\partial L}{\partial w_1}, \frac{\partial L}{\partial b}\right)$ の成分は再び「正」に変わり、点 (w_1, b) の移動の向きは反転する。

w_1 座標の値は「0.1994」から「0.5973」と大きく増大し、点 (w_1, b) は谷の左岸から右岸に一跳びで移動する。

156 回目と 157 回目の更新時には、点 (w_1, b) は谷の右岸に位置するので、勾配ベクトル $\left(\frac{\partial L}{\partial w_1}, \frac{\partial L}{\partial b}\right)$ の成分は「正」となり、移動の向きは再び反転して、谷の底にむけて左に移動する。

ただし、157 回目の更新時には、移動量が大きいため、谷底を通り過ぎてしまい、点 (w_1, b) は再び谷の左側に移動する。

更新回数 158 回以降

158 回以降の更新においても、これまでと同様に、谷の左岸と右岸の間の往来を繰り返す。

＊

このように、点 (w_1, b) は谷の左岸と右岸を往来し、それに起因して「損失関数」の値が振動するのである。

それでも、点 (w_1, b) が谷の左岸に位置するときは、谷の最低部に近いため、「損失関数」の振動値の最低値は「損失関数」の最低値である「1.0」に近い。

さらに更新を続ければ、振動の幅も小さくなり、やがては一定値（「損失関数」の最低値「1.0」付近）に収束する。

このように、学習率を不適切に大きく取ると、「損失関数」の値が振動し、「損失関数」の値が収束するまでに時間がかかってしまう可能性がある。

一方、適正な学習率は問題ごとに異なり、事前に適正な値を選択することが困難な場合もある。

そのような場合、「損失関数」の変動を観察して、試行錯誤により適正な値を探索することが必要となる。

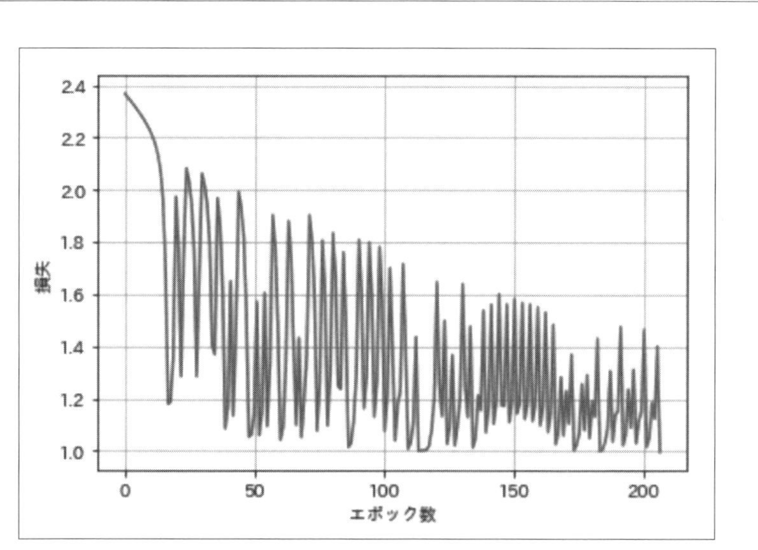

(a)「損失関数」の推移（$\eta = 0.1$）

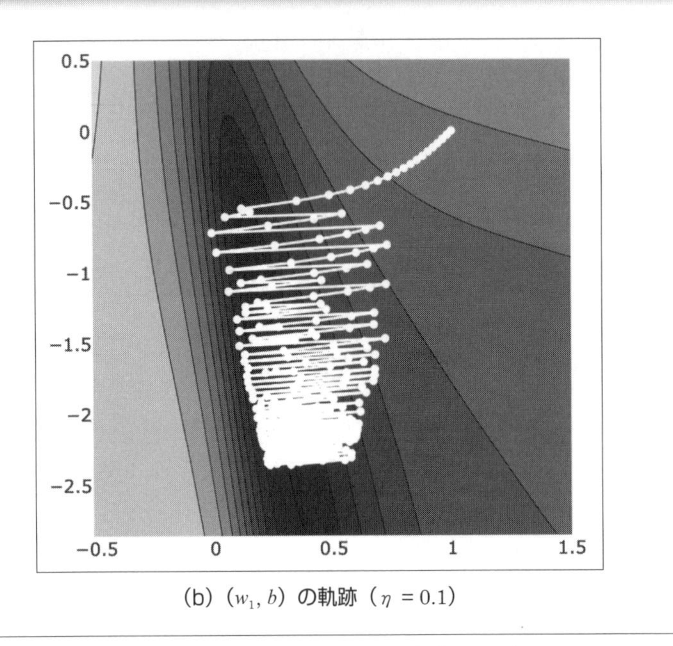

(b) (w_1, b) の軌跡（$\eta = 0.1$）

図37 「勾配降下法」による学習（$\eta = 0.1$）

表7 更新式の適用（$\eta = 0.1$）

更新回数	w_1	b	$\frac{\partial L}{\partial w_1}$	$\frac{\partial L}{\partial b}$	$L(w_1, b)$
0	1	0	0.1812	0.2987	2.3678
1	0.9819	−0.0299	0.1872	0.2979	2.3555
2	0.9632	−0.0597	0.1943	0.2970	2.3431
3	0.9437	−0.0894	0.2028	0.2961	2.3304
4	0.9234	−0.1190	0.2130	0.2951	2.3174
5	0.9021	−0.1485	0.2254	0.2942	2.3041
6	0.8796	−0.1779	0.2407	0.2934	2.2902
7	0.8555	−0.2072	0.2600	0.2930	2.2756
8	0.8295	−0.2365	0.2846	0.2931	2.2599
9	0.8011	−0.2658	0.3169	0.2940	2.2428
10	0.7694	−0.2952	0.3605	0.2962	2.2234
⋮					
150	0.6014	−2.1074	1.9177	0.2913	1.5823
151	0.4096	−2.1365	2.1212	0.2830	1.1430

152	0.1975	−2.1648	−3.9978	−0.3842	1.1791
153	0.5973	−2.1264	1.9528	0.2939	1.5688
154	0.4020	−2.1558	2.0258	0.2679	1.1219
155	0.1994	−2.1826	−3.9766	−0.3837	1.1783
156	0.5970	−2.1442	1.9649	0.2941	1.5631
157	0.4006	−2.1736	1.9854	0.2611	1.1143
158	0.2020	−2.1997	−3.9171	−0.3799	1.1745
159	0.5937	−2.1617	1.9938	0.2960	1.5514

2.4 勾配消失問題

前節で説明したように、「勾配降下法」では、「損失関数」が定める曲面上を勾配が最大となる方向に逐次降下することにより、「損失関数」が最小になる地点を探索する。

一方、「重み」と「バイアス」の広い領域において勾配が「0」に近くなるという現象が起こることがある。

このような領域に位置する点 (w_1, b) において更新式を適用すると、勾配ベクトル $\left(\frac{\partial L}{\partial w_1}, \frac{\partial L}{\partial b}\right)$ の成分がほぼ「0」になるので、更新式における変分「$(-\eta)\cdot\left(\frac{\partial L}{\partial w_1}, \frac{\partial L}{\partial b}\right)$」の成分もほぼ「0」になり、重み「$w_1$」の値もバイアス「$b$」の値もほとんど変化しなくなってしまう。

すなわち、「損失関数」が最小値になる以前に、「重み」と「バイアス」の値が収束してしまうという問題が発生する。

この問題を「**勾配消失問題**」と呼ぶ。

図34に、**図29**の「訓練データ」が定める「損失関数」の曲面を示したが、**図38**では、この曲面において勾配が消失する領域を示した。

全体の半分くらいの領域で勾配が消失していることが分かる。

「勾配降下法」による探索中にこの領域にはまり込んでしまうと、この領域から脱出できなくなり、「損失関数」を最小化する領域（谷底）に到達できなくなる。

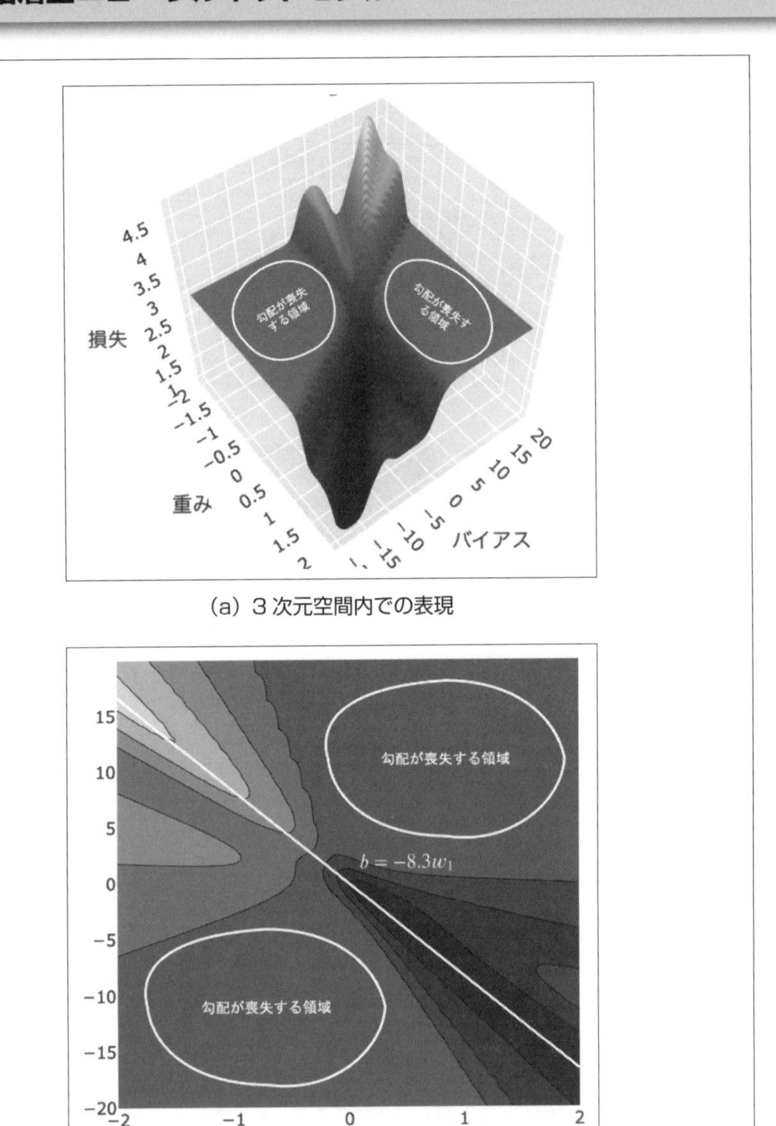

(a) 3次元空間内での表現

(b)「等高線」による表現

図38 勾配が消失する領域

以下では、学習率をさらに大きく「$\eta = 1$」として更新式を適用したときに、点 (w_1, b) が谷を大きく飛び越してしまい、勾配が消失している領域にトラップされてしまう現象を観察する。

＊

初期条件は今までと同じく「$w_1 = 1, b = 0$」とする。

図39 (a) は、更新式の適用回数に対する「損失関数」の値の推移をグラフとして示しているが、「損失関数」の値は「2.0」付近に収束していくことが分かる。

すでに確認したように、「損失関数」の最小値は1.0付近であり、両者の乖離は大きい。

「勾配降下法」の実行中に、点 (w_1, b) が勾配が消失している領域にはまり込んでしまったことが想定できる。

実際、**図39 (b)** で点 (w_1, b) の軌跡を確認すると、初期状態から、いったん谷底に向けて急降下して、谷の左岸に移動した後、再び、右岸に移動するが、このときの移動量が大きいため（「$\eta = 1$」であることによる）、斜面を下って谷底の方向に移動している途中で、勾配が消失している領域にはまり込んでトラップされる様子がよく分かる。

勾配が消失している領域につかまった後は、計算された点 (w_1, b) の位置を示すマーカー（○）の間隔が詰まっていることから、更新1回あたりの変分が小さくなることが観察できる。

この事実は、**表8** で勾配ベクトル $\left(\frac{\partial L}{\partial w_1}, \frac{\partial L}{\partial b}\right)$ の成分の数値を確認することでも、確認することができる。

60回目以降の更新では極めて「0」に近い値となっている。

表8　更新式の適用（$\eta = 1$）

更新回数	w_1	b	$\frac{\partial L}{\partial w_1}$	$\frac{\partial L}{\partial b}$	$L(w_1, b)$
0	1	0	0.1812	0.2987	2.3678
1	0.8188	−0.2987	0.3019	0.2890	2.2387
2	0.5169	−0.5877	1.2925	0.3831	1.9463
3	−0.7756	−0.9708	−0.0720	0.0468	3.0208
4	−0.7036	−1.0176	−0.1065	0.0384	3.0125
⋮					
60	3.7284	−4.2207	0.0048	0.0105	2.0057
61	3.7235	−4.2313	0.0047	0.0103	2.0056

62	3.7188	−4.2415	0.0046	0.0101	2.0054
63	3.7142	−4.2516	0.0045	0.0099	2.0053
64	3.7096	−4.2615	0.0044	0.0096	2.0052
65	3.7052	−4.2711	0.0043	0.0094	2.0051
66	3.7008	−4.2806	0.0043	0.0093	2.0050
67	3.6966	−4.2898	0.0042	0.0091	2.0049

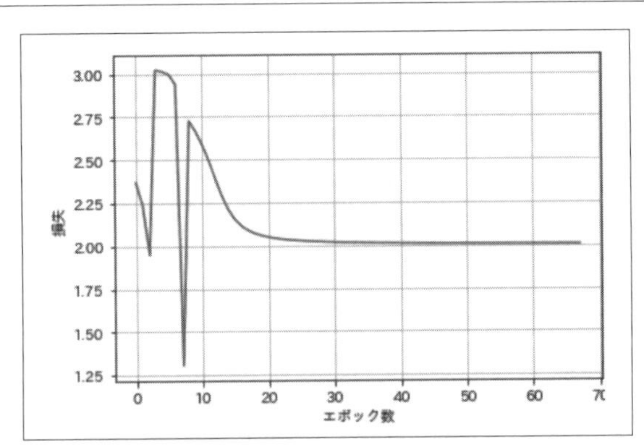

(a)「損失関数」の推移（$\eta = 1$）

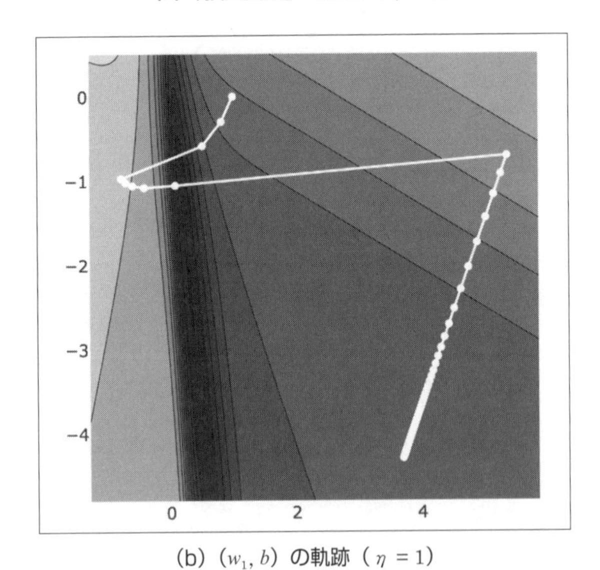

(b)（w_1, b）の軌跡（$\eta = 1$）

図39 「勾配降下法」による学習（$\eta = 1$）

「勾配消失問題」は、宿命的に「人工ニューラルネット」につきまとう問題であり、さまざまな局面でさまざまな理由で現われ、研究者にその解決を要請する。

このケースで観察された「勾配消失問題」の原因は、損失関数である「残差二乗和」と活性化関数である「ロジスティック関数」の組み合わせにある。

次節以降では、「損失関数」と「活性化関数」をそれぞれ変更することにより、「勾配消失問題」の解決を試みる。

Column 偏微分

「一変数関数 $f(x)$」の「$x = \mathrm{a}$」における微分は、

$$f'(a) = \lim_{\delta \to 0} \frac{f(a+\delta) - f(a)}{\delta}$$

で定義される。

右辺の極限は必ずしも存在するとは限らないが、存在するときは $f(x)$ を「$x = a$」において微分可能であるという。

関数「f」が 2 つ以上の変数を含むとき、「f」を「多変数関数」と呼ぶが、その変数を「$x_1, ..., x_n$」とする。

変数が複数存在しても、一つを除いて残りを特定の値に固定してしまえば、得られる関数は「一変数関数」になる。

つまり、「$(x_1, ..., x_n) = (a_1, ..., a_n)$」に対し、「$f_i(x_i) = f(a_1, ..., a_{i-1}, x_i, a_{i+1}, ..., a_n)$」は「一変数関数」であり、「$x_i = a_i$」における微分を考えることができる。

すなわち、「$(x_1, ..., x_n) = (a_1, ..., a_n)$」における、「$f(x_1, ..., x_n)$」の変数「$x_i$」に関する**偏微分**「$\frac{\partial f}{\partial x_i}(a_1, \ldots, a_n)$」は、下式の右辺の極限が存在するとき、

$$\frac{\partial f}{\partial x_i}(a_1, \ldots, a_n) = \lim_{\delta \to 0} \frac{f(a_1, \ldots, a_{i-1}, a_i + \delta, a_{i+1}, \ldots, a_n) - f(a_1, \ldots, a_n)}{\delta}$$

で定義される。

Column 「接超平面」と「テイラー展開」

「テイラー展開」は微分可能関数を多項式で近似するための公式である。

微分可能な一変数関数「$f(x)$」の「$x=a$」における一次の「テイラー展開」は、

$$f(x) = f(a) + f'(a)(x-a) + O\left((x-a)^2\right)$$

と与えられる。

「$O((x-a)^2)$」は、「x」が「a」に充分近いとき、すなわち、$|x-a|$が充分小さいとき、定数「C」が　存在して、おおむね、「$C(x-a)^2$」で近似できる項を表わす。

今、「$\delta = x - a$」で表わせば、

$$f(x) - f(a) = f'(a)\delta + O(\delta^2)$$

が成り立ち、「δ」が「0」に近づくと、右辺は「0」に収束する。

「$f'(a) \neq 0$」として、「$f'(a)\delta$」と「$O(\delta^2) \approx C\delta^2$」とを比較すると、「$\frac{O(\delta^2)}{f'(a)\delta} \approx \frac{C}{f'(a)} \cdot \delta$」が成り立つので、「$\delta$」が充分に小さければ、「$O(\delta^2)$」は「$f'(a)\delta$」に比較して無視できるほどになる。

つまり、「$x=a$」の周りで、$f(x)$ を一次関数「$f(a) + f'(a)(x-a)$」で近似できることが分かる。

一方、$f'(a)$が、$f(x)$ の「$x=a$」における接線「ℓ_a」の傾きであることを思い出せば、「$y=f(a)+f'(a)(x-a)$」は「ℓ_a」の方程式であることも分かる。

*

次に、「二変数関数」の場合を考える。

関数 $f(x, y)$ を微分可能とする。

「一変数関数」の場合と同様に、$f(x, y)$ の「$(x, y) = (a, b)$」における「テイラー展開」は、偏微分を使って、

$$f(x,y) = f(a,b) + \frac{\partial f}{\partial x}(a,b)(x-a) + \frac{\partial f}{\partial y}(a,b)(y-b) + O\left((x-a)^2 + (y-b)^2\right)$$

と表わすことができる。

「$z=f(x, y)$」は「xyz-空間」内の曲面「S」を定めるが、

「尤度関数」と「事前分布」から次の関数を最大化する。

$$z = f(a,b) + \frac{\partial f}{\partial x}(a,b)(x-a) + \frac{\partial f}{\partial y}(a,b)(y-b)$$

は、「$(x, y) = (a, b)$」における曲面「S」の接平面の方程式であり、(x, y) が (a, b) に充分小さいとき、右辺は $f(x, y)$ の近似を与える。

この事実は、n 個の変数をもつ微分可能関数「$f(x_1, ..., x_n)$」に敷衍できる。

「f」の「$(x_1, ..., x_n) = (a_1, ..., a_n)$」周りでの一次の「テイラー展開」は、

$$f(x_1, \ldots, x_n) = f(a_1, \ldots, a_n) + \sum_{i=1}^{n} \frac{\partial f}{\partial x_i}(a_1, \ldots, a_n) \cdot (x_i - a_i) + O\left(\sum_{i=1}^{n}(x_i - a_i)^2\right)$$

と与えられ、「$y = f(a_1, \ldots, a_n) + \sum_{i=1}^{n} \frac{\partial f}{\partial x_i}(a_1, \ldots, a_n) \cdot (x_i - a_i)$」は、超曲面「$S : y = f(x_1, ..., x_n)$」の「$(x_1, ..., x_n) = (a_1, ..., a_n)$」における「接超平面」であり、「$(x_1, ..., x_n)$」が「$(a_1, ..., a_n)$」に充分小さいとき、右辺は「$f(x_1, ..., x_n)$」の近似を与える。

Column 合成関数の微分公式

「x」の微分可能関数「$y = f(x)$」と、「y」の微分可能関数「$z = g(y)$」が与えられていて、それぞれの導関数（微分）を「$f'(x)$」、「$g'(y)$」で表わすとする。

「x」の値を決めると「y」の値が一意に決まるので、「z」は $f(g(x))$ によって、「x」の関数として考えることができる。

実は、「x」の関数として「$z = g(f(x)) = F(x)$」も微分関数であり、その導関数は、

$$F'(x) = g'(f(x)) \cdot f'(x) \qquad \text{式 (21)}$$

で計算することできる。

これを「**合成関数の微分公式**」と呼ぶ。

関数 $f(x)$ の微分を $f'(x)$ と表わす記法はラグランジュ（Joseph-Louis Lagrange, 1736－1813）の発明であるが、ニュートン（Isaac Newton, 1642－1727）とともに微分積分学の発明者とされるライプニッツ（Gottfried Wilhelm Leibniz,1646－1716）の記法を用いると、**式（21）**は

$$\frac{dz}{dx}=\frac{dz}{dy}\cdot\frac{dy}{dx}$$

と表わされる。

右辺の分母と分子に表れる「dy」をキャンセルすると左辺が得られる点が合理的である。

ライプニッツの記法に基づけば、関数が「多変数関数」である場合の「合成関数の微分公式」は、以下のように表わされる。

$$\frac{\partial z}{\partial x_i}=\sum_{j=1}^{n}\frac{\partial z}{\partial y_j}\cdot\frac{\partial y_j}{\partial x_i} \qquad \text{式（22）}$$

ただし、「z」は「$y_1, ..., y_n$」の微分可能関数「$z=f(y_1, ..., y_n)$」であり、「y_j」は「$x_1, ..., x_m$」の微分可能関数「$y_j=g_j(x_1, ..., x_m)$」であるとする。

この公式を、行列を使って表わせば、

$$\begin{pmatrix}\frac{\partial z}{\partial x_1} & \cdots & \frac{\partial z}{\partial x_m}\end{pmatrix}=\begin{pmatrix}\frac{\partial z}{\partial y_1} & \cdots & \frac{\partial z}{\partial y_n}\end{pmatrix}\begin{bmatrix}\frac{\partial y_1}{\partial x_1} & \cdots & \frac{\partial y_1}{\partial x_m}\\ \vdots & \ddots & \vdots\\ \frac{\partial y_n}{\partial x_1} & \cdots & \frac{\partial y_n}{\partial x_m}\end{bmatrix}$$

と簡潔に表現される。

■ 2.4.1 「交差エントロピー」による「勾配消失問題」の解決

「活性化関数」を一般に$f(u)$とする。

「残差平方和」を「損失関数」、$f'(u)$を$f(u)$の導関数（微分）とするとき、勾配の計算式において次が成り立つ。

$$\frac{\partial L}{\partial w_1} = -2 \cdot \sum_{i=1}^{n} (t[i] - f(b + w_1 x_1[i])) \cdot f'(b + w_1 x_1[i]) x_1[i]$$
$$\frac{\partial L}{\partial b} = -2 \cdot \sum_{i=1}^{n} (t[i] - f(b + w_1 x_1[i])) \cdot f'(b + w_1 x_1[i])$$

$f(u)$がロジスティック関数「$\zeta(u)$」であるとき、

$$\varsigma'(u) = \varsigma(u) \cdot \varsigma(-u)$$

が成り立つが、（**コラム「ロジスティック関数」**）、この式から絶対値$|u|$が大きいと$\zeta'(u)$の値が「0」に近くなるが（「u」が「正」ならば$\zeta(-u)$の値が、「u」が「負」ならば$\zeta(u)$の値が「0」に近くなる）、これが「勾配消失問題」を引き起こす（**図40**）。

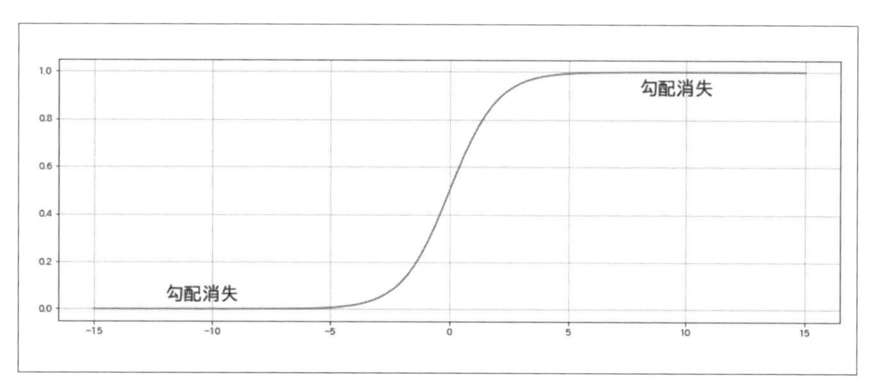

図40 「ロジスティック関数」における勾配消失

＊

そこで、「残差平方和」を別の「損失関数」で置き換えることを考える。

「$y[i] = \zeta(b + w_1 x_1[i])$」と表わすとき、「残差平方和」は、「$\sum_{i=1}^{n} (t[i] - y[i])^2$」と表わされるが、その代替として、次式で定義される「**交差エントロピー**」を考える。

$$H(t\|y) = \sum_{i=1}^{n} (-t[i] \log y[i] - (1 - t[i]) \log(1 - y[i]))$$

関数「$-t\log y - (1-t)\log(1-y)$」は、「$t = 1$」のときは減少関数「$-\log y$」となり、「$y = 1$」で値は「0」となる。

一方、「$t = 0$」のときは増加関数「$-\log(1-y)$」となり、「$y = 0$」で値は「1」となる。

つまり、「$H(t, y)$」は、$|t - y|$ に関して増加関数であり、「$H(t, y) = 0$」と「$t = y$」とは同値である。

「交差エントロピー」の意味については後述することとして、「交差エントロピー」を「損失関数」として利用することにより、「勾配消失問題」が解決できることを見る。

*

図29に示される「訓練データ」に対して、「交差エントロピー」を用いた「損失関数」$L(w_1, b)$ は以下のように与えられる。

$$\begin{aligned} L(w_1, b) = &- \log \varsigma(4.5w_1 + b) - \log \varsigma(16.0w_1 + b) - \log \varsigma(9.8w_1 + b) \\ &- \log(1 - \varsigma(0.4w_1 + b)) - \log(1 - \varsigma(7.2w_1 + b)) \\ &- \log(1 - \varsigma(5.7w_1 + b)) \end{aligned}$$

式 (23)

図41 (a) は損失関数「$L(w_1, b)$」のグラフを3次元で描画したものであり、**図41 (b)** は同じグラフを「等高線」で表現したものである。

「残差平方和」を使った「損失関数」のグラフである**図38**と比較して、勾配が消失する領域がなくなっており、どのような重み「w_1」とバイアス「b」の初期値から出発しても、「$b = -8.3w_1$」に沿った「損失関数」を最小化する領域に収束するであろうことが、直感的にも理解できる。

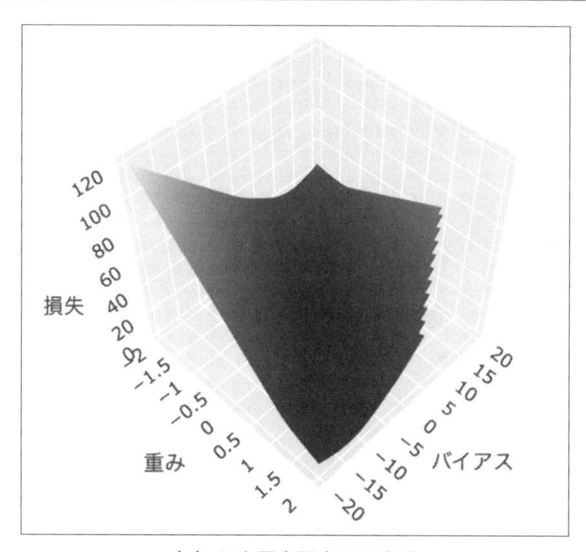

(a) 3次元空間内での表現

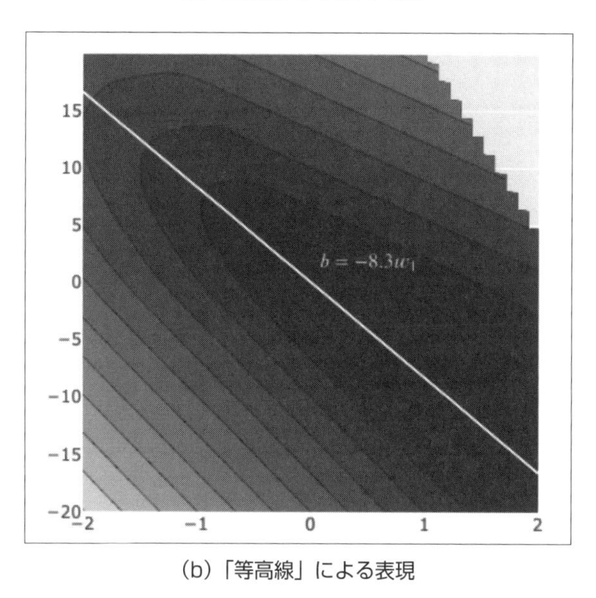

(b)「等高線」による表現

図41 「交差エントロピー」による「損失関数」

＊

「残差平方和」に基づく「損失関数」に対して勾配ベクトルの成分を計算すると、

$$\frac{\partial L}{\partial w_1} = -2 \cdot \sum_{i=1}^{n} (t[i] - \varsigma(b + w_1 x_1[i])) \cdot \varsigma(b + w_1 x_1[i]) \cdot \varsigma(-b - w_1 x_1[i]) x_1[i]$$
$$\frac{\partial L}{\partial b} = -2 \cdot \sum_{i=1}^{n} (t[i] - \varsigma(b + w_1 x_1[i])) \cdot \varsigma(b + w_1 x_1[i]) \cdot \varsigma(-b - w_1 x_1[i])$$

が得られ、$|b + w_1 x_1[i]|$ が大きいときに、因子「$\zeta(b + w_1 x_1[i]) \cdot \zeta(-b - w_1 x_1[i])$」の値がほぼ「0」になってしまうことが、「勾配消失問題」の原因であることはすでに述べた。

一方、「残差平方和」を「交差エントロピー」に基づく「損失関数」に置き換え、「$u[i] = b + w_1 x_1[i]$」として、勾配ベクトルを計算すると（**コラム「勾配ベクトルの計算」**）、

$$\frac{\partial L}{\partial w_1} = \sum_{i=1}^{n} \left(-\frac{t[i]}{\varsigma(u[i])} + \frac{1 - t[i]}{\varsigma(-u[i])} \right) \cdot \varsigma(u[i]) \cdot \varsigma(-u[i]) x_1[i]$$
$$= \sum_{i=1}^{n} (\varsigma(u[i]) - t[i]) x_1[i]$$
$$\frac{\partial L}{\partial b} = \sum_{i=1}^{n} \left(-\frac{t[i]}{\varsigma(u[i])} + \frac{1 - t[i]}{\varsigma(-u[i])} \right) \cdot \varsigma(u[i]) \cdot \varsigma(-u[i]) = \sum_{i=1}^{n} (\varsigma(u[i]) - t[i])$$

と、分子と分母で「$\zeta(u[i]) \cdot \zeta(-u[i])$」がキャンセルして消えるからである。

残された項（$\zeta(u[i]) - t[i]$）は、「パーセプトロン」の出力 $\zeta(u[i])$ がラベル $t[i]$ に近い時にのみ「0」に近い値をとる。

「$\zeta(u[i]) \approx t[i]$」が成り立つと言うことは、「パーセプトロン」はデータ $x[i]$ と矛盾しないことを意味するので、この性質は理想的である。

＊

図42 に、学習率「$\eta = 0.01$」で「重み」と「バイアス」の初期値を変えて「勾配降下法」をシミュレーションした結果を示す。

「重み」と「バイアス」の初期値によらず、同じ場所に収束する様子が観察できる。

勾配ベクトルの計算については、**コラム「勾配ベクトルの計算」**で、少し丁寧に説明する。

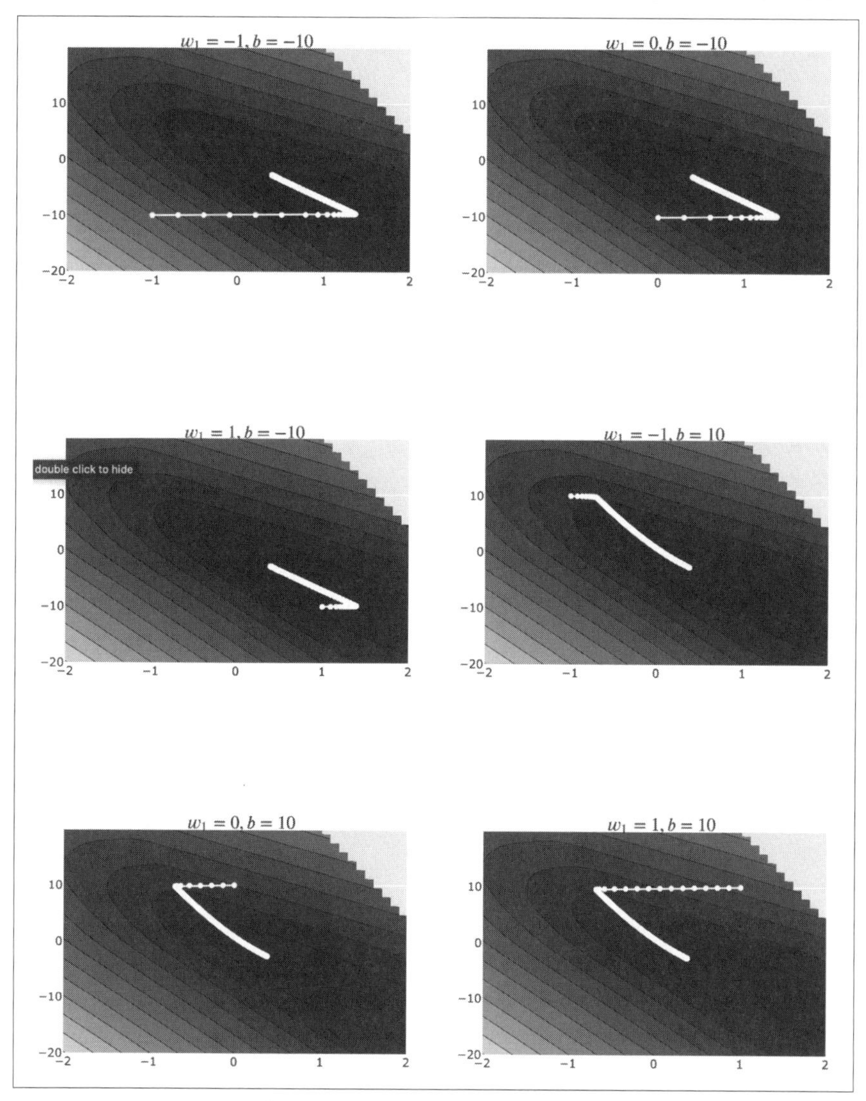

図 42　初期値を変えた「勾配降下法」の適用（$\eta = 0.01$）

Column 「勾配ベクトル」の計算

n 個の訓練データ「$x[1], ..., x[n]$」のラベルを「$t[1], ..., t[n]$」、「パーセプトロン」に入力したときの出力を「$y[1], ..., y[n]$」とするとき、全体の損失「L」は和「$\sum_{i=1}^{n} L(t[i], y[i])$」で定義される。

ここでは、一組の (t, y) で定まる損失（たとえば、「二乗誤差」ならば $(t-y)^2$）を、同じ記号を用いて $L(t, y)$ と表わしている。

「L」の重み「w_i」とバイアス「b」による微分は、

$$\frac{\partial L}{\partial w_i} = \sum_{i=1}^{n} \frac{\partial L(t[i], y[i])}{\partial w_i}, \quad \frac{\partial L}{\partial b} = \sum_{i=1}^{n} \frac{\partial L(t[i], y[i])}{\partial b}$$

と項の和で表されるので、各項を計算できれば全体の微分を計算することができる。

そこで、一個の訓練データ「$x = (x_1, ..., x_d)$」とそのラベル「t」のみを考え、活性化関数「f」に対し、以下の記号を定める。

$$u = \sum_{j=1}^{d} w_j x_j + b, \quad y = f(u)$$

「L」は「t」と「y」で定まるが、「t」は定数であるので、「y」の「一変数関数」である。

一方、「$y = f(u)$」も「u」の「一変数関数」であるので、「$L(y) = L(f(u))$」は「u」の「一変数関数」と考えることができ、その導関数を「合成関数の微分公式」（**コラム「合成関数の微分公式」**を参照）により求めることができる。

$$\frac{dL}{du} = \frac{dL}{dy} \cdot \frac{dy}{du} = L'(y) \cdot f'(u)$$

たとえば、「L」を「交差エントロピー」、「f」をロジスティック関数「ζ」とすると、

$$L'(y) = \frac{dL}{dy} = -\frac{t}{y} + \frac{1-t}{1-y}, \quad \varsigma'(u) = \frac{d\varsigma(u)}{du} = \varsigma(u)\varsigma(-u)$$

が成り立つ（**コラム「微分」、式 (9)**）。

一方、「u」は重み「$w_1, ..., w_d$」とバイアス「b」に関する「多変数関数」であるので、以下のように偏微分を計算する。

$$\frac{\partial u}{\partial w_i} = \frac{\partial}{\partial w_i}\left(b + \sum_{j=1}^{d} w_j x_j\right) = x_i, \quad \frac{\partial u}{\partial b} = \frac{\partial}{\partial b}\left(b + \sum_{j=1}^{d} w_j x_j\right) = 1$$

「$L(y)=L(f(u))=L\left(f\left(b+\sum_{j=1}^{d}w_jx_j\right)\right)$」は、重み「$w_1, ..., w_d$」とバイアス「$b$」の関数と考えることができるので、**式 (22)** に示した [多変数関数] の [合成関数の微分公式] を適用すれば、以下の導関数を得る。

$$\frac{\partial L}{\partial w_i}=\frac{dL}{du}\cdot\frac{\partial u}{\partial w_i}=\left(-\frac{t}{y}+\frac{1-t}{1-y}\right)\cdot\varsigma(u)\varsigma(-u)\cdot x_i$$
$$=\frac{\varsigma(u)-t}{\varsigma(u)(1-\varsigma(u))}\cdot\varsigma(u)\varsigma(-u)\cdot x_i=(\varsigma(u)-t)\cdot x_i$$
$$\frac{\partial L}{\partial b}=\frac{dL}{dy}\cdot\frac{dy}{du}\cdot\frac{\partial u}{\partial b}=\varsigma(u)-t$$

*

「交差エントロピー」の意味について説明する。

「交差エントロピー」を理解するためには、確率分布の間の「距離」を与える**「カルバック - ライブラー情報量」**を理解する必要があるので、まず、「カルバック - ライブラー情報量」をサイコロの例を用いて説明する。

サイコロが一つ与えられていて、下表はそのサイコロを 1,200 回振って出た目を記録した結果である。

出 目	1	2	3	4	5	6
出現回数	212	189	196	224	199	180

この実験によって出目「i」が得られる確率「q_i」は、

$$q_1=\frac{53}{300},\quad q_2=\frac{63}{400},\quad q_3=\frac{49}{300},$$
$$q_4=\frac{14}{75},\quad q_5=\frac{199}{1200},\quad q_6=\frac{3}{20}$$

と定められる。

この確率分布「$q_1, ..., q_6$」が、出目に偏りのない理想のサイコロの出目の確率分布、

$$p_1=p_2=p_3=p_4=p_5=p_6=\frac{1}{6}$$

からどれくらい乖離しているかを、「カルバック - ライブラー情報量」で定量化することができる。

この例における「カルバック - ライブラー情報量」は、以下のように計算される。

$$D_{KL}(p\|q) = \sum_{i=1}^{6} -p_i \log \frac{q_i}{p_i} = \sum_{i=1}^{6} -p_i \log q_i + \sum_{i=1}^{6} p_i \log p_i$$

$$\sum_{i=1}^{6} -p_i \log q_i = -\frac{1}{6}\log\frac{52}{300} - \frac{1}{6}\log\frac{63}{400} - \frac{1}{6}\log\frac{49}{300} - \frac{1}{6}\log\frac{14}{75} - \frac{1}{6}\log\frac{199}{1200} - \frac{1}{6}\log\frac{3}{20}$$

$$\sum_{i=1}^{6} p_i \log p_i = 6 \cdot \frac{1}{6}\log\frac{1}{6} = -\log 6$$

与えられたサイコロの出目に偏りがないかを確かめる目的で、サイコロを1,200 振る実験を何セットも繰り返し、「$D_{KL}(p\|q)$」を何回も評価することを考える。

このとき、定数項「$\sum_{i=1}^{6} p_i \log p_i = -\log 6$」を何回も評価する計算は冗長である。

そこで、「カルバック - ライブラー情報量」から定数項を除くことで、「差分エントロピー」を定義する。

交差エントロピー

事象「$E_1, ..., E_n$」に対して二つの確率分布「$p_1, ..., p_n$」と「$\mathrm{q}_1, ..., q_n$」が与えられたとき、「差分エントロピー」は次式で定義される。

$$H(p\|q) = \sum_{i=1}^{n} -p_i \log q_i$$

すなわち、差分エントロピー「$H(p\|q)$」から、「**情報エントロピー**」と呼ばれる「$H(p) = \sum_{i=1}^{n} -p_i \log p_i$」を減じた値が、カルバック - ライブラー情報量「$D_{KL}(p\|q)$」になる。

すなわち、下式が成り立つ。

$$D_{KL}(p\|q) = H(p\|q) - H(p)$$

*

さて、「パーセプトロン」の「損失関数」に「交差エントロピー」を適用する考え方を説明する。

「パーセプトロン」は入力のラベル「t」を予測する「分類器」であるが、確定的な予測を行なうのではなく、「$t=1$」である確率を出力すると考える。

つまり、「パーセプトロン」の出力「$\zeta(w_1x_1+b)$」は、「$t=1$」である確率「q_1」を意味すると解釈する。

「$t=0$」である確率「q_0」は「$1-\zeta(w_1x_1+b)=\zeta(-w_1x_1-\mathrm{b})$」と計算される。

この解釈が可能である理由は、「ロジスティック関数」は「0」と「1」の間の値をとることによる。

一方、理想の分類器は必ず正解を出力するはずなので、出力を「$t=1$」が成り立つ確率「p_1」と考えることができる。

すなわち、「$t=1$」が真に成り立つ時は「$p_1=1$」が分類器の出力であり、「$t=0$」が真に成り立つ時は「$p_1=0$」が出力である。

「$t=0$」が成り立つ確率「p_0」は「$1-p_1$」で与えられる。

すなわち、「t」が「0」か「1」であるかによらず、「$p_1=t, p_0=1-t$」が理想の「パーセプトロン」の出力が決定する確率分布である。

「交差エントロピー」を「損失関数」として利用するときは、現在の重み「w_1」とバイアス「b」をもつ「パーセプトロン」の予測の確率分布「q_0, q_1」が、理想の分類器の確率分布「p_0, p_1」からどれくらい乖離しているかを評価する。

つまり、

$$
\begin{aligned}
H(p\|q) &= -p_1\log q_1 - p_0\log q_0 \\
&= -t\log\varsigma(w_1x_1+b) - (1-t)\log\left(1-\varsigma(w_1x_1+b)\right)
\end{aligned}
$$

によって、「パーセプトロン」がどの程度正確であるかを評価するのである。

複数の訓練データ「$x_1[1], \ldots, x_1[\mathrm{n}]$」とラベル「$t[1], \ldots, t[n]$」が与えられたときには、それぞれの「訓練データ」とラベルのペアに対して「交差エントロピー」を計算し、その和によって「損失関数」を定義する。

すなわち、入力のリンクを1個しかもたない「パーセプトロン」では、その「損失関数」は次のように定義できる。

「交差エントロピー」による「損失関数」

訓練データ「$x_1[1], ..., x_1[n]$」とラベル「$t[1], ..., t[n]$」が与えられたとする。

$$L(w_1, b) = \sum_{i=1}^{n} \Big[-t[i] \log \varsigma(w_1 x_1[i] + b) - (1 - t[i]) \log (1 - \varsigma(w_1 x_1[i] + b)) \Big] \quad \text{式 (24)}$$

実際、**図29**で与えられる「訓練データ」に対して**式（24）**の定義を適用すると、**式（23）**を得る。

*

「ロジスティック関数」を「活性化関数」、「交差エントロピー」を「損失関数」とする「パーセプトロン」は、データ分析に広く利用されている「**ロジスティック回帰**」と本質的に同値である。

■ 2.4.2 「ReLU 関数」による「勾配消失問題」の解決

2.4.1節では、「損失関数」を変更することにより「勾配消失問題」を解決したが、この節では、「損失関数」は「残差平方和」とし、「活性化関数」を変更することで問題を解決する。

「活性化関数」がロジスティック関数「$\varsigma(u)$」であるときに「勾配消失問題」が発生する理由は、「ロジスティック関数」の導関数（微分）「$\varsigma'(u)$」が広い「u」の範囲で「0」に近い値になることに由来した。

ここでは、導関数「$f'(u)$」が「0」に近い値をもつ「u」の範囲が制限される関数を「活性化関数」として利用することによって、「勾配消失問題」を解決することを目指す。

*

まず、「活性化関数」を恒等写像「$f(u) = u$」としてみよう。

「恒等写像」では、常に「$f'(u) = 1$」が成立するので、「勾配消失問題」は解決されるはずである。

実際、**図29**で与えられる「訓練データ」に対する損失関数「$L(w_1, b)$」は、以下の式で与えられ、そのグラフは**図43**に示すような形状となる。

$$
\begin{aligned}
L(w_1, b) =&(1 - 4.5w_1 - b)^2 + (1 - 16w_1 - b)^2 + (1 - 9.8w_1 - b)^2 \\
&+ (0 - 0.46w_1 - b)^2 + (0 - 7.2w_1 - b)^2 + (0 - 5.7w_1 - b)^2
\end{aligned}
$$

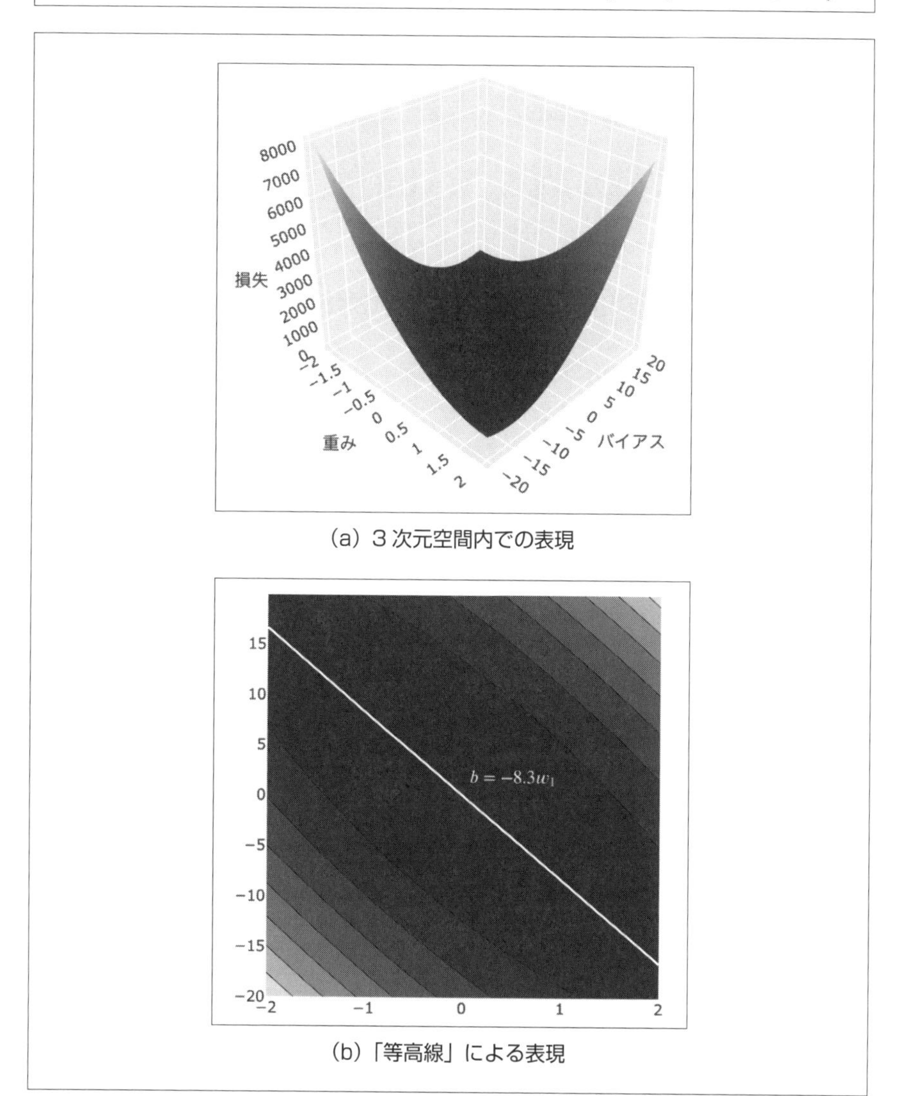

(a) 3次元空間内での表現

(b)「等高線」による表現

図43 「恒等写像」による「損失関数」

確かに、勾配が「0」に近くなる領域は、解を与える「$b = -8.3w_1$」の周辺だけであり、「勾配消失問題」は発生しないことが分かる。

実は、「活性化関数」に恒等関数を使うことで、計算上の大きなメリットも存在する。

具体的には、「勾配ベクトル」の成分「$\frac{\partial L}{\partial w_1}$」と「$\frac{\partial L}{\partial b}$」を「0」にする点は、連立一次方程式、

$$\frac{\partial L}{\partial w_1} = 87.32b + 913.6632w_1 - 60.6 = 0$$
$$\frac{\partial L}{\partial b} = 12.0b + 87.32w_1 - 6.0 = 0$$

を解くことによって求めることが可能で、実際、「$w_1 \approx 0.061,\ b \approx 0.057$」が得られる。

計算時間が必要な「勾配降下法」を利用する必要がない。

しかしながら、「活性化関数」に「恒等関数」を利用する設定には、致命的な問題がある。

「活性化関数」が入力に関して「非線形関数」（入力数が「1」であるこの例では、定数 a, b に対して「$ax_1 + b$」と表わされない関数）であることが、「人工ニューラルネット」が幅広い問題を解決することができるための条件であると考えられているからである。

この点については **2.6 節**で詳しく説明するが、「単層パーセプトロン」は線形な「分離超平面」しか探索できない点が限界とされる一方、「多層パーセプトロン」では「任意の」分離超曲面をもつ分類問題を表現する能力を有する。

「多層パーセプトロン」がこの「万能性」を有する理由が、「活性化関数」が「非線形関数」であることであり、もし「活性化関数」が「線形関数」であれば、線形な「分離超曲面」をもつ分類問題しか表現できないのである。

「ReLu（Rectified Linear Units）関数」は、

ReLU 関数

$$\mathrm{ReLU}(u) = \max\{0, u\}$$

と定義される。

「$u=0$」を境界とする折れ線であることから「非線形関数」であるが、「$\mathrm{u} \geq 0$」では「恒等写像」であり、「線形関数」の扱いやすさもあわせもつ。

図44に「活性化関数」に「ReLU関数」を用いた場合の「損失関数」のグラフを示す。

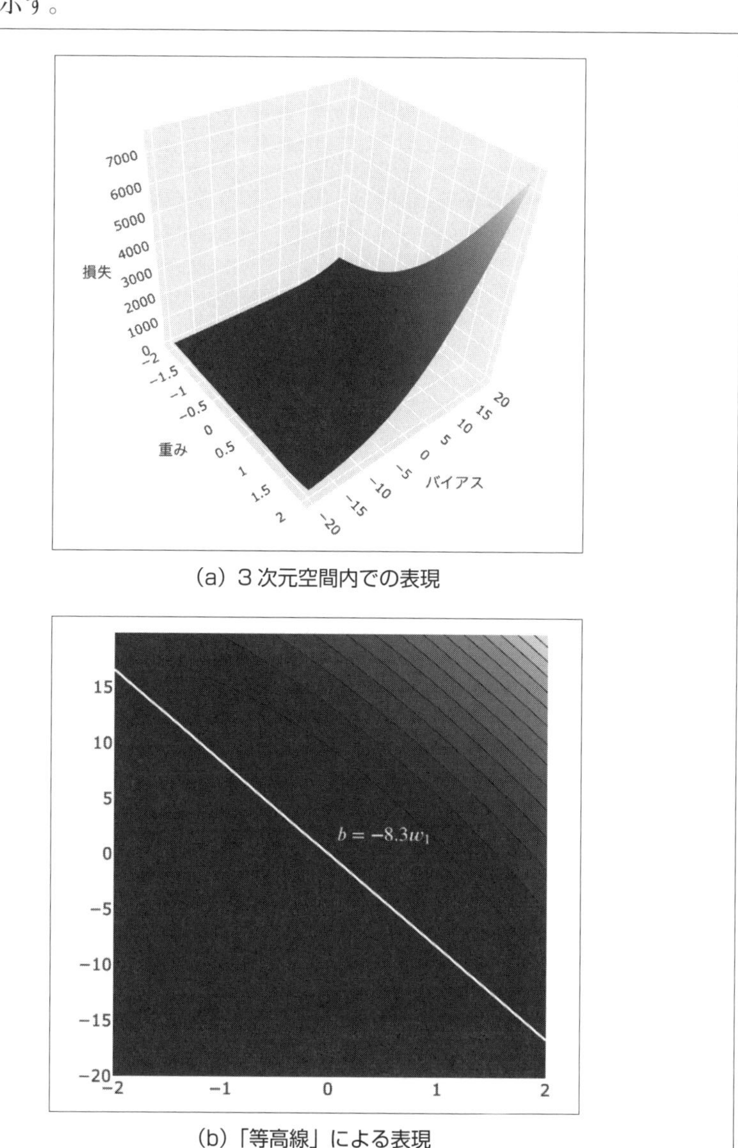

(a) 3次元空間内での表現

(b)「等高線」による表現

図44　ReLU関数による「損失関数」

「$u < 0$」で「ReLU 関数」の勾配が「0」になることから、「$b < -8.3w_1$」の領域で勾配が消失しているが、残りの領域では「$b = -8.3w_1$」に降りる方向に一貫した勾配が存在するので、初期値が「$b > -8.3w_1$」の領域にあれば、学習率を適切に小さく選べば収束を保証することができる。

*

「ReLU 関数」は、「$u < 0$」において恒等的に「0」になり勾配が消失してしまうという欠点に加えて、「$u = 0$」で微分ができないという欠点もある。

これらの欠点を解決することを目的に、「ReLU 関数」の派生となる関数が複数提案されているが、2020 年に提案された「Mish 関数」は、全領域で何回でも微分が可能で、また、実験で良好な性能を示していることから、今後利用が広まることが予想されている。

「Mish 関数」は次の式で定義される。

Mish 関数

$$\mathrm{Mish}(u) = u \cdot \tanh\left(\log(1 + e^u)\right)$$

図 45 から「Mish 関数」は「ReLU 関数」を滑らかに近似する関数である事実を観察することができる。

「$\tanh(u)$」は「双曲線正接関数」である（**2.3.2 項**）。

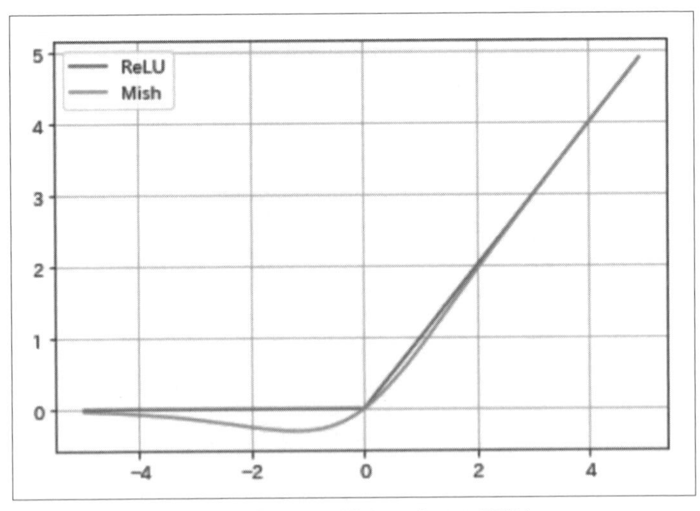

図 45 「ReLU 関数」と「Mish 関数」

2.5 入力が複数の場合

前節まででは、理解を容易にするため、「パーセプトロン」は一つの入力「x_1」のみを受け取るものと仮定したが、一般には、「パーセプトロン」は任意個数の入力「$x_1, ..., x_d$」を受け取り、単一の「y」を出力する。

これに伴い、「重み」も「$w_1, ..., w_d$」と入力の個数だけ存在し、入力の総量は「重み」付き和として計算される。

入力の「重み」付き和

$$u = b + \sum_{i=1}^{d} w_i x_i$$

入力の「重み」付き和「u」を出力「y」に変換する関数が「活性化関数」であり、最初期の「マッカロー・ピッツモデル」では、ヘヴィサイド階段関数「$H_0(u)$」が利用されたが、「損失関数」の最小化を原理とする学習法の導入により、「$H_0(u)$」の近似として、計算が簡明なロジスティック関数「$\zeta(u)$」やその派生である「双曲線正接関数」が利用されるようになった。

さらに、「勾配消失問題」を回避するために「ReLU 関数」や、その改良である「Mish 関数」が利用されている。

一方、代表的な「損失関数」は、「残差平方和」と「交差エントロピー」である。

「訓練データセット」が n 個のデータ「$x[1], ..., x[n]$」を含み、対応するラベルを「$t[1], ..., t[\mathrm{n}]$」とする。

各データは d 次元のベクトルであり、「$x[i] = (x_1[i], ..., x_d[i])$」と表わす。

「損失関数」は、データごとに $x[i]$ に計算される出力 $y[i]$ と、(正しい) ラベル $t[i]$ との乖離 (損失) を、すべてのデータにわたって足し合わせたものと定義される。

「損失関数」は重み「$w_1, ..., w_d$」とバイアス「b」の関数である。

損失関数

残差平方和

$$L(w_1,\dots,w_d,b)=\sum_{i=1}^{n}(t[i]-y[i])^2$$

交差エントロピー

$$L(w_1,\dots,w_d,b)=\sum_{i=1}^{n}\big(-t[i]\log y[i]-(1-t[i])\log(1-y[i])\big)$$

「勾配降下法」では、**勾配ベクトル「$\nabla L(w_1, ..., w_d, \mathrm{b})$」**を、

勾配ベクトル

$$\nabla L(w_1,\dots,w_d,b)=\left(\frac{\partial L}{\partial w_1},\dots,\frac{\partial L}{\partial w_d},\frac{\partial L}{\partial b}\right)$$

により計算し、勾配ベクトルに学習率「η」を乗じて、更新式、

「勾配降下法」の更新式

$$(w_1,\dots,w_d,b)\leftarrow(w_1,\dots,w_d,b)-\eta\cdot\nabla L(w_1,\dots,w_d,b)$$

により、「損失関数」を最小化するように「重み」と「バイアス」を逐次更新する。

「活性化関数」を一般的に$f(u)$、その導関数（微分）を$f'(u)$、

「$u[i]=b+\sum_{j=1}^{d}w_j x_j[i]$」と表わすとき、「損失関数」の勾配ベクトルは次のように計算される。

「残差平方和」の勾配ベクトル

$$\frac{\partial L}{\partial w_j}=(-2)\cdot\sum_{i=1}^{n}(t[i]-y[i])\,f'(u[i])x_j[i]$$

$$\frac{\partial L}{\partial b}=(-2)\cdot\sum_{i=1}^{n}(t[i]-y[i])\,f'(u[i])$$

一方、「交差エントロピー」では、出力$y[i]$が確率と解釈できることが必

要で、そのため、ロジスティック関数「$\zeta(u)$」を「活性化関数」として使用されることが多い。

この組み合わせに対する「損失関数」の「勾配ベクトル」は次のように計算される。

「交差エントロピー」の「勾配ベクトル」

$$\frac{\partial L}{\partial w_j} = \sum_{i=1}^{n} (-t[i] + \varsigma(u))\, x_j[i]$$

$$\frac{\partial L}{\partial b} = \sum_{i=1}^{n} (-t[i] + \varsigma(u))$$

2.5.1 多値分類

前節までででは、ラベルが「0」か「1」である「二値分類問題」を解く「パーセプトロン」のみを考えてきた。

実際には、「パーセプトロン」を用いて、ラベルが「多値」(「ℓ_1」から「ℓ_l」までの l 個のラベルのいずれか) となる「多値分類問題」を解くことも可能である。

ここでは、**l 個のパーセプトロン「$P_1, ..., P_l$」を用意し、それぞれの「P_k」にラベル「ℓ_k」を個別に学習させる**ことにより、「多値分類問題」を解決する手法について説明する。

この手法を利用するためには、多値のラベルを二値のラベルに変換する「**ワンホット符号**」と、l 個の「パーセプトロン」の出力を確率として解釈するための「**ソフトマックス関数**」を理解する必要がある。

「訓練データ」はこれまでと同様に「$x[1], ..., x[n]$」とするが、ラベルが「0」か「1」の二値を取る場合と異なり、対応するラベル「$\ell[1], ..., \ell[n]$」のそれぞれは「$\ell_1, ..., \ell_l$」のいずれかである。

一方、「P_k」の学習には「0」か「1」の値をとるラベル「$t_k[1], ..., t_k[n]$」が必要となるので、$\ell[i]$ を1次元の二値ベクトル ($t_1[i], ..., t_l[i]$) に変換する「**ワンホット符号化**」という手法を説明する。

「ワンホット符号化」は、統計や機械学習で普遍的に利用される手法であり、理解しておけば役に立つ。

ワンホット符号

ラベル集合「$\{\ell_1, ..., \ell_l\}$」の各要素「ℓ_k」を、k 番目の要素のみが「1」で、残りの要素はすべて「0」である「l 次元ベクトル」で表現する。

$$\ell_k = (\underbrace{0, \ldots, 0}_{k-1\text{個}}, 1, \underbrace{0, \ldots, 0}_{l-k\text{個}})$$

たとえば、血液型A、B、O、ABの4種のラベルを、以下のように「ワンホット符号化」することが可能である。

$\mathrm{A} \to (1, 0, 0, 0)$	$\mathrm{B} \to (0, 1, 0, 0)$
$\mathrm{O} \to (0, 0, 1, 0)$	$\mathrm{AB} \to (0, 0, 0, 1)$

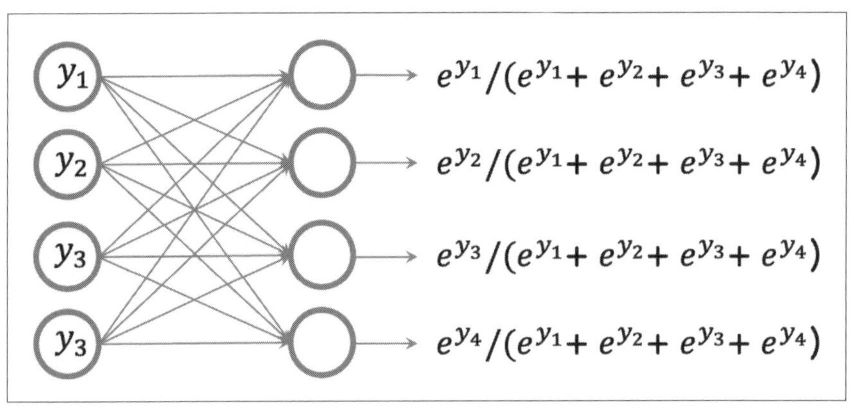

図46 「ソフトマックス関数」による「多値分類」

訓練データ $x[i]$ のラベル $\ell[i]$ を「ワンホット符号化」して得られる「l 次元ベクトル」を $(t_1[i], ..., t_l[i])$ と表わし、「P_k」の学習には、訓練データ「$x[1], ..., x[n]$」と二値ラベル「$t_k[1], ..., t_k[n]$」を用いる。

データ「x」を「$P_1, ..., P_l$」に入力すると出力「$y_1, ..., y_l$」を得るが、この出力を「ラベルが『ℓ_k』である確率」に変換するために「**ソフトマックス関数**」を用いる。

ソフトマックス関数

パーセプトロン「$P_1, ..., P_l$」からの出力を「$y_1, ..., y_l$」とする。

「$k = 1, ..., l$」に対して、「p_k」を下式で与える。

$$p_k = \frac{e^{y_k}}{e^{y_1} + \cdots + e^{y_l}}$$

「$p_k \geq 0$」と「$\sum_{k=1}^{l} p_k = 1$」が成り立つので、「p_k」をデータ「x」のラベルが「ℓ_k」である確率と解釈することができる。

確定的にラベルの予測を行なうためには、「p_k」を最大にする（すなわち、「y_k」を最大にする）「k」を選べばいい。

Column ソフトマックス関数

本来、数列「$x_1, ..., x_n$」が与えられたとき、適当な定数「λ」に対して、「$\sum_{i=1}^{n} e^{\lambda x_i}$」で定義される関数を「ソフトマックス関数」と呼ぶ。

「ソフトマックス関数」は最大値を与える関数「$\max\{x_1, \ldots, x_n\}$」の近似として広く使われるが、「$\max\{x_1, \ldots, x_n\}$」が不連続な関数であることとは対照的に、「$x_1, ..., x_n$」に関して（無限回連続）微分可能であることから、計算利便上のメリットが大きい。

「$\max\{x_1, \ldots, x_n\}$ の近似である」とは、

$$\max\{x_1, \ldots, x_n\} = \lim_{\lambda \to \infty} \frac{1}{\lambda} \log \sum_{i=1}^{n} e^{\lambda x_i} \quad \text{式 (25)}$$

が成り立つことによる。

「$\bar{x} = \max\{x_1, \ldots, x_n\}$」とするとき、**式 (25)** が成り立つことは、以下のように示すことができる。

$$\bar{x} = \frac{1}{\lambda} \log e^{\lambda \bar{x}} \leq \frac{1}{\lambda} \log \sum_{i=1}^{n} e^{\lambda x_i} = \frac{1}{\lambda} \log \left(e^{\lambda \bar{x}} \cdot \sum_{i=1}^{n} e^{\lambda (x_i - \bar{x})} \right)$$
$$\leq \bar{x} + \frac{1}{\lambda} \cdot \log n \xrightarrow{\lambda \to \infty} \bar{x}$$

2.6 階層型ニューラルネットモデルの万能性

「誤り訂正学習」では、「訓練データ」が「線形分離である」、すなわち、ラベル「0」のデータとラベル「1」のデータが「超平面」(一次方程式で定義される図形)により完全に分離されている場合に限り、「単層パーセプトロン」は分類問題を解くことができる。

この場合、分類問題を解くこととは、ラベルの異なるデータを識別するための「分離超平面」を見つけることである。

「訓練データ」には誤差や誤りが混入する場合があり、分類問題が本質的には線形分離問題であっても、「訓練データ」を完全に分離する「超平面」が存在しない可能性がある。

このような場合、「誤り訂正学習」では「分離超平面」を見つけることはできないが、「損失関数」に基づいた学習を導入することにより、このようなケースでも問題を解ける工夫を行なった。

「損失関数」は「分離超平面」が例外をもつ場合のペナルティを与え、「単層パーセプトロン」の学習は、「損失関数」を最小化する、つまり、例外によるペナルティを最小化する「分離超平面」を探索することを目的とする。

「損失関数」を用いても、「パーセプトロン」が単層である限りは、その目的は重み「$w_1, ..., w_d$」とバイアス「b」が定める超平面「$w_1x_1 + ... + w_dx_d + \mathrm{b} = 0$」の探索に限定される。

つまり、もともと、ラベル「0」のデータとラベル「1」のデータが「超平面」によって分離されないような問題には、「単層パーセプトロン」を適用しても得られるものは少ない。

図47に、「誤り訂正学習」で解ける問題の例、「損失関数」による学習で解ける問題の例、「単層パーセプトロン」では原理的に解けない例を示した。

・**図47(a)** では、▲でプロットされるラベル「0」の「訓練データ」と、●でプロットされるラベル「1」の「訓練データ」は、直線によって完全に分離されているので、「誤り訂正学習」によって「分離直線」を見つけることが可能である。

・**図 47 (b)** では、「訓練データ」はおおむね直線で分離されているが、▲と●のデータが混在している領域が存在し、「誤り訂正学習」では分離直線を見つけることが不可能である。

一方、図中の直線を分離直線とすると、直線の下側に存在する●のデータ、直線の上側に存在する▲のデータが例外であり、「損失関数」はこれらの例外から計算されるペナルティの総和と定められる。

「損失関数」に基づく学習では、ペナルティを最小化するように分離直線を定めることで、解を求めることができる。

・**図 47 (c)** では、分類問題が本質的に線形分離でない例をしめす。

「$x^2+y^2<\frac{1}{4}$」の領域にラベル「1」の点（●)、「$x^2+y^2>\frac{1}{4}$」の領域にラベル「0」の点（▲）が分布し、「単層パーセプトロン」がどのように分離直線を選んできても、非常に多数の例外を含むことになる。

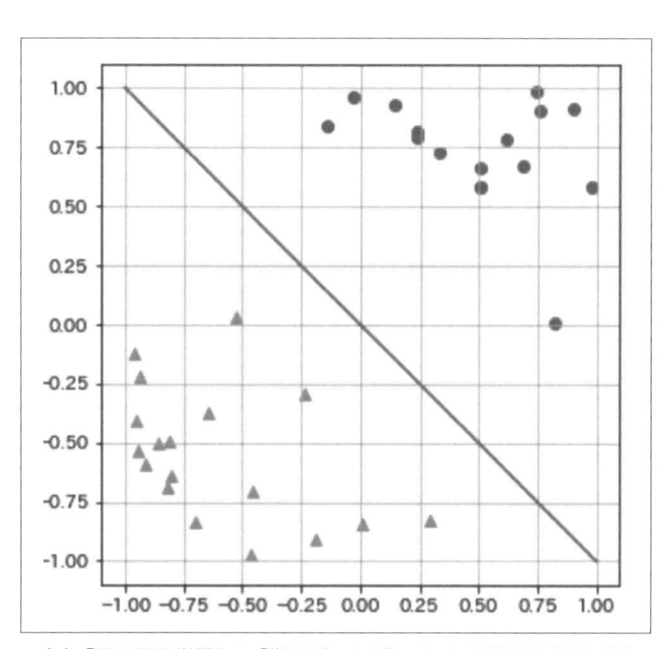

(a)「誤り訂正学習」+「単層パーセプトロン」で解ける問題の例

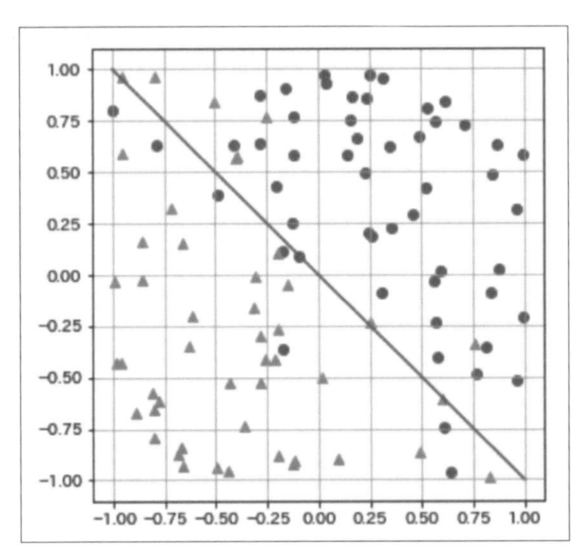

(b)「損失関数」による学習 ＋「単層パーセプトロン」で解ける問題の例

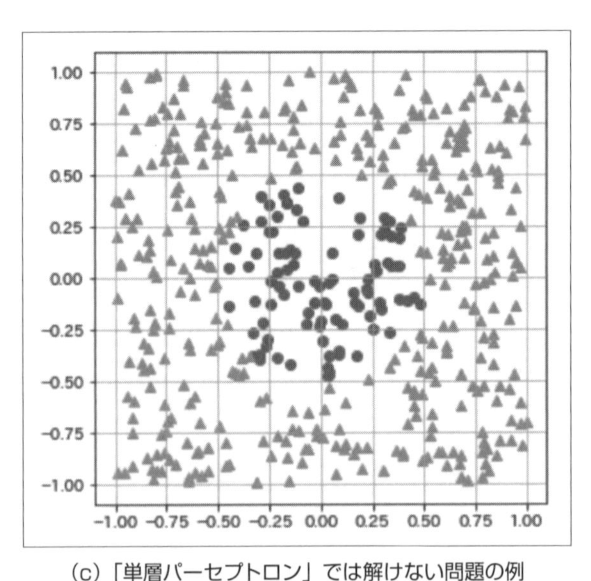

(c)「単層パーセプトロン」では解けない問題の例

図 47 「単層パーセプトロン」の限界

このように、「単層パーセプトロン」では解ける問題の範囲に限界があり、この限界が突破できなければ、実用で利用できる場面も限定されてしまう。

幸いなことに、ノードの層を増やした「多層パーセプトロン」では広い範囲の分類問題を解くことができる事実が知られている。

この節では、**ラベル「0」のデータとラベル「1」のデータの境界線が連続であれば、任意の精度で正しくデータのラベルを予測する「多層パーセプトロン」を構成できる**事実を示す。

構成した「パーセプトロン」を学習によって得られることを意味する訳ではないものの、少なくとも原理的にはどんな分類問題でも「パーセプトロン」で解を表現できるという事実は、「パーセプトロン」の研究に揺るぎない基礎を与える。

以下では、入力が2次元、すなわち、二次元平面にプロットできるデータを例として、「パルス関数の構成」「任意の連続一変数関数の構成」「任意の連続な境界線をもつ分類器の構成」の順で説明を行なう。

■ 2.6.1 「パルス関数」の構成

入力「x_1」に対して、「N_a」と「N_b」を下記のように定義する。

入力「x_1」に対する「N_a」と「N_b」の出力のグラフは、**図48 (a)** と **(b)** のようになる。

ノード	重み w_1	バイアス b	活性化関数
N_a	1	$-a$	ヘヴィサイド階段関数 H_0
N_b	1	$-b$	ヘヴィサイド階段関数 H_0

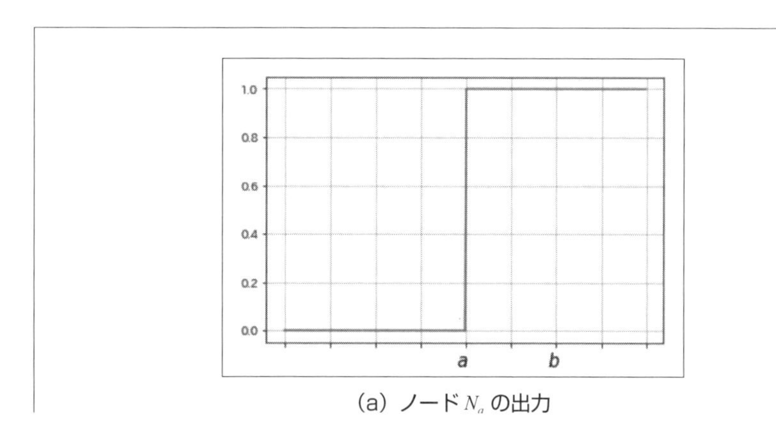

(a) ノード N_a の出力

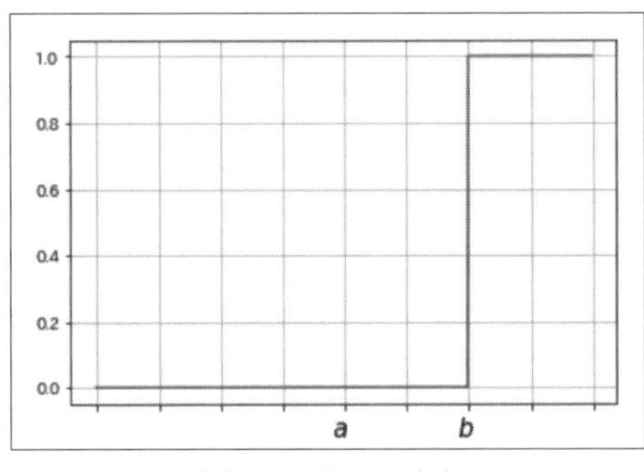

(b) ノード N_b の出力

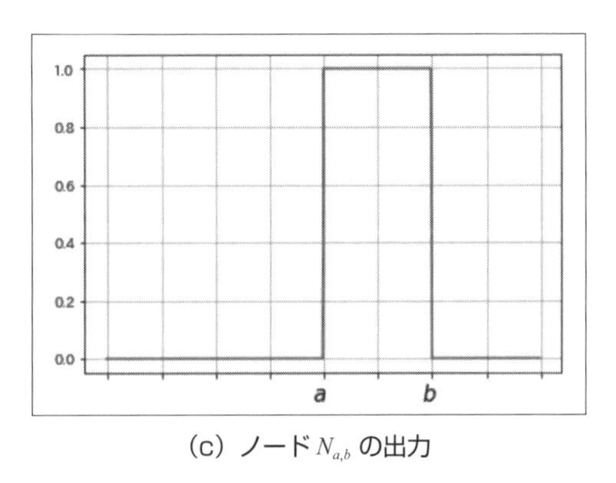

(c) ノード $N_{a,b}$ の出力

図 48 「パルス関数」とノードの出力

ノード「N_a」の出力「y_a」と「N_b」の出力「y_b」の差「$y_a - y_b$」を計算すれば、パルス関数「$p_{a,b}$」を得ることができるので、「N_a」と「N_b」から(y_a, y_b)を入力されて、「$H_0(y_a - y_b)$」を出力するノード「$N_{a,b}$」を以下のように定義すれば、「$N_{a:b}$」の出力はパルス関数「$p_{a,b}$」と一致する(図 49)。

ノード	重み w_1	重み w_2	バイアス b	活性化関数
$N_{a:b}$	1	−1	0	ヘヴィサイド階段関数 H_0

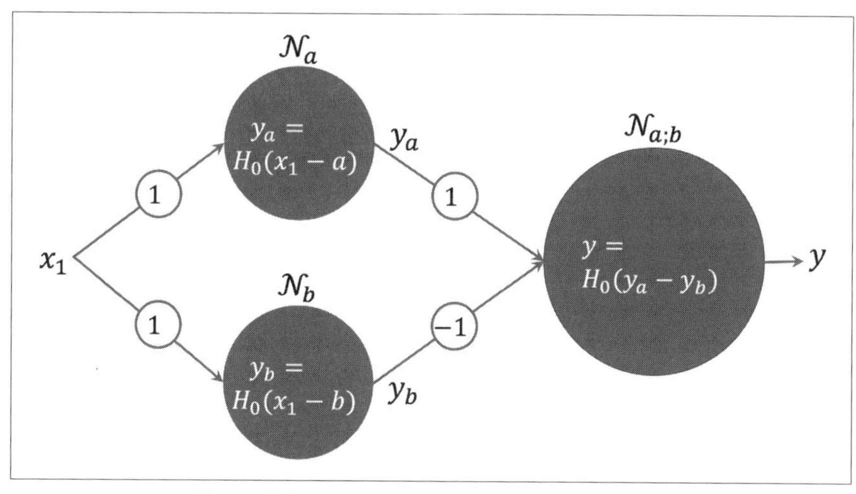

図 49 「パルス関数」を出力する「パーセプトロン」

■ 2.6.2 任意の「連続一変数関数」の構成

次に、**2.6.1 節**で定義したノード「N_a」と「N_b」を利用して、任意の「連続一変数関数」を近似的に計算する「3 層パーセプトロン」を構成する。

ここでは、区間 (0, 1] 上で「$f(x_1) = \sin(2\pi x_1)$」により定義される関数を例にとる。

(0, 1] の区間を「$\Delta x_1 = 0.1$」幅で区切って、10 個の区間、

$$(0, 0.1], (0.1, 0.2], \ldots, (0.9, 1.0]$$

に関する 10 個のパルス関数を考え、これらのパルス関数を下表で定義される第 1 層と第 2 層のノードにより構成する。

層	ノード	ノード数
第 1 層	$N_{0.0}, N_{0.1}, N_{0.2}, \ldots, N_{0.9}, N_{1.0}$	11
第 2 層	$N_{0.0:0.1}, N_{0.1:0.2}, \ldots, N_{0.8:0.9}, N_{0.9:1.0}$	10

第 2 層のノードは「$n = 1, 2, \ldots, 9, 10$」に対して、「$\mathcal{N}_{\frac{n-1}{10}:\frac{n}{10}}$」であり、**2.6.1 項**の構成法に従い、第 1 層の二つのノード「$\mathcal{N}_{\frac{n-1}{10}}$」と「$\mathcal{N}_{\frac{n}{10}}$」から入力を受け取るようにリンクで結ぶ。

次いで、第3層のノード N を定める。

N は、「バイアス」を「$b = 0$」、「活性関数」を恒等写像「$f(x) = x$」とし、第2層のすべてのノードから入力を受け取るように重み「$w_1, \ldots, w_{10}$」を

$n =$	1	2	…	n	…	9	10
入力ノード	$N_{0.0:0.1}$	$N_{0.1:0.2}$	…	$\mathcal{N}_{\frac{n-1}{10}:\frac{n}{10}}$	…	$N_{0.8:0.9}$	$N_{0.9:1.0}$
重み w_n	$\sin(2\pi \cdot 0.0)$	$\sin(2\pi \cdot 0.1)$	…	$\sin 2\pi \cdot \frac{(n-1)}{10}$	…	$\sin(2\pi \cdot 0.8)$	$\sin(2\pi \cdot 0.9)$

によって定める。

ノード N は、第2層の n 番目のノード「$\mathcal{N}_{\frac{n-1}{10}:\frac{n}{10}}$」から入力「$y_n$」を受け取り、

$$\sum_{n=1}^{10} w_n y_n = \sum_{n=1}^{10} \sin \frac{(n-1)\pi}{5} \cdot y_n$$

を出力する。

「$x_1 \in (-1, 1]$」を第1層の各ノードに入力すると、第2層のノード「$\mathcal{N}_{\frac{n-1}{10}:\frac{n}{10}}$」の出力は、「$x_1 \in (\frac{n-1}{10}, \frac{n}{10}]$」のときは「1」、それ以外であれば「0」となる。

したがって、「$x_1 \in (\frac{n-1}{10}, \frac{n}{10}]$」を入力したときの第3層のノード N の出力「$y\,(x_1)$」は、

$$y = \quad \sin \frac{(n-1)\pi}{5} = \sin \frac{\lfloor 10x_1 \rfloor \pi}{5}$$

となり、**図51 (a)** で示すグラフとなる。

$\lfloor 10x_1 \rfloor$ は $10x_1$ を超えない最大の整数で、「x_1」の小数点1桁目の数字と一致する（**図50**）。

図51 (a) のグラフは関数「$f(x_1) = \sin 2\pi x_1$」のかなり粗い近似になっていることが分かる。

近似の精度を上げるためには、区間 $(0, 1]$ の分割数を増やせばよく、たとえば、10分割ではなく100分割とすると、**図51 (b)** で示すグラフを得る。

さらに分割数を増やせば、いくらでも精度のよい近似を得ることができる。

上記の方法による「一変数関数」の構成法により、連続でありさえすれば、任意の関数 $f(x_1)$ を任意の精度で近似する「3層パーセプトロン」を構成することができる。

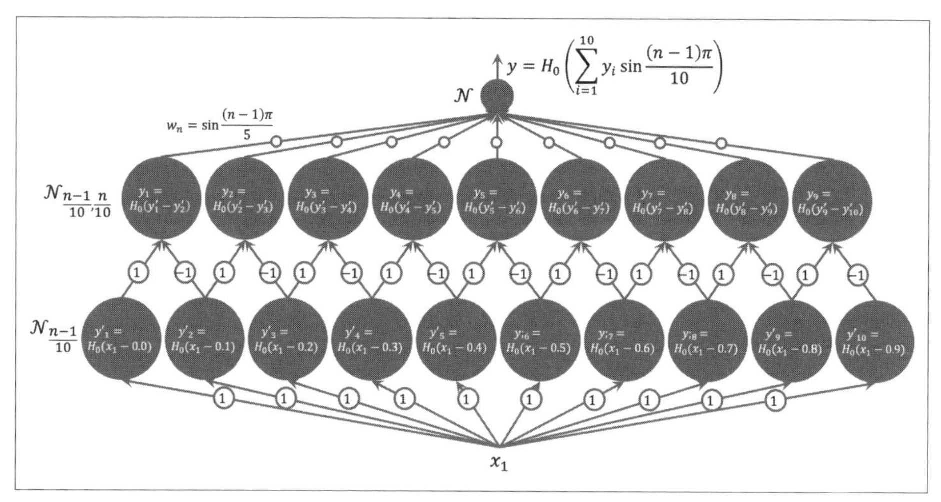

図 50　関数「$y = \sin 2\pi x_1$」を近似する「多層パーセプトロン」

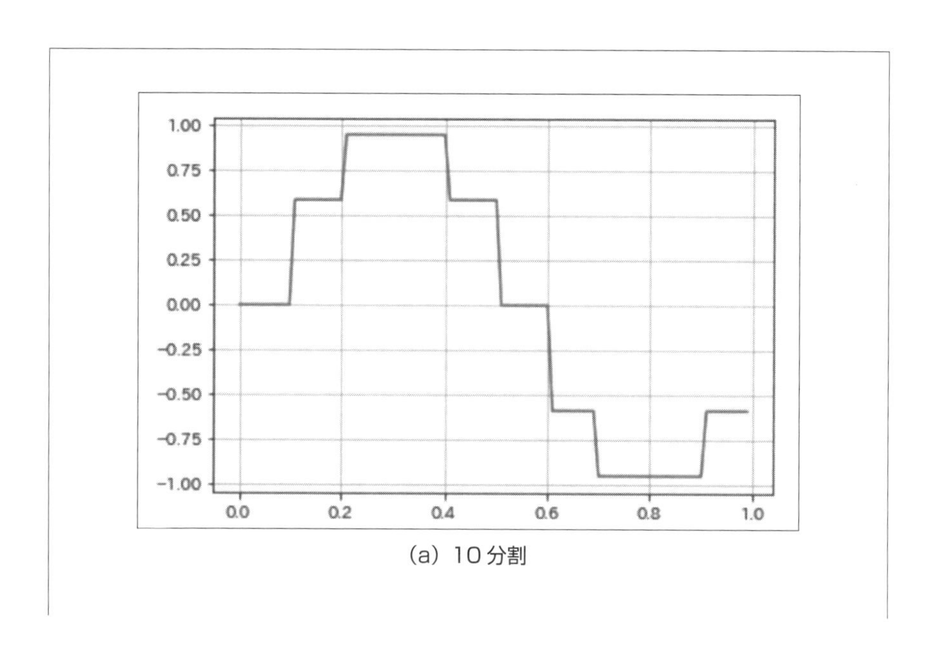

(a) 10 分割

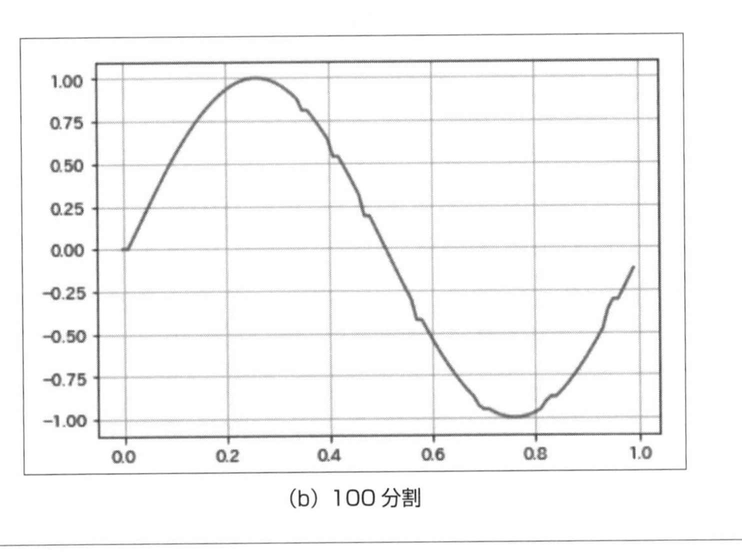

(b) 100分割

図51　ノードNの出力（余弦関数）

■ 2.6.3 任意の連続な境界線をもつ分類器の構成

この節では、任意の連続な境界線を持つ分類問題を任意の正確度で近似的に出力する「パーセプトロン」を構成できることを示す。

特に、**図47 (c)** で示した、データの分布を例に取り、この分類問題の解を近似的に出力する「4層パーセプトロン」を具体的に構成する。

すなわち、

$$f(x_1, x_2) = \begin{cases} 1, & x_1^2 + x_2^2 \leq \frac{1}{4} \text{ が成り立つ時} \\ 0, & x_1^2 + x_2^2 > \frac{1}{4} \text{ が成り立つ時} \end{cases} \quad \text{式 (26)}$$

で定義される「二変数関数」を近似的に計算する「パーセプトロン」を構成する。

2.6.2項では、「パーセプトロン」により任意の連続な「一変数関数」を近似できることを示したが、そこでの鍵は、「$a < b$」対して、入力「x_1」に対する「c」の出力$y(x_1)$が、下式を満たす「パルス関数」となる「パーセプトロン」の構成であった。

$$y(x_1) = \begin{cases} 1, & x_1 \in (a,b] \text{ の時} \\ 0, & x_1 \notin (a,b] \text{ の時} \end{cases}$$

二変数関数 $f(x_1, x_2)$ の場合でも、「$(x_1, x_2) \in (a_1, b_1] \times (a_2, b_2]$ 」が入力されたとき値1を出力し、その他の入力では値0を出力するノード「$\mathcal{N}_{(a_1:b_1, a_2:b_2)}$」（**図52**）を構成することができれば、**2.6.2 項**と同じ原理で $f(x_1, x_2)$ を近似する「パーセプトロン」を構成することができる。

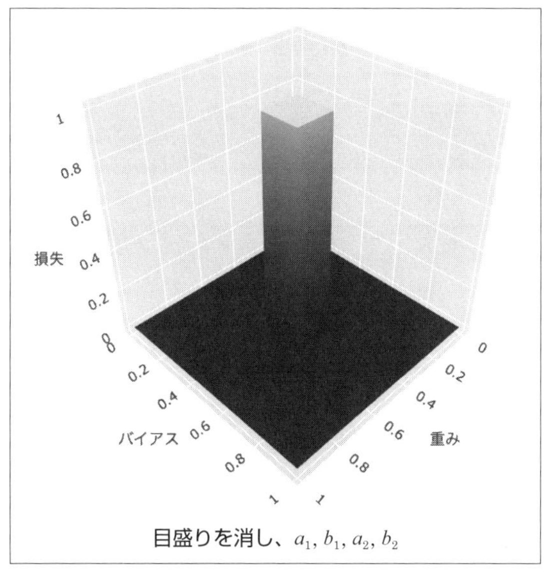

図52　二次元平面上の「パルス関数」

ノード「$\mathcal{N}_{(a_1:b_1, a_2:b_2)}$」は次のように構成することができる。

「x_1」を入力とし、パルス関数「$p_{a_1,b_1}(x_1)$」を出力とする2層のパーセプトロン $(\mathcal{N}_{a_1}, \mathcal{N}_{b_1}, \mathcal{N}_{a_1:b_1})$ の出力を「y_1」、同様に、「x_2」を入力とし、パルス関数「$p_{a_2,b_2}(x_2)$」を出力とする2層のパーセプトロン $(\mathcal{N}_{a_2}, \mathcal{N}_{b_2}, \mathcal{N}_{a_2:b_2})$ の出力を「y_2」とする。

ノード「$\mathcal{N}_{(a_1:b_1, a_2:b_2)}$」を、「$y_1$」と「$y_2$」を入力として、「$y = H_0(y_1 + y_2 - \frac{3}{2})$」を出力するノードとする。

ノード	重み w_1	重み w_2	バイアス b	活性化関数
$\mathcal{N}_{(a_1:b_1, a_2:b_2)}$	1	$-\frac{3}{2}$	0	ヘヴィサイド階段関数 H_0

「$\mathcal{N}_{(a_1:b_1,a_2:b_2)}$」の出力$y$が論理積「$y_1 \wedge y_2$」と一致することは、

$$H_0(0+0-\frac{3}{2})=0, H_0(1+0-\frac{3}{2})=0, H_0(0+1-\frac{3}{2})=0, H_0(1+1-\frac{3}{2})=1$$

によって確認することができる。

すなわち、「$\mathcal{N}_{(a_1:b_1,a_2:b_2)}$」は、**図52**が示すパルス関数を出力する。

最後に、「x_1x_2平面」内の定義域「$(-1,1]\times(-1,1]$」で、**式 (26)** で示す関数を近似する「4層パーセプトロン」を構成する。

「$-1=a_0<\cdots<a_n=1$」を、区間$(-1, 1]$をn個の等幅の区間に分割する点とし、「$i=1, ..., N, j=1, ..., N$」に対して、「$\mathcal{N}_{(a_{i-1}:a_i,a_{j-1}:a_j)}$」の出力を「$y_{i,j}$」と表わす。

すべての「$\mathcal{N}_{(a_{i-1}:a_i,a_{j-1}:a_j)}$」の重み「$w_{i,j}$」のリンクをもつ第4層のノード$N$を、

ノード	重み $w_{i,j}$	バイアス b	活性化関数
N	$\begin{cases}1 & a_{i-1}^2+a_{j-1}^2\le\frac{1}{4}\text{ の時}\\0 & a_{i-1}^2+a_{j-1}^2>\frac{1}{4}\text{ の時}\end{cases}$	0	ヘヴィサイド階段関数 H_0

で定める。

したがって、Nの出力は「$y=\sum_{i=1}^{n}\sum_{j=1}^{n}w_{i,j}y_{i,j}$」と定義され、$(x_1, x_2)$が「パーセプトロン」に入力されたとき、「$(x_1,x_2)\in(a_{i-1},a_i]\times(a_{j-1},a_j]$」となる$i, j$に対して、「$a_{i-1}^2+a_{j-1}^2\le\frac{1}{4}$」が成り立てば「$y=1$」、それ以外では「$y=0$」になることが分かる。

図53に、「$N=200$」として構成した「パーセプトロン」の出力の3次元グラフを示す。

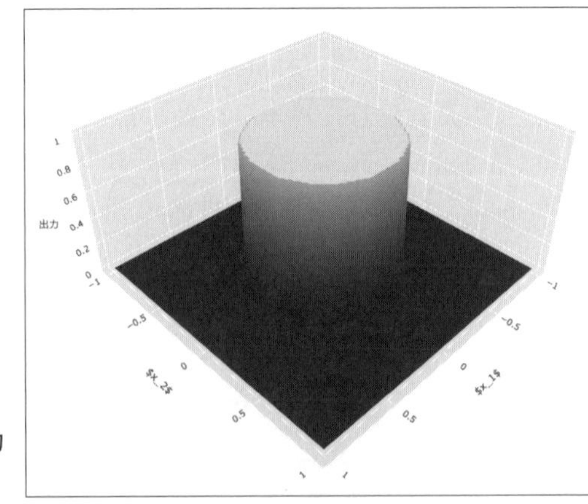

図53　ノードNの出力
(円を境界にもつ分類)

2.7 「深層化」と「バックプロパゲーション」

2.6.3 項では、連続な境界を有する分類問題の解を任意の正確度で出力する「パーセプトロン」を構成できることを見たが、成功の鍵は 2 層以上の層をもつ「多層パーセプトロン」の利用にあった。

しかしながら、**2.6.3 項**の議論は「任意の分類問題の解」を近似する「深層ニューラルネット」の存在を示しているに過ぎず、そのような「深層ニューラルネット」を学習によって得ることができるか、そもそも、「深層ニューラルネット」の学習が可能であるかについては何も述べていない。

現に、「人工知能の父」と呼ばれると同時に、「単層パーセプトロン」が線形分離問題しか解決できないことを証明し、その限界を示したミンスキー（Marvin Lee Minsky, 1927 − 2016）は、「深層ニューラルネット」の学習可能性に関して懐疑的であったと言われる。

以下では、「多層パーセプトロン」の学習の課題に触れた後、この課題を解決する手法である「**バックプロパゲーション**」（back propagation、**誤差逆伝播法**）を紹介する。

「バックプロパゲーション」を利用して、「多層パーセプトロン」の層の数を増やす、つまり、「深層化」を行なうことによって、現実の問題を効率的に解決できる事例が多数示されている。

■ 2.7.1 「多層パーセプトロン」の学習の困難性

「勾配降下法」による「単層パーセプトロン」の学習アルゴリズムから復習しよう。

簡単のために、この「パーセプトロン」は単一の入力をとるノード $N^{(1)}$ から構成されるとし、「重み」と「バイアス」をそれぞれ「$w_1^{(1)}$」と「$b^{(1)}$」と表わす。

「訓練データ」も一つと仮定して、データを「x_1」、そのラベルを「t」とする。

「損失関数」は「L」、「活性化関数」は「f」とし、いずれも「微分可能関数」であるとする。

「x_1」を入力したときの $N^{(1)}$ の出力「y」は次のように計算される。

$$u^{(1)} = w_1^{(1)} x_1 + b^{(1)}, \quad y^{(1)} = f(u^{(1)})$$

この入力に対する損失「L」は「$y^{(1)}$」と「t」との乖離を表わす計量であるが、「t」は定数であるので、「$y^{(1)}$」のみを変数とする「一変数関数」であると考え、さらに「$y^{(1)} = f(u^{(1)})$」、であるので「$(u^{(1)})$」の「一変数関数」であると考える。

「勾配ベクトル」は次のように計算することができる（**コラム「勾配ベクトルの計算」**）。

$$\left(\frac{\partial L}{\partial w_1^{(1)}}, \frac{\partial L}{\partial b^{(1)}}\right) = \frac{dL}{du^{(1)}} \cdot \left(\frac{\partial u^{(1)}}{\partial w_1^{(1)}}, \frac{\partial u^{(1)}}{\partial b^{(1)}}\right) = -\frac{dL}{du^{(1)}} \cdot (x_1, 1)$$

「$\frac{dL}{du^{(1)}}$」はLによって決まるが、たとえば、Lが「二乗誤差関数」である場合は、

$$\frac{\partial L}{\partial u^{(1)}} = \frac{d}{du^{(1)}} \left(t - f(u^{(1)})\right)^2 = 2f'(u^{(1)}) \cdot \left(f(u^{(1)}) - t\right)$$

と計算され、Lが「交差エントロピー」である場合は、

$$\begin{aligned}\frac{\partial L}{\partial u^{(1)}} &= \frac{d}{du^{(1)}} \left(-t \log f(u^{(1)}) - (1-t) \log \left(1 - f(u^{(1)})\right)\right) \\ &= \frac{f'(u^{(1)})}{f(u^{(1)}) \left(1 - f(u^{(1)})\right)} \cdot \left(f(u^{(1)}) - t\right)\end{aligned}$$

と計算される。

いずれも、出力のラベルに対する符号付き誤差$\left(f(u^{(1)}) - t\right)$を

因子にもつので、「$\frac{dL}{df(u^{(1)})}$」**は出力とラベルの符号付き誤差を表わす**と解釈できる。

次に、2層の「パーセプトロン」を考える。

重み「$w_1^{(2)}$」とバイアス「$b^{(2)}$」をもつノード$N^{(2)}$に「x_1」が入力されると、

$$u^{(2)} = w_1^{(2)} x_1 + b^{(2)}, \quad y^{(2)} = f(u^{(2)})$$

によって計算される出力「$y^{(2)}$」が「$N^{(1)}$」に入力され、

$$u^{(1)} = w_1^{(1)} y^{(2)} + b^{(1)}, \quad y^{(1)} = f(u^{(1)})$$

により「パーセプトロン」の出力「$y^{(1)}$」が計算される。

重み「$w_1^{(2)}$」とバイアス「$b^{(2)}$」を更新するためには、「$w_1^{(2)}$」と「$b^{(2)}$」に関する「勾配ベクトル」を計算する必要がある。

まず、L を重み「$w_1^{(1)}, w_1^{(2)}$」とバイアス「$b^{(1)}, b^{(2)}$」の関数として表わそう。

$$L(y^{(1)}) = L\left(f(w_1^{(1)}y^{(2)} + b^{(1)})\right) = L\left(f\left(w_1^{(1)}f(w_1^{(2)}x_1 + b^{(2)}) + b^{(1)}\right)\right)$$

この展開式から、「$w_1^{(2)}$」と「$b^{(2)}$」に関する「勾配ベクトル」を計算してみよう。

「合成関数の微分公式」(**コラム「合成関数の微分公式」**)を繰り返し適用することで、

$$\left(\frac{\partial L}{\partial w_1^{(2)}}, \frac{\partial L}{\partial b^{(2)}}\right) = \frac{\partial L}{\partial u^{(1)}} \cdot w_1^{(1)} \cdot f'(u^{(2)}) \cdot (x_1, 1)$$

を得る。

「勾配ベクトル」は「誤差」、「$\frac{\partial L}{\partial u^{(1)}}$」を因子にもつことも分かる。

続けて、「パーセプトロン」が 3 層であるとしてみよう。

2 層の場合と同様に、「L」を重み「$w_1^{(1)}, w_1^{(2)}, w_1^{(3)}$」とバイアス「$b^{(1)}, b^{(2)}, b^{(3)}$」の関数として表わすと、

$$\begin{aligned}
L(y^{(1)}) &= L\left(f(w_1^{(1)}y^{(2)} + b^{(1)})\right) \\
&= L\left(f\left(w_1^{(1)}f(w_1^{(2)}y^{(3)} + b^{(2)}) + b^{(1)}\right)\right) \\
&= L\left(f\left(w_1^{(1)}f\left(w_1^{(2)}f(w_1^{(3)}x_1 + b^{(3)}) + b^{(2)}\right) + b^{(1)}\right)\right)
\end{aligned}$$

が得られ、2 層の場合と同様に、重み「$w_1^{(3)}$」とバイアス「$b^{(3)}$」に関する「勾配ベクトル」は、「合成関数の微分公式」を順次適用して、

$$\left(\frac{\partial L}{\partial w_1^{(3)}}, \frac{\partial L}{\partial b^{(3)}}\right) = \frac{\partial L}{\partial u^{(1)}} \cdot w_1^{(1)} \cdot f'(u^{(2)}) \cdot w_1^{(2)} \cdot f'(u^{(3)}) \cdot (x_1, 1)$$

と計算される。

上記の計算を第 k 層まで続けることで、「L」を「$w_1^{(1)}, ..., w_1^{(k)}$」「$b^{(1)}, ..., b^{(k)}$」「$y^{(k+1)}$」の関数として表わすことができ、したがって、「$w_1^{(k)}$」と「$b^{(k)}$」に関する勾配ベクトル「$\left(\frac{\partial L}{\partial w_1^{(k)}}, \frac{\partial L}{\partial b^{(k)}}\right)$」を求めることができるが、かなり複雑な計算であることが分かる。

しかも、この例で仮定した「多層パーセプトロン」は、各層に1個しかノードが存在しない最も単純なものであるので、各層に任意個数のノードが存在し、隣り合う層のノード間の結合が任意である一般の「多層パーセプトロン」では、「勾配ベクトル」の計算がいかに複雑になるか、想像に難くない。

「勾配ベクトル」を平易に計算するための計算原理が必要であるが、それが**次項**で述べる「バックプロパゲーション」である。

■ 2.7.2 「バックプロパゲーション」の原理（直鎖型「パーセプトロン」を例として）

最初に、**2.7.1 節**で例として取り上げた単純な直鎖型の「多層パーセプトロン」について「バックプロパゲーション」の原理を説明し、その後で、全結合型「多層パーセプトロン」について述べる。

直鎖型の「パーセプトロン」は、単一の入力を取る n 個のノード「$N^{(1)}, ... N^{(n)}$」が直列に並ぶ n 層の「パーセプトロン」であり、重み「$w_1^{(1)}, ..., w_1^{(n)}$」とバイアス「$b^{(1)}, ..., b^{(n)}$」を変数にもつ。

また、「パーセプトロン」の層の数え方を、出力に最も近い層を「第1層」、データが入力される層を「第 n 層」、すなわち、入力されたデータ「x_1」は層番号が減少する方向に順伝播するように定める。

● 誤差からの「勾配ベクトル」の誘導

2.7.1 節の方法で「第 $(k-1)$ 層」まで変数展開を行なうと、「L」は「$w_1^{(1)}, ..., w_1^{(k-1)}, ..., b^{(1)}, ..., b^{(k-1)}, y^{(k)}$」を変数とする多変数関数になるが、「$y^{(k)} = f(u^{(k)})$」を代入すれば、「$L$」は「$w_1^{(1)}, ..., w_1^{(k-1)}, ..., b^{(1)}, ..., b^{(k-1)}, u^{(k)}$」の関数となる。

したがって、「$u^{(k)}$」に関する偏微分「$\frac{\partial L}{\partial u^{(k)}}$」を定義することができる。

「$u^{(k)}$」を「$w_1^{(k)} y^{(k+1)} + b^{(k)}$」で置き換えると、「第$k$層」までの「重み」「バイアス」を含んだ変数展開になるが、このことから、「合成関数の微分公式」(**コラム「合成関数の微分公式」**)を適用することにより、以下を得る。

「勾配ベクトル」の計算

$$\left(\frac{\partial L}{\partial w_1^{(k)}}, \frac{\partial L}{\partial b^{(k)}}\right) = \frac{\partial L}{\partial u^{(k)}} \cdot \left(\frac{\partial u^{(k)}}{\partial w_1^{(k)}}, \frac{\partial u^{(k)}}{\partial b^{(k)}}\right)$$ 式(27)

2.7.1 節で見たように、たとえば、「L」が「二乗誤差関数」であれば、

$$\frac{\partial L}{\partial u^{(1)}} = \frac{\partial}{\partial u^{(1)}} \left(t - f(u^{(1)})\right)^2 = 2 \cdot \left(f(u^{(1)}) - t\right)^2 \cdot f'(u^{(1)})$$ 式(28)

となるように、「$\frac{\partial L}{\partial u^{(1)}}$」は$(y^{(1)} - t)$を因子にもつことから、「パーセプトロン」の出力「$y^{(1)}$」のラベル「$t$」に対する「符号付き誤差」を表わしている。

実は、「$\frac{\partial L}{\partial u^{(k)}}$」**は**「$\frac{\partial L}{\partial u^{(1)}}$」**が「第$k$層」に伝播した誤差**であると解釈することができ、**式(27)**は、伝播した誤差「$\frac{\partial L}{\partial u^{(k)}}$」を「分配」して、「$w_1^{(k)}$」と「$b^{(k)}$」に関する「勾配ベクトル」を誘導する式と理解することができる。

● 誤差の逆伝播

式(27)は、「$\frac{\partial L}{\partial u^{(k)}}$」が与えられれば、「勾配ベクトル」$\left(\frac{\partial L}{\partial w_1^{(k)}}, \frac{\partial L}{\partial b^{(k)}}\right)$を計算できることを示しているので、後は、「$\frac{\partial L}{\partial u^{(k)}}$」を計算する方法が見つかれば充分である。

「第$(k-2)$層」まで変数を展開すると「L」は「$w_1^{(1)}, \ldots, w_1^{(k-2)}, b^{(1)}, \ldots, b^{(k-2)}, u^{(k-1)}$」の関数となるが、「$u^{(k-1)}$」は、

$$u^{(k-1)} = w_1^{(k-1)} f(u^{(k)}) + b^{(k-1)}$$

と「$u^{(k)}$」を変数に含む関数として表わされるのに対し、他の変数は「$u^{(k)}$」に依存しない。

このことに注意して、「合成関数の微分公式」(**コラム「合成関数の微分公式」**)を適用すると、「**誤差の逆伝播**」を定める以下の公式を得る。

直鎖「パーセプトロン」の逆伝播公式

$$\frac{\partial L}{\partial u^{(k)}} = \frac{\partial L}{\partial u^{(k-1)}} \cdot \frac{\partial u^{(k-1)}}{\partial u^{(k)}} = \frac{\partial L}{\partial u^{(k-1)}} \cdot w_1^{(k-1)} \cdot f'(u^{(k)}) \quad \text{式 (29)}$$

「バックプロパゲーション」による学習では、「順伝播」「逆伝播」「重み」と「バイアス」の更新が1セットで、これを繰り返すことによって実行される。

●「順伝播」の手順

手順 順伝播

[1] 訓練データ「x_1」を末端のノード$N^{(n)}$に入力する。

[2] ノード$N^{(n)}$で、現状の重み「$w_1^{(n)}$」とバイアス「$b^{(n)}$」により、重み付き和「$u^{(n)} = w_1^{(n)} x_1 + b^{(n)}$」を計算し、「$y^{(n)} = f(u^{(n)})$」を出力する。
　また、逆伝播の計算のために「$u^{(n)}$」の値を記憶する。

[3] ノード$N^{(n-1)}$は、「$N^{(n)}$」から「$y^{(n)}$」を受け取り、重み付き和「$u^{(n-1)} = w_1^{(n-1)} y^{(n)} + b^{(n-1)}$」を計算し、「$y^{(n-1)} = f(u^{(n-1)})$」を出力する。
　また、逆伝播の計算のために「$u^{(n-1)}$」の値を記憶する。

(中略)

[4] ノード$N^{(k)}$は、「$N^{(k+1)}$」から「$y^{(k+1)}$」を受け取り、重み付き和「$u^{(k)} = w_1^{(k)} y^{(k+1)} + b^{(k)}$」を計算し、「$y^{(k)} = f(u^{(k)})$」を出力する。
　また、「逆伝播」の計算のために「$u^{(k)}$」の値を記憶する。

(中略)

[5] ノード「$N^{(1)}$」は、「$N^{(2)}$」から「$y^{(2)}$」を受け取り、重み付き和「$u^{(1)} = w_1^{(1)} y^{(2)} + b^{(1)}$」を計算し、「$y^{(1)} = f(u^{(1)})$」を出力する。
　また、「逆伝播」の計算のために「$u^{(1)}$」の値を記憶する。

「$y^{(1)}$」はこの直鎖「パーセプトロン」の出力である。

この例では、「訓練データ」は1つ、ラベル「t」は定数としているので、損失「L」は「$y^{(1)}$」だけの関数である。

したがって、「$y^{(1)}$」による「L」の微分（偏微分ではなく）「$L'(y^{(1)})$」を定義することができる。

●「逆伝播」の手順

手順 逆伝播

[1] ノード$N^{(1)}$が出力した「$y^{(1)}$」の値を使って、「$L'(y^{(1)})$」の値を計算し、「$N^{(1)}$」に送付する。

[2]「$N^{(1)}$」は、受理した「$L'(y^{(1)})$」の値から、誤差「$\frac{\partial L}{\partial u^{(1)}}$」を、

$$\frac{\partial L}{\partial u^{(1)}} = L'(y^{(1)}) \cdot w_1^{(1)} \cdot f'(u^{(1)})$$

によって計算し、「$N^{(2)}$」に送付する。

「順伝播」のときに計算した「$u^{(1)}$」の値を記録しているので、上記計算を実行することができる。

[3]「$N^{(2)}$」は、「$N^{(1)}$」から受理した「$\frac{\partial L}{\partial u^{(1)}}$」の値と、「順伝播」のときに記録しておいた「$u^{(2)}$」の値と、逆伝播の公式 (29) から、「$\frac{\partial L}{\partial u^{(2)}}$」を計算し、「$N^{(3)}$」に送付する。

(中略)

[4]「$N^{(k)}$」は、「$N^{(k-1)}$」から受理した「$\frac{\partial L}{\partial u^{(k-1)}}$」の値と、「順伝播」のときに記録しておいた「$u^{(k)}$」の値と、逆伝播の公式 (29) から、「$\frac{\partial L}{\partial u^{(k)}}$」を計算し、「$N^{(k+1)}$」に送付する。

(中略)

[5]「$N^{(n)}$」は、「$N^{(n-1)}$」から受理した「$\frac{\partial L}{\partial u^{(n-1)}}$」の値と、「順伝播」のときに記録しておいた「$u^{(n)}$」の値と、逆伝播の公式 (29) から、「$\frac{\partial L}{\partial u^{(n)}}$」を計算する。

●「重み」と「バイアス」の更新

逆伝播により、各ノード$N^{(k)}$では誤差「$\frac{\partial L}{\partial u^{(k)}}$」の値が計算されているので、**式 (27)** により、重み「$w_1^{(k)}$」とバイアス「$b^{(k)}$」に関する「勾配ベクトル」を計算することができる。

「勾配ベクトル」に学習率「η」を乗じて、もとの「重み」と「バイアス」の値から減じれば、更新された新しい「重み」と「バイアス」になる。

●「バックプロパゲーション」の原理

「$\frac{\partial L}{\partial u^{(1)}}, \frac{\partial L}{\partial u^{(2)}}, \cdots$」を数列であると考えると、誤差の逆伝播の公式 **(29)** は、数列の「**漸化式**」に他ならない。

「漸化式」が与えられたとき、その一般解を求めることは困難であっても、初項が与えられて、以降の項を逐次的に計算することは容易である（**コラム「漸化式」**）。

「バックプロパゲーション」の原理は、以下の3項目に整理することができる。

「バックプロパゲーション」の原理

(1) 各層に伝播する誤差「$\frac{\partial L}{\partial u^{(k)}}$」の漸化式を求める（**式 (29)**）。

(2)「逐次計算」によって「漸化式」を解き、誤差を求める。

(3) 誤差から「勾配ベクトル」を計算する（**式 (27)**）。

Column 漸化式

広く知られている「**フィボナッチ数列**」は、漸化式、

$$a_{n+2} = a_{n+1} + a_n, \quad a_1 = a_2 = 1$$

によって定まる数列である。

「a_1」と「a_2」に対して値「1」が与えられているので、

$$a_3 = a_2 + a_1 = 1 + 1 = 2$$

と「a_3」の値が定まり、「$a_3 = 2$」が分かれば、

$$a_4 = a_3 + a_2 = 2 + 1 = 3$$

と「a_4」の値が定まる。

この計算を必要なだけ繰り返せば、任意の項「a_n」の値を計算することができる。

この節で説明した、出力「$y^{(1)}$」とラベル「t」から計算される「$\frac{\partial L}{\partial u^{(1)}}$」を初期値として、漸化式 **(29)** によって各層における誤差
「$\frac{\partial L}{\partial u^{(2)}}, \frac{\partial L}{\partial u^{(3)}}, \frac{\partial L}{\partial u^{(4)}}, \cdots$」を順次求めていく計算と、フィボナッチ数列を求めるこの「逐次計算」は、実は、同じ原理に基づいている。

「漸化式」が与えられたとき、数列の値を順に決定していく「逐次計算」の原理は非常に単純であるが、複雑な「漸化式」に対しても有効である。

一方、「漸化式」が複雑になると、任意の項「a_n」を直接計算する一般解を求めることは難しくなる。

たとえば、「フィボナッチ数列」の第 n 項「a_n」の一般解は、

$$a_n = \frac{1}{\sqrt{5}}\left[\left(\frac{1+\sqrt{5}}{2}\right)^n - \left(\frac{1-\sqrt{5}}{2}\right)^n\right]$$

で与えられるが、この式を求めるためには行列の「固有値分解」などの知識が必要となる。

＊

実は、ここで例として取り上げた直鎖型「パーセプトロン」は非常に単純な構造をもっているため、漸化式 **(29)** の「**一般解**」を求めること自体は難しくない。

しかし、**2.7.3 節**で改めて例として取り上げる、全結合型の「パーセプトロン」は、複雑な「逆伝播の公式」(漸化式) をもち、その「**一般解**」を求めることは困難である。

「単層パーセプトロン」の限界がミンスキーとパパートによって明らかにされた後、ラメルハートらによって「バックプロパゲーション」の原理が発見されるまで、「人工ニューラルネット」の研究が「冬の時代」を迎えざるを得なかった、主要な理由の一つがここにある。

■ 2.7.3 「全結合型多層パーセプトロン」における「バックプロパゲーション」

2.7.2 節までででは、説明の簡便のため、「パーセプトロン」は直鎖型であると仮定したが、ここでは全結合型の「多層パーセプトロン」について、「逆伝播の公式」を示す。

すなわち、各層は任意の個数のノードを含み、「第 k 層」のノードと「第 $(k+1)$ 層」のノードの任意の組み合わせの間にリンクが存在するとする。

「第 $(k+1)$ 層」の特定のノード $\mathcal{N}_i^{(k+1)}$ と「第 k 層」の特定のノード「$\mathcal{N}_j^{(k)}$」の間にリンクが存在しないようなケースでは、二つのノードの間の重み「$w_{i,j}^{(k)}$」（**次表**）
を変数ではなく定数「0」と考えればいいだけなので、「全結合型パーセプトロン」を考えることによって、リンクが任意である一般の「多層パーセプトロン」もあわせて取り扱うことができる。

ここでは、「パーセプトロン」の層の数え方を、**2.7.2 節**までと同じように、出力に最も近い層を「第 1 層」、データが入力される層を「第 n 層」と呼ぶ。

すなわち、入力されたデータは層番号が減少する方向に「順伝播」、誤差は層番号が増加する方向に「逆伝播」するように定める。

以下の説明では、次の記号を用いる。

記　号	内　容
d_k	「第 k 層」のノードの個数。
$\mathcal{N}_i^{(k)}$	「第 k 層」の i 番目のノード。 「$\mathcal{N}_*^{(k)}$」は「第 k 層」のすべてのノードの集合。
$w_{i,j}^{(k)}$	「$\mathcal{N}_i^{(k+1)}$」から「$\mathcal{N}_j^{(k)}$」への入力に乗じる「重み」。 「$w_{*,*}^{(k)}$」は「第 k 層」に現われるすべての「重み」の集合。
$b_i^{(k)}$	「$\mathcal{N}_i^{(k)}$」の「バイアス」。 「$b_*^{(k)}$」は「第 k 層」に現われるすべての「バイアス」の集合。
$y_i^{(k)}$ k	「$\mathcal{N}_i^{(k)}$」の出力。 「$y_*^{(k)}$」は「第 k 層」のすべてのノードの出力の集合。
$u_i^{(k)}$	「$\mathcal{N}_i^{(k)}$」で計算される入力の「重み付き和」。 「$u_*^{(k)}$」は「第 k 層」のすべてのノード内で計算される入力の「重み付き和」の集合。

全結合を仮定しているので、ノード$\mathcal{N}_j^{(k)}$はノード$\mathcal{N}_1^{(k+1)},\ldots,\mathcal{N}_{d_{k+1}}^{(k+1)}$とリンクで結ばれている。

したがって、「$\mathcal{N}_1^{(k+1)},\ldots,\mathcal{N}_{d_{k+1}}^{(k+1)}$」の出力「$y_1^{(k+1)},\ldots,y_{d_{k+1}}^{(k+1)}$」は、「第$k$層」のすべてのノード$\mathcal{N}_*^{(k)}$に入力され「$\mathcal{N}_j^{(k)}$」で計算される入力の「重み付き和」は、

$$u_j^{(k)} = b_j^{(k)} + \sum_{i=1}^{d_{k+1}} w_{i,j}^{(k)} y_i^{(k+1)}$$

によって計算される。

「$\mathcal{N}_j^{(k)}$」の出力「$y_j^{(k)} = f(u_j^{(k)})$」は「第（k－1）層」のすべてのノードへの入力となる。

損失関数「L」は訓練データ、「$x[1], ..., x[N]$」を「パーセプトロン」に入力して得られる出力「$y_*^{(1)}[1],\ldots,y_*^{(1)}[N]$」と、「訓練データ」のラベル「$t[1], ..., t[n]$」によって決定される。

一方、単一の訓練データ「$x[i]$」とラベル「$t[i]$」による損失を「$L[i]$」と表わすと、これまでに見たように、「L」は「$L[1]$」から「$L[N]$」の和となるように定める。

したがって、「微分の和の公式」から（**コラム「微分」**）、「L」の微分は「$L[1], ..., L[N]$」の「微分の和」となるので、「勾配ベクトル」の成分も、

$$\frac{\partial L}{\partial w_{i,j}^{(k)}} = \sum_{i=1}^{N} \frac{\partial L[i]}{\partial w_{i,j}^{(k)}}, \qquad \frac{\partial L}{\partial b_i^{(k)}} = \sum_{i=1}^{N} \frac{\partial L[i]}{\partial b_i^{(k)}}$$

と和で求められる。

つまり、「訓練データ」が複数存在する場合には、それぞれの「訓練データ」に関する損失について個別に「勾配ベクトル」を計算し、それを足し合わせることにより全体の「勾配ベクトル」を得ることができる。

この考察に基づき、以下では、単一の訓練データ「$x = (x_1, ..., x_d)$」とラベル「$\boldsymbol{t} = (t_1,\ldots,t_{d_1})$」を仮定する。

「第１層」にはd_1個のノードが存在し、出力はd_1次元であるので、ラベ

ルも d_1 次元であることに注意。

2.7.1 節および**式 (29)** と同様に、損失「L」を「第 1 層」から「第 ($k-1$) 層」までの変数「$\boldsymbol{w}_{*,*}^{(1)},\ldots,\boldsymbol{w}_{*,*}^{(k-1)},\boldsymbol{b}_*^{(1)},\ldots,\boldsymbol{b}_*^{(k-1)}$」と「第 k 層」での重み付き「$\boldsymbol{u}_*^{(k)}$」の関数として表現することができる。

たとえば、「L」を「二乗誤差」として、「$k=1,2$」で展開をすると以下が得られる。

$$L=\sum_{i=1}^{d_1}(t_i-y_i^{(1)})^2=\sum_{i=1}^{d_1}\left(t_i-f(u_i^{(1)})\right)^2 \quad (k=1\text{ の時の展開}) \quad \text{式 (30)}$$
$$=\sum_{i=1}^{d_1}\left(t_i-f\left(b_i^{(1)}+\sum_{j=1}^{d_2}w_{j,i}^{(1)}f(u_j^{(2)})\right)^2\right) \quad (k=2\text{ の時の展開})$$

特に、**式 (30)** の「$u_i^{(1)}$」に関する偏微分について、

$$\frac{\partial L}{\partial u_i^{(1)}}=2\left(f(u_i^{(1)})-t_i\right)f'(u_i^{(1)})$$

が成り立ち、右辺は因子、$\left(f(u_i^{(1)})-t_i\right)$ を含むことから、「$\frac{\partial L}{\partial u_i^{(1)}}$」は、「パーセプトロン」の出力 $\left(y_1^{(1)},\ldots,y_{d_1}^{(1)}\right)$ のラベル $(t_1,\ldots,t_{d_1})$ に対する符号付き誤差のうち、i 番目のノード $\mathcal{N}_i^{(1)}$ に割り当てられた成分であると見なすことができることが分かる。

＊

いよいよ、「全結合型パーセプトロン」の場合について、「誤差の逆伝播の公式」を述べる。

損失「L」を「第 $k-1$ 層」まで変数展開し、「L」を「$\boldsymbol{w}_{*,*}^{(1)},\ldots,\boldsymbol{w}_{*,*}^{(k-2)},\boldsymbol{b}_*^{(1)},\ldots,\boldsymbol{b}_*^{(k-2)},\boldsymbol{u}_*^{(k-1)}$」の関数として表わす。

式、

$$u_j^{(k-1)}=b_j^{(k-1)}+\sum_{i=1}^{d_k}w_{i,j}^{(k-1)}f(u_i^{(k)})$$

が成り立つ一方、「$w_{*,*}^{(1)}, \ldots, w_{*,*}^{(k-2)}, b_*^{(1)}, \ldots, b_*^{(k-2)}$」は「$u_*^{(k)}$」に依存しない独立した変数であるので、

$$\frac{\partial w_{*,*}^{(i)}}{\partial u_*^{(k)}} = \frac{\partial b_{*,*}^{(i)}}{\partial u_*^{(k)}} = 0 \qquad (i = 1, \ldots, k-2)$$

が成り立つ。

したがって、「第 $(k-1)$ 層」における誤差 $\left(\frac{\partial L}{\partial u_1^{(k-1)}}, \ldots, \frac{\partial L}{\partial u_{d_{k-1}}^{(k-1)}}\right)$ の「第 k 層」への「逆伝播の公式」は、「合成関数の微分公式」(**コラム「合成関数の微分公式」**) を適用すれば、以下のように定められる。

「全結合パーセプトロン」における「逆伝播の公式」

$$\frac{\partial L}{\partial u_i^{(k)}} = \sum_{j=1}^{d_{k-1}} \frac{\partial L}{\partial u_j^{(k-1)}} \cdot \frac{\partial u_j^{(k-1)}}{\partial u_i^{(k)}} = \sum_{j=1}^{d_{k-1}} \frac{\partial L}{\partial u_j^{(k-1)}} \cdot w_{i,j}^{(k-1)} \cdot f'(u_i^{(k)})$$

式 (31)

■ 2.7.4 「バックプロパゲーション」と「勾配消失問題」

層が少ない浅い「パーセプトロン」では、正確な予測を行なうためには多くのノードが必要である。

一方、層を深くする設計、すなわち、「パーセプトロン」の深層化は、ノードの個数を抑制する効果があるものの、「バックプロパゲーション」では「勾配消失問題」が発生する可能性が高くなることも経験的に確認されている。

インデックス「$i_k \in \{1, \ldots, d_k\}$」により、「パーセプトロン」の「第 k 層」のノードを特定する。

「第 k 層」の i_k 番目のノードに伝播する誤差「$\frac{\partial L}{\partial u_{i_k}^{(k)}}$」を、**式 (31)** によって、「$\frac{\partial L}{\partial u_{i_{k-1}}^{(k-1)}}$」の一次結合に展開し、右辺に現われた「$\frac{\partial L}{\partial u_{i_{k-1}}^{(k-1)}}$」をさらに**式 (31)** により展開する。

この計算を「第 1 層」に辿り着くまで順次継続すると、最終的に、誤差「$\frac{\partial L}{\partial u_{i_k}^{(k)}}$」は、下式で与えられる項の和に展開される。

$$\frac{\partial L}{\partial u_{i_1}^{(1)}} \cdot \left(w_{i_2,i_1}^{(1)} \cdot f'(u_{i_2}^{(2)})\right) \cdot \left(w_{i_3,i_2}^{(2)} \cdot f'(u_{i_3}^{(3)})\right) \cdots \cdot \left(w_{i_k,i_{k-1}}^{(k-1)} \cdot f'(u_{i_k}^{(k)})\right)$$

深層化により「勾配消失問題」が発生しやすくなる原因は、この展開の各項が、「第１層」における誤差「$\frac{\partial L}{\partial u_{i_1}^{(1)}}$」に$\left(w_{i_{j+1},i_j}^{(j)} \cdot f'(u_{i_{j+1}}^{(j+1)})\right)$の形の因子を$k-1$個乗じている点にある。

たとえば、これらの因子のうち一つでも「0」になると、他の因子の値によらず、この項全体の値が「0」になってしまうが、「k」が大きいとその確率は高くなる。

また、因子のうちの多数が「0」に近いと、それらを乗じて得られる項の値も「0」に近くなる。

「バックプロパゲーション」の発見で「多層パーセプトロン」の学習が可能になった一方で、深層化にともない「勾配消失問題」が発生しやすくなるという事実は、実用上の重大な二律背反であり、「ニューラルネット」の研究が減速する原因にもなったと言われている。

近年の深層学習の成功の鍵の一つは、「勾配消失問題」を解消、緩和する技術の開発にある。

第3章

非階層型ニューラルネットモデル

本章では、「Hopfield(ホップフィールド)モデル」と「ボルツマンマシン」について解説し、「非階層ニューラルネット」の事例として、「マルコフランダム場」による「画像修復」を紹介する。

3.1 「深層学習」の基礎技術

多数の層を重ねた「深層学習」が「人工知能」の主流となっている現在において、「非階層型ニューラルネットワーク」の必要性は低くなっている。

しかしながら、「ニューラルネットワーク」の発達の歴史において「非階層型」は重要な役割を果たし、そこで考案された技術は現在の「深層学習」にも活かされて、さまざまな応用技術を生み出している。

*

この章では、「非階層型」の代表的なモデルである「**Hopfield モデル**」と「ボルツマンマシン」を説明し、応用として「非階層型ニューラルネットワーク」と関連の深い「**マルコフランダム場**」による画像修復を説明する。

3.2 「階層型」と「非階層型」

「ニューラルネットワーク」には、「階層型」と「非階層型」がある。

「階層型」はこれまで説明したネットワークであり、**図54 (a)** に示すような、「ノード」を配列した層を重ねた構造のネットワークである。
各層の「ノード」は次の層の「ノード」への有向なリンクをもつ。

これに対して、「非階層型」は、**図54 (b)** に示すように、層のような構造はもたず、ノード間が相互に結合しているネットワークである。

ある「ノード」から他の「ノード」へのリンクと、さらに、逆向きのリンクも存在する。

図54 (b) では、リンクを両方向の矢印で表わしているが、2つのお互いに逆向きのリンクがあると考えていただきたい。

この構造の「ニューラルネットワーク」は「**相互結合型**」とも呼ばれる。

※ この章を通してノード数は「N」とする。他の記号については都度説明する。

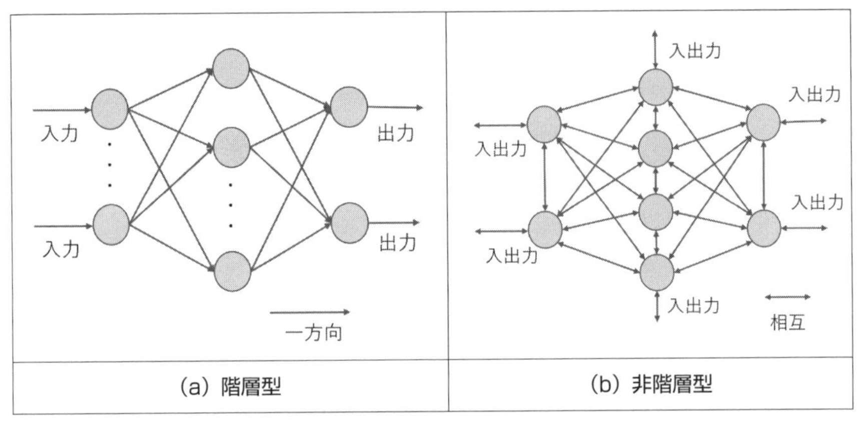

図54 「階層型」と「非階層型」のニューラルネットワーク

3.3 Hopfieldモデル

■ 3.3.1 {+1, −1} を出力する「活性化関数」

「非階層型のニューラルネット」を説明する前に、{+1, −1} の2値の「活性化関数」を説明する。

*

研究初期に提案された「パーセプトロン」では、「活性化関数」は入力が「0」以下では「0」を、「0」を超えると「1」を出力する、2値のヘヴィサイドの階段関数であった。

しかし、ここでは階段関数ではあるが、出力が「−1」と「+1」の2値の関数を考える。

*

「非階層型ニューラルネット」の研究は、「物理学」特に「物性物理学」とのアナロジーで発展してきた。

後述する「磁性体の理論」とのアナロジーから、「0」と「1」の2状態ではなく「−1」と「+1」の2状態で考えるのが都合がいい。

式では、次の符号関数「sign」で表現する。

$$\mathrm{sign}(x) = \begin{cases} -1 & x \leq 0 \text{ のとき} \\ +1 & x > 0 \text{ のとき} \end{cases}$$

この**章**では使わないが、「導関数」が必要となった場合は、「tanh関数」がよく利用される。

図55で{+1, −1}をとる「階段関数」と「tanh関数」を比較している(「tanh」は「ハイパボリック・タンジェント」と読む)。

この節では、この{−1, +1}出力のノードを使って説明する。

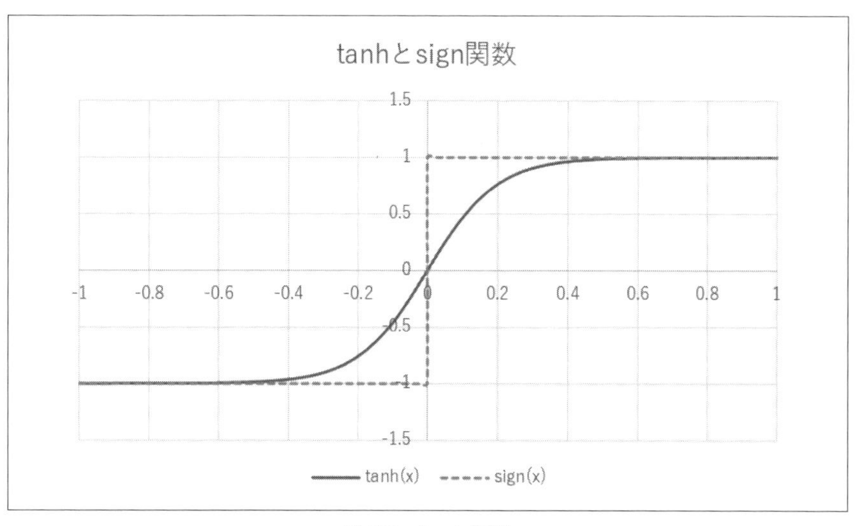

図55　tanh関数

■ 3.3.2 Hopfieldモデル

「非階層型ニューラルネット」の代表的なモデルに、「Hopfieldモデル」[1]がある。

これは米国の物理学者「ホップフィールド」(J.J.Hopfield,1933−)が磁性体の物理との対応から考えた、「ニューラルネットモデル」である。

*

「Hopfieldモデル」では、各ノードは時間によって変化する状態をもつ。

ノードに番号を振って、その「i番目のノード（N_i）」の「時刻t」における状態を、「$x_i(t)$」で表わす。

「ノードN_i」の「時刻t」における状態「$x_i(t)$」は、「時刻$t+1$」において、新しい状態「$x_i(t+1)$」に遷移するが、その規則は、次の式で表現される。

$$h_i(t) = \sum\nolimits_{(i)} w_{i,j} x_j(t)$$
$$x_i(t+1) = \mathrm{sign}\,(h_i(t) - \theta_i) \qquad \text{式 (32)}$$

「(i)」は「ノードN_i」とリンクで結合されたすべてのノードにわたる和であり、「$w_{i,j}$」は「ノードN_j」から「ノードN_i」へのリンクに割り当てられた「重み」で、双方向で同じ値を取る（$w_{i,j} = w_{j,i}$）。

「$h_i(t)$」は「内部ポテンシャル」または「前活性化値」と呼ばれ、「θ_i」は「時刻$t+1$」における状態「$x_i(t+1)$」が「+1」と「−1」のいずれの値を取るかを決定する「前活性化値」に関する閾値である。

*

第2章までの「階層型ニューラルネット」では、「重みw」と「バイアスb」は変数であり、学習は「ニューラルネット」の出力と、期待される出力である訓練データのラベルとの乖離を表わす損失が最小になるように、「重み」と「バイアス」を調整する計算であった。

一方、「Hopfieldモデル」では、「重み$w_{i,j}$」と「閾値θ_i」は事前に定められた定数であり、**式（32）**に従ってすべてのノードの状態を順次更新していくとき、「$t \to \infty$」でネットワークが収束する定常状態を調べることに興味がある。

ある時点における「全ノードの状態の集合」を「配位」と言い、すべての可能な「配位」がなす空間を「配位空間」と呼ぶ。

たとえば、2つのノードからなる「Hopfieldモデル」の配位空間は、
{(−1, −1), (−1, +1), (+1, −1), (+1, +1)}であり、それぞれの要素が「配位」である。

「Hopfieldモデル」が「N個」のノードを含む場合は、「配位空間」の大きさは「2^N」である。

「Hopfieldモデル」の目的は、初期値の「配位」が与えられたとき、充分長い時間が経過したのちに辿り着く安定した「配位」を探すことである。

■ 3.3.3 数理物理の手法

● 磁性体の理論

「Hopfieldモデル」は、先述したように「物性物理学」の「磁性体の理論」とのアナロジーで考案された。

*

磁石になれる物質は「**スピン**」と呼ばれる小さな磁石の集合体である。
このスピンの多数の集まりは、スピンの向きにより巨視的には磁性を引き起こす。

このスピンの状態を「± 1」としてモデル化したのが「**イジングモデル**」である。
「イジングモデル」のスピンは「**イジングスピン**」と呼ばれるが、以降は単に「スピン」と書くことにする。
「上向きスピン」を「s = +1」、「下向きスピン」を「s = −1」で表わす。

*

この「スピン」が格子状に配置され、隣接するスピン間には「スピンを揃えようとする力」か「逆向きにしようとする力」が働いている。
これを「**相互作用**」とよび「$J = \pm 1$」で表わす。
「ニューラルネットワーク」では、「スピンの状態」が「ノードの状態」、「相互作用」が「リンクの重み」に対応する。
この「イジングモデル」の状態はエネルギーで表現され、次の式で定義される。

$$E = -\sum_{i,j} s_i s_j J_{ij} - \sum_i \theta_i s_i \qquad \text{式 (33)}$$

ここで「θ_i」は、「パーセプトロン」ではバイアスであったが、「イジングモデル」の場合は「**外場**」と呼ばれる。この意味は後述する。

*

「スピン配位」がさまざまに変化するとき、エネルギーも変化する。
自然界における系はエネルギーの低い状態へ移ろうとし、最も低い状態、つまりさらに低くなることができない状態を「安定状態」と言う。

簡単にするために外場のない4つのスピン「s_1, s_2, s_3, s_4」からなる「イジングモデル」を考える。
「s_1」と「s_2」、「s_2」と「s_3」、「s_3」と「s_4」、「s_4」と「s_1」の間に相互関係を定義し、「s_i」と「s_j」の間の「相互作用」を「J_{ij}」で表わす。
この場合、**式(33)** のエネルギー関数は次のように書ける。

$$E = -J_{12}s_1s_2 - J_{23}s_2s_3 - J_{34}s_3s_4 - J_{41}s_4s_1 \quad \text{式(34)}$$

まず、**図56** に示すように、すべての「相互作用」の符号が「正」に揃っている場合を考える（$J_{12} = J_{23} = J_{34} = J_{41} = 1$）。
この場合は、**すべての「スピン」が「上向き」の状態と、すべての「スピン」が「下向き」** の状態で、エネルギーが最低となる。

実際、すべて「上向き」のときのエネルギーは、

$$E = -(1 \times 1 \times 1) - (1 \times 1 \times 1) - (1 \times 1 \times 1) - (1 \times 1 \times 1) = -4$$

となり、すべて「下向き」のときのエネルギーは、

$$E = -(1 \times (-1) \times (-1)) - (1 \times (-1) \times (-1)) - (1 \times (-1) \times (-1)) - (1 \times (-1) \times (-1)) = -4$$

となる。

この例では、「安定状態」では「スピン」の向きがすべて揃い、磁力が発生する「強磁性状態」になる。

*

この2つの「安定状態」のどちらを取るかは、**式(33)** の外場「θ_i」が重要である。

仮にすべてのスピンに同じ「外場」が働いていると、その方向にスピンが揃うことになる。

＊

エネルギーと言うと、「負の値」は不自然に感じるかもしれない。

ここで考えているのは、力学で言う「位置エネルギー」のような「ポテンシャル・エネルギー」である。

「運動エネルギー」は「負」になることはないが、「ポテンシャル・エネルギー」には基準点があり、そこからの差であるので、「負のエネルギー」を考えることができる。

「ポテンシャル・エネルギー」と考えると、エネルギーが低いほうが安定ということも納得できるであろう。

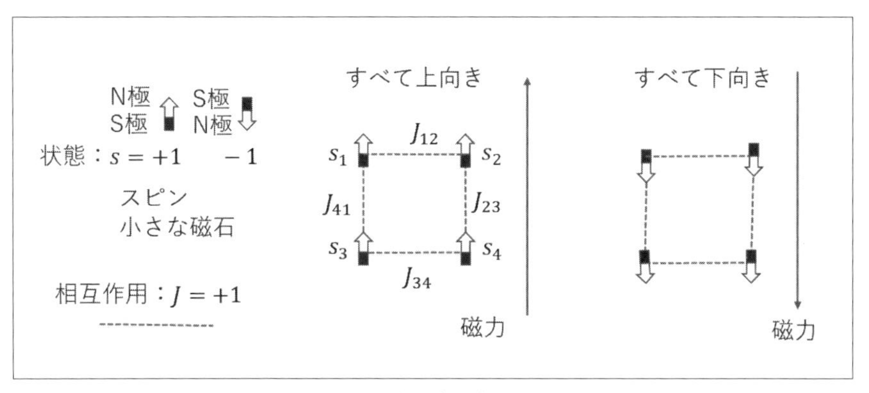

図56　イジングモデル：強磁性

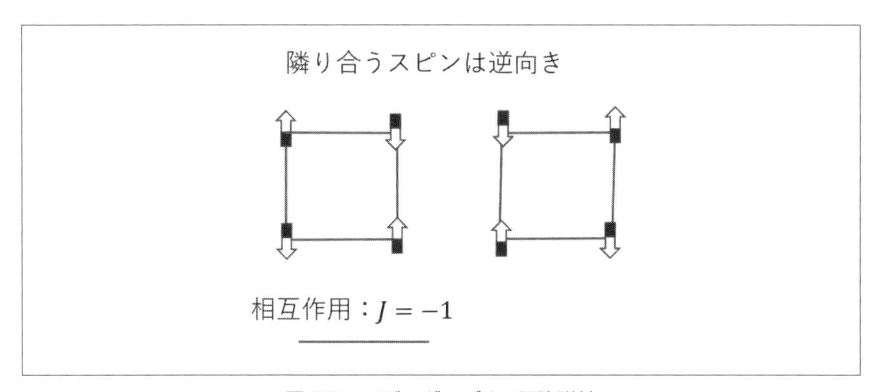

図57　イジングモデル：反強磁性

＊

次に、**図57** に示すように、すべての「相互作用」の符号が「負に揃っている場合」を考える（$J_{12} = J_{23} = J_{34} = J_{41} = -1$）。

この場合は、**隣り合う「スピン」は逆向き、対角線上にある「スピン」は同じ向き**の状態で、エネルギーが最低となる。

この状態は 2 つある。

$$E = -((-1) \times 1 \times 1) - ((-1) \times 1 \times 1)$$
$$- ((-1) \times 1 \times 1) - ((-1) \times 1 \times 1) = -4$$

$$E = -((-1) \times 1 \times 1) - ((-1) \times 1 \times 1)$$
$$- ((-1) \times 1 \times 1) - ((-1) \times 1 \times 1) = -4$$

このように、「スピン」が「逆向きに揃っている状態」は「**反強磁性状態**」と呼ばれる。この場合、「磁力」は発生しない。

＊

式（33）で定義される「イジングモデル」のエネルギーは簡潔であるが、一般に、エネルギーが最小になる配位を求めることは非常に困難であることが知られている。

「1 次元」と「2 次元」の「イジングモデル」は厳密な解が求められているが、「3 次元」では求められていない。

しかし、これを近似的に解く方法は、「平均場近似」や「無限レンジモデル」など、多数開発されている。

これらの「近似解法」によって、強磁性の 2 つの状態を移り変わる「**相転移**」※ など興味深い現象を説明することができる。

> ※「相転移」の非常に身近な例は、水が低温になると「液体」（液相）から「固体」の氷（固相）に変化し、高温では「気体」（気相）になる現象が知られている。

なお、「平均場近似」は機械学習の「変分推論法」においても利用される、強力な近似方法である[2]。

●スピングラス

「安定状態」が2つではあまり面白くない。

先ほど説明した、「Hopfiledモデル」では、「磁性体モデル」と異なり、「相互作用」の符号は揃っておらず、「正」も「負」も取ることができた。

実際にこのような性質をもつ物質がある。

＊

ある金属に少量の他の金属を混ぜると、スピン間の距離によって「相互作用」の符号が変化する。これを「**スピングラス**」と呼ぶ。

「グラス」とは「ガラス」のことである。

「ガラス」は固く結晶のように思えるが、実は無秩序な状態であり、結晶化する途中だと考えられている。

このことから、「スピン」が「ガラス状態」であると言えるため「スピングラス」と名付けられた。

＊

物理学者の「フィリップ・アンダーソン」とS. エドワーズは、1975年にスピン間の「相互作用」を数学的にランダムとしたモデルを発表した[3]。

これは「**エドワーズ・アンダーソンモデル**」、あるいは「スピングラスモデル」と呼ばれる。

●フラストレーション

先ほど説明した4つの「スピン系」を再度考察する。

＊

こんどは、「相互作用」の符号が揃っていない場合を考える。

3つの「相互作用」が「正」で、残る1つが「負」であるとする（$J_{12} = J_{23} = J_{34} = 1, J_{41} = -1$）。

「スピン1」と「2」の間の「相互作用」は「正」なので、2つの「スピン」は向きが揃ったほうが安定である。

これを「上向き」とすると、「スピン3」も「上向き」が安定となる。

ところが、「スピン4」は「スピン3」との「相互作用」を考えると「上向き」が安定なのであるが、「スピン1」との相互作用を考えると「下向き」が安定である。

この場合のエネルギーを考えると、次のようになる。

・「スピン4」が「上向き」

$$E = -(1 \times 1 \times 1) - (1 \times 1 \times 1) - (1 \times 1 \times 1) - ((-1) \times 1 \times 1) = -2$$

・「スピン4」が「下向き」

$$E = -(1 \times 1 \times 1) - (1 \times 1 \times 1) - (1 \times 1 \times (-1)) - ((-1) \times 1 \times (-1)) = -2$$

どちらの場合も、エネルギーは「-2」である。

この「スピン4」のように、どちら付かずの状態を「**フラストレーション**」と呼ぶ。

相互作用の符号が揃っている場合のエネルギー「-4」に比較すると大きいので大局的な安定状態ではないが、局所的には安定なので、これらの状態は「**準安定状態**」と呼ばれる。

「スピン4」を「上向き」に決定した場合には、「スピン1」でも同じように「フラストレーション」が起こりうる。

さらに、すべての「スピン」を逆向きにした状態も「準安定状態」となり、合わせて8つの「準安定状態」が存在する。

*

「安定状態」と「順安定状態」を4つのスピン系で**図**に表わしている。

破線が「イジングモデル」で、「安定状態」が2つあることが分かる。

実線は「EAモデル」で8つの「準安定状態」をもっている。

なお、分かりやすく表示するために、横軸のスピン配列の順番は入れ替えている。

*

これは簡単な例であるが、さらにスピン数が多く「相互作用」がランダムなシステムでは、「スピン配位」に対するエネルギーの曲面は複雑な形をとり、多数の「準安定状態」が存在する。

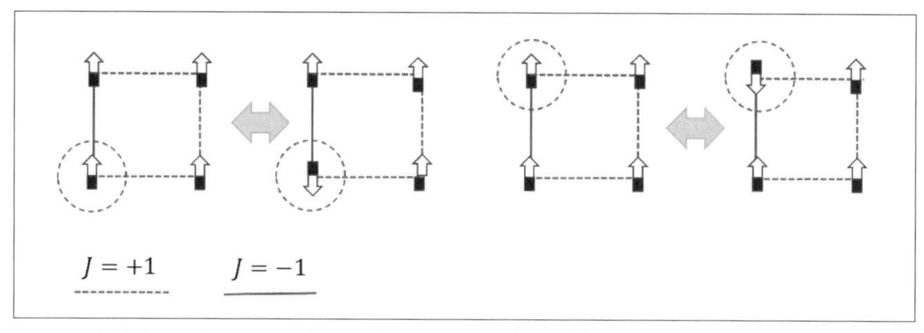

図58　EAモデル：「フラストレーション」の状態を破線の丸で示している

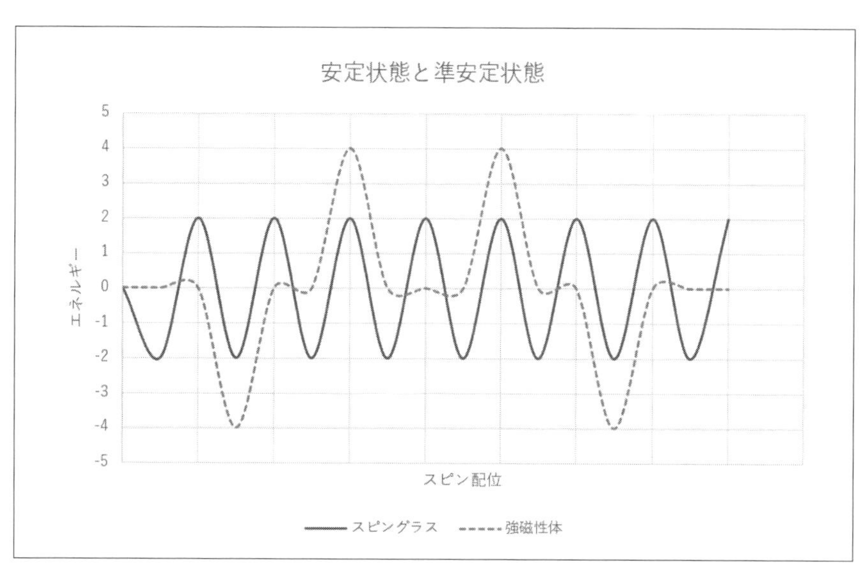

図59　安定状態と準安定状態

＊

この「スピングラスモデル」の解析は非常に困難なのだが、メザートらは「**レプリカ法**」と呼ばれるトリッキーな方法を考案し、解を導くことに成功した。

この論文は物性物理学者の注目を集めた。

＊

1988年に、「E. ガードナー」※とデリダは、この「レプリカ法」を「パーセプトロン」の記憶容量の解析に適用し、それまで数え上げで求められていた解を解析に導いている[5]。

この論文は統計力学の手法が情報理論に適用できることを示したことで、多くの物理学者が情報理論に参入し「情報統計力学」という学術領域が誕生することとなった。

「レプリカ法」と「情報統計力学」についてはこの本の範囲を超えるので詳しい説明は行なわないが。興味のある読者は西森[6]、Engel[7]を参照のこと。

※ ガードナー（Elizabeth Gardner、1957年-1988年）は、統計力学手法による「パーセプトロン」の記憶容量の解析の論文発表の年に30歳で早世している。
　この論文は多くの物理学者に多大な影響を与えたことから、英国物理学会誌（Journal of Physics）はガードナーの追悼特集を組んでいる。
　さらに、現在においても、これまでに最も影響力のあった論文に選ばれている。

Column More is Different

「スピングラス」の「エドワーズ・アンダーソンモデル」は、1975年に「フィリップ・アンダーソン」（Philip Anderson、1923年-2020年）と「サミュエル・エドワーズ」（Sam Edowrds、1928年-2015年）らによって発表された。

アンダーソンは1971年にサイエンス誌に「**More is Different**」[4]を発表している。
この当時、科学界では対象を階層に分け、「下位の階層（部分）が理解できれば上位の階層（全体）も理解することができる」という「還元主義」が大きな勢力であった。
これに対して、アンダーソンはこの論文で、「全体は部分の集合ではない。それとはまったく異なるものだ。だから階層ごとに理論が必要だ」と主張している。

＊

先に説明した「イジングモデル」は簡単なモデルであるが、磁力の2つの向きの状態を遷移する「相転移」を説明することができる。
「相転移」は要素の一つ一つを観測していては得ることのできない振る舞いであり、多数の要素が集まった系であるからこそ得ることができる。

> 「要素数が多いと、まったく世界が変わる」という、アンダーソンのこの主張は物理学を対象としたものである。
> しかし、大量のデータを分析できる現在、「ビッグデータ」が注目されているが、それを扱うことができる「ニューラルネット」と共に、これまでと違った結果を見せてくれる可能性がある。

■ 3.3.4 「連想記憶モデル」としての「Hopfieldモデル」

さて、「Hopfieldモデル」に戻る。

＊

「スピングラスモデル」はスピン間の相互作用の符号をランダムとしていた。

「Hopfieldモデル」のリンク間の「重み」はランダムではないが、正負さまざまな値を取ることができることから、多数の「準安定状態」があると予想される。

ホップフィールドは、この多数の「準安定状態」が人間の記憶に対応すると考えた。

「Hopfildモデル」のエネルギー面は、**図60** に示すように多数の「準安定状態」をもっている。

たとえば、ある「準安定状態」が「犬」で、その近くの状態が「猫」とする。

ある状態から近くの「準安定状態」に移ることができれば、「猫」を見て「犬」を連想するような記憶装置ができるのでは、と考えられる。

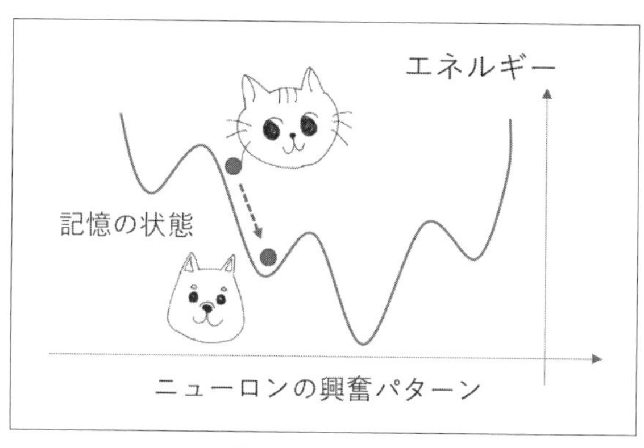

図60　連想記憶

●記憶の埋め込み

それでは、記憶はどのようにネットワークに埋め込まれるかを考える。

＊

今、埋め込みたいM個のパターン列を$\{p^1, p^2, \cdots, p^M\}$とする。

ここで、議論を簡単にするためにパターンはすべて、数学的にランダムであるとする。

「リンク重み」を次のように定義すると、これらのパターンを埋め込むことができる。

$$J_{ij} = \frac{1}{M}\sum_{m=1}^{M} p_i^m p_j^m \qquad \text{式 (35)}$$

これは「**ヘッブ則**」と呼ばれている。

「ヘッブ則」は、カナダの心理学者「ドナルド・ヘッブ」(Donald Hebb、1904年-1985年)によって提唱された概念である。

あるノードAの発火によって他のノードBの発火が引き起こされると、2つのノード間の結合が強まるというものである。

式 (35) を見ると、2つのノードiとjの両方が「興奮性」、あるいは「抑制性」の場合に、「$p^n_i p^n_j$」は「1」となり、内部結合が大きくなる方向に寄与し、片方が「興奮性」で他方が「抑制性」の場合には「-1」となり、内部結合が小さくなる方向に寄与する。

このことから、この式は「**ヘッブ学習則**」と呼ばれる。

＊

さて、この内部結合から形成されるネットワークに、埋め込んだパターンとi番目の要素以外は完全に一致するパターンを入力する。

このときi番目のノードの状態は次のようになる。

$$\begin{aligned}\mathrm{sgn}\left(\sum_j J_{ij}p_j^l\right) &= \mathrm{sgn}\left(\frac{1}{M}\sum_j\sum_m p_i^m p_j^m p_j^l\right)\\ &= \mathrm{sgn}\left(\sum_m p_i^m \delta_{ml}\right)\\ &= \mathrm{sgn}(p_i^l)\end{aligned} \quad \text{式 (36)}$$

ここで、ランダムパターン間の疑似的な直交関係を使っている。

$$\frac{1}{N}\sum_j p_j^m p_j^l = \delta_{ml} + O\left(\frac{1}{\sqrt{N}}\right) \quad \text{式 (37)}$$

ここで、「δ_{ml}」は「クロネッカーのデルタ」と呼ばれ、「m」と「l」が等しいときは「1」をとり、等しくないときは「0」をとる関数である。

*

式（36）に従えば、埋め込んだパターンと近いパターンから出発すると、埋め込んだパターンを再現できることが期待できる。

しかしながら、必ず行きつくという保証はなく、さらに詳細な議論が必要である。

詳しくは西森[6]を参照のこと。

Column 巡回セールスマン問題

「Hopfieldモデル」が注目されたことの理由に、「**巡回セールスマン問題**」を簡単に解けるということがある。

これは、「N個の都市を、同じ都市を通らずにすべて巡回する最短の経路を求める」という問題である。

*

最初にある都市を出発点に選ぶ。これは「N通り」ある。

次に行く都市は「$N-1$通り」、さらに次は「$N-2$通り」で最終的に「$N!$通り」となる。

出発点はどこでもいいので N で割り、さらに逆向きも同じなので2で割って、結果は「$(N-1)!/2$ 通り」である。

これを正直に計算しようとすると、N が大きくなるにつれて現実的に解ける問題ではなくなってくる。

たとえば、日本の都道府県数である47を代入してみると「約 2.75×10^{57} 通り」という非常に大きな数になる。

*

問題の大きさが指数関数に比例するだけの計算量を必要とする「組み合わせ最適化問題」の一群は、「**NP困難問題**」と呼ばれる。

「Hopfieldモデル」を使った近似解法は、各都市をノードとした2つのノードの間の距離、すなわち、「都市間の距離」をリンクの「重み」とする。

まず、すべてを巡回するルートを初期設定としてエネルギーを計算する。

次に、2つの都市 A と B を交換して、2つのルートのエネルギーの差「ΔE」を計算し、次の確率によって交換するかしないかを決定する。

$$p(A \leftrightarrow B) = \begin{cases} 1 & \Delta E \leq 0 \\ \exp(-\beta \Delta E) & \Delta E > 0 \end{cases}$$

この規則は「**メトロポリス法**」と呼ばれる。

「Hopfield モデル」は、非常に手間がかかる「**NP困難問題**」をきわめて短い時間で解くことができることから注目が集まった。

しかし、これはあくまでも近似解なので、「**NP困難問題**」を解いているわけではない。

現在では「量子コンピュータ」による「最適化問題」の解法が、より期待される方法であろう。

*

「局所解」と「大域最適解 Hopfieldモデル」は、状態が決定論的に決まるために「局所解」にトラップされると抜け出ることができない。

このような状況は、「Hopfieldモデル」に限らず、「多層ニューラルネット」でも起こりえる。

ここから抜け出るための工夫が多数行なわれている。

Column シミュレーテッドアニーリング

温度による確率の変化を利用し、「局所解」から「大域最適解」に確率的に移行する方法が、「**シミュレーテッドアニーリング**」である。

「アニーリング」とは、日本語では「焼きなまし」と訳される。

金属を高温に熱し、ゆっくり冷ますことが「焼きなまし」で、金属は柔らかくなる。

急激に冷やすことは「焼き入れ」と言い、金属は固くなる。

「逆温度パラメータβ」を、安定化の初期において高温にしてさまざまな状態への遷移確率を高くしておき、徐々に温度を下げていくと「状態遷移確率」が小さくなる。

これによって「大域最適解」への遷移を期待できる。

しかし、これも確率的であるため、確実に「大域最適解」が求まるわけではない。

3.4 ボルツマンマシン

そのような試みの一つが、「Hopfieldモデルに確率を入れる」というものである。

心理学者のラメルハートとマクリーランドは、1986年にParallel Distributed Processing研究グループと2分冊の教科書[8]を出版した。

これによって「第2次ニューロブーム」が起きることとなった。

*

「ボルツマンマシン」はこの本の中で、ヒントンとセノフスキによって発表されたモデルである[9]。

ヒントン（Geoffrey Hinton、1947年-）は、このときから現在まで一貫してニューラルネットの研究を続け、現在のディープラーニングの火付け役ともなった。

*

「Hopfieldモデル」の状態変位に確率を導入する。

システムがある「状態 x」を取る確率を、次の式で求める。

$$P(\boldsymbol{x}|\boldsymbol{w},\boldsymbol{\theta}) = \frac{e^{-\beta E(\boldsymbol{x}|\boldsymbol{w},\boldsymbol{\theta})}}{Z(\boldsymbol{w},\boldsymbol{\theta})} \qquad \text{式 (38)}$$

ここで、「E」はシステムのエネルギーである。

$$E(\boldsymbol{x}|\boldsymbol{w},\boldsymbol{\theta}) = -\sum_{i \neq j} w_{ij}x_ix_j - \sum_i \theta_i x_i \qquad \text{式 (39)}$$

「β」は逆温度パラメータ「$\beta = 1/T$」、分母の「$Z(\boldsymbol{w}, \boldsymbol{\theta})$」は確率分布の「規格化定数」で、分子のすべての状態を足し合わせている。

$$Z(\boldsymbol{w},\boldsymbol{\theta}) = \sum_{\boldsymbol{x}} e^{-\beta E(\boldsymbol{x}|\boldsymbol{w},\boldsymbol{\theta})} \qquad \text{式 (40)}$$

状態の和であることから「**状態和**」、または「**分配関数**」と呼ばれる重要な関数である。

「ボルツマンマシン」の取る状態は、「$x = (x_1, x_2, \cdots, x_N)$」となり、それぞれの状態に確率が計算され、確率的に最も高い状態を取る。

＊

ここで、「エネルギー」や「温度」という単語が出た。

統計力学との対応で「エネルギー」や「温度」と呼んでいるが、情報理論における「エネルギー」や「温度」は、システムの状態を表わすパラメータであり、現実世界のエネルギーや温度ではないことに注意すべきである。

■ 3.4.1 ボルツマン分布

「ボルツマンマシン」の「ボルツマン」とは、現在の統計物理学の基礎を作った物理学者の名前である。

「ボルツマンマシン」の状態を決める確率分布、

$$P(\boldsymbol{x}|\boldsymbol{w},\boldsymbol{\theta}) = \frac{e^{-\beta E(\boldsymbol{x}|\boldsymbol{w},\boldsymbol{\theta})}}{Z(\boldsymbol{w},\boldsymbol{\theta})} \qquad \text{式 (41)}$$

は「**ボルツマン分布**」と呼ばれ、統計力学において重要な式である。

■ 3.4.2 温度パラメータ「$\beta = 1/T$」

「ボルツマン分布」は、パラメータ「$\beta = 1/T$」を含んでいる。

これは温度の逆数なので「**逆温度**」とも呼ばれる。

前項で、「統計力学」と情報理論の対応から「温度」と呼ばれてはいるが、現実世界の温度とは無関係であると述べた。

では、情報理論における「温度」はどのような働きをするのかを考える。

＊

次のようにノードが4つの簡単な例を考える。

リンクの重みは「$w_{12} = w_{23} = w_{34} = 1,\ w_{41} = -1$」とする。

簡便化のため、「外場θ」は「0」とする。

＊

ノードの状態は「±1」の「2」状態で表わされる。

たとえば、「x = (+1, +1, +1, −1)」の状態をとったとすると、エネルギーは次のように計算できる。

$$
\begin{aligned}
E(\boldsymbol{x}|\boldsymbol{w},\boldsymbol{\theta}) &= -\sum_{i\neq j} w_{ij}x_ix_j \\
&= -\left(w_{12}x_1x_2 + w_{23}x_2x_3 + w_{34}x_3x_4 + w_{41}x_4x_1\right) \\
&= -(1\times 1\times 1) - (1\times 1\times 1) \\
&\quad - (1\times 1\times(-1)) - ((-1)\times(-1)\times 1) \\
&= -2
\end{aligned}
$$

すべての状態についての計算を、**図61**で示している。

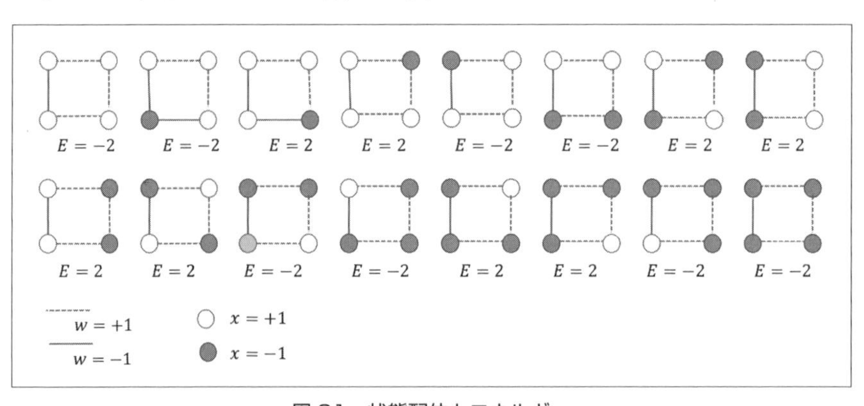

図61　状態配位とエネルギー

この状態に対するエネルギーは、

$$(-2, -2, 2, 2, -2, -2, 2, 2, 2, 2, -2, -2, 2, 2, -2, -2)$$

となり、これに対して「ボルツマン分布」を描いたのが**図62～64**である。

＊

「β =0」（高温域）では、すべての「状態配位」が等確率である。

少し温度が下がり、「$\beta = 0.5$」(中間域) では、エネルギー「$E = -2$」の「準安定状態」の確率が高くなっている。

さらに、「$\beta = 10.0$」(低温域) では、このグラフでは「準安定状態」しか見ることができなくなっている。

この「ボルツマン分布」は**第2章**の「Softmax 関数」とよく似た振る舞いをすることに注意されたい。

「温度パラメータ」を入れた「Softmax 関数」も機械学習ではよく利用されている [2]。

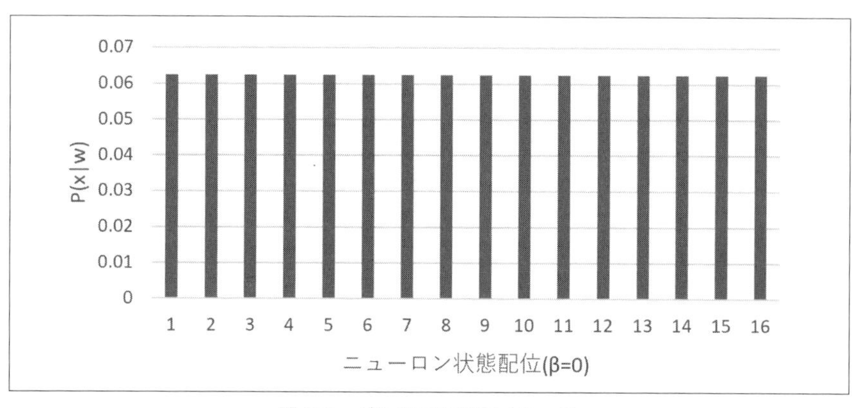

図 62　ボルツマン分布 ($\beta = 0$)

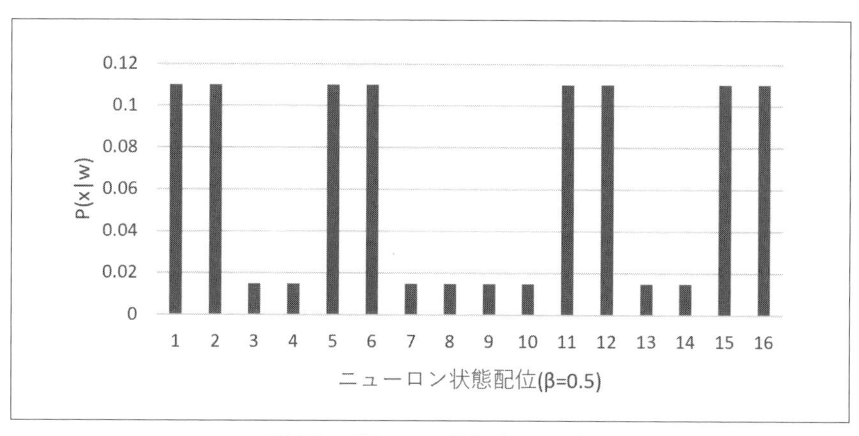

図 63　ボルツマン分布 ($\beta = 0.5$)

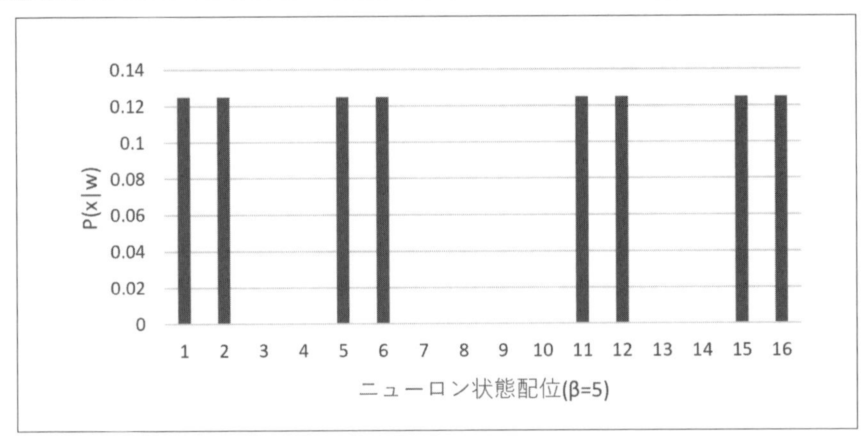

図64　ボルツマン分布（$\beta=5$）

■ 3.4.3 ベイズの公式

これまでの話から少し逸れて、「ベイズ推定」に関連する説明をする。

＊

「ベイズ推定」は現在の「機械学習」において重要な役割を果たす。

このあと説明する「ボルツマンマシン」と「マルコフランダム場」では、この「ベイズ推定」を理解しておくと見通しが良くなる。

＊

2つの事象「A」と「B」があるとする。

「A」が起きる確率と、「B」が起きる確率は、次のように表わされる。

$$P(A), P(B)$$

「A」と「B」が同時に起きる同時確率は、次のように書ける。

$$P(A, B)$$

「B」が起きたことが分かったという条件の下で、「A」が起きる「条件付き確率」は、次のようになる。

$$P(A|B)$$

その逆の「条件付き確率」、「A」が起きたことが分かったという条件の下で、「B」が起きる「条件付き確率」は、次のようになる。

$$P(B|A)$$

これらから次の式が成り立つ。

$$P(A,B) = P(A|B)P(B) = P(B|A)P(A)$$

これを変形すると、次の式が得られる。

$$P(A|B) = \frac{P(B|A)P(A)}{P(B)} = \frac{P(B|A)P(A)}{\sum_A P(B|A)P(A)}$$

これを「**ベイズ（Bayes）の公式**」と呼ぶ。

単純な式なので、今の段階ではどのように役立つのかは分からないと思うが、機械学習において非常に重要な式である。

3.4.4 最尤推定、MAP 推定、ベイズ推定

「ベイズの公式」から2つの推定方法を考察する。

＊

「ニューラルネット」と対応させて考えてみる。

観測データを「X」、内部パラメータを「w」すると、「ベイズの公式」は次のように書ける。

$$P(w|X) = \frac{P(X|w)P(w)}{P(X)}$$

右辺の分母「$P(X)$」は、観測データから算出できる「規格化定数」の役割なので、ここでは重要ではない。

右辺の分子の左の因子は「**尤度関数**（ゆうど）」（likelihood）と呼ばれる。

$$P(X|w)$$

右の因子は「**事前分布**」(prior) である。

$$P(w)$$

左辺は「**事後分布**」(posterior) である。

$$P(w|X)$$

右辺の分母を除き言葉で書くと、次のようになる。

事後分布∝尤度関数×事前分布

*

この意味を考える。

尤度関数「$P(X|w)$」は、内部パラメータが「w」のもとでの観測データ「X」の出現確率である。

この関数を最大化するように内部パラメータ「w」を決定することを、「**最尤推定**」と言う。

後ほど説明するが、「**損失関数**」と「尤度関数」は密接に結びついている。

*

次に「事前分布」を考える。

「尤度関数」の「w」はある値として決定されるので、これを「**点推定**」と呼ぶ。

これに対して、「事前分布」は「w」をある範囲をもつ「**分布関数**」となる。

「w」にある種の情報を与えることから、「**事前知識**」とも呼ばれる。

*

「尤度関数」と「事前分布」を掛けたものは「**事後分布**」なので、これを最大化することで「w」を推定することは、「**MAP (maximum a posteriori) 推定**」と呼ばれる。

*

「MAP推定」は「事後確率」を最大化するパラメータ「w」の値を求めるが、「事後確率」は「分布関数」であるのに「w」の1点だけの推定になっている。

「事後分布」の重みでパラメータ「w」を平均して、すべての値を考慮した推定を「ベイズ推定」と呼ぶ。

■ 3.4.5 「ボルツマンマシン」の学習則

「ボルツマンマシン」の学習は、入力データに対して**式（38）**のボルツマン分布「$P(\boldsymbol{x}|\boldsymbol{w},\ \boldsymbol{\theta}) = e^{-\beta E}(\boldsymbol{x}|\boldsymbol{w},\ \boldsymbol{\theta})/Z(\boldsymbol{w},\ \boldsymbol{\theta})$」が最大になるように学習する。

式で書くと次のようになる。

$$L(\mathbf{w},\theta) = \prod_{\mathbf{x}} P(\mathbf{x}|\mathbf{w},\theta) \qquad \text{式（42）}$$

「ボルツマン分布」はパラメータ「$\boldsymbol{w}$」と「$\boldsymbol{\theta}$」を定めたときに、データを出力する確率となる。

この式は「尤度関数」であり、この関数の最大化を「最尤推定」と言う。

この「尤度関数」を「w」と「θ」で偏微分した導関数を「0」と置き、連立方程式を解くことで、「最尤解」が求まる。

しかしながら、この「尤度関数」は関数の積となっており、偏微分が複雑な形になる。

そこで、この対数をとった「**対数尤度関数**」の最大化を行なうこととする。

$$\begin{aligned}
\log L(\boldsymbol{w},\boldsymbol{\theta}) &= \sum_{\boldsymbol{x}} \log P(\boldsymbol{x}|\boldsymbol{w},\boldsymbol{\theta}) \\
&= \sum_{\boldsymbol{x}} (\log e^{-\beta E(\boldsymbol{x}|\boldsymbol{w},\boldsymbol{\theta})} - \log Z(\boldsymbol{w},\boldsymbol{\theta})) \\
&= \sum_{\boldsymbol{x}} (-\beta E(\boldsymbol{x}|\boldsymbol{w},\boldsymbol{\theta}) - \log Z(\boldsymbol{w},\boldsymbol{\theta}))
\end{aligned}$$

ここで、「$E(\boldsymbol{x}|\boldsymbol{w},\ \boldsymbol{\theta})$」を「$\boldsymbol{w}$」と「$\boldsymbol{\theta}$」で偏微分する。

$$\frac{\partial \log L(\boldsymbol{w}, \boldsymbol{\theta})}{\partial \theta_i} = \sum_{n=1}^{N} x_i^n - N\mathbb{E}_{\boldsymbol{s}}[s_i | \boldsymbol{w}, \boldsymbol{\theta}]$$

$$\frac{\partial \log L(\boldsymbol{w}, \boldsymbol{\theta})}{\partial w_{ij}} = \sum_{n=1}^{N} x_i^n x_j^n - N\mathbb{E}_{\mathbf{s}}[s_i s_j | \boldsymbol{w}, \boldsymbol{\theta}]$$

ここで、「s_i」は「ボルツマンマシン」の内部変数であり、データ変数「x_i」とは異なることに注意されたい。

それぞれ「0」と置くと、次の連立方程式が導ける。

$$\sum_{n=1}^{N} x_i^n = N\mathbb{E}_{\boldsymbol{s}}[s_i | \boldsymbol{w}, \boldsymbol{\theta}]$$

$$\sum_{n=1}^{N} x_i^n x_j^n = N\mathbb{E}_{\boldsymbol{s}}[s_i s_j | \boldsymbol{w}, \boldsymbol{\theta}]$$

ここで「E_s」は、「ボルツマンマシン」の内部変数についての平均であり、式では次のように書ける。

$$\mathbb{E}_{\mathbf{s}} = \sum_{s_1=\pm 1} \sum_{s_2=\pm 1} \cdots \sum_{s_N=\pm 1}$$

これを「**ボルツマンマシンの学習方程式**」と呼ぶ。

この式の左辺はデータの1次と2次の和である。

これに対して、右辺は「$\boldsymbol{\theta}$」と「$\boldsymbol{w}$」をパラメータにもつエネルギーを指数関数の「重み」として取りえる状態についての平均値、つまり「ボルツマンマシン」の出力である。

■ 3.4.6 「十分統計量」と「指数関数族」

この方程式をさらに考察する。

「ボルツマンマシン」の学習では、データの1次と2次の平均値と、「ボルツマンマシン」の出力の1次と2次の平均値をそれぞれ同じにした。
1次と2次の平均が分かれば、「分散」を求めることができる。

「正規分布」では平均と分散の2つの値が分かれば「分布関数」を正しく定めることができる。
この2つの値を、「**十分統計量**」と呼ぶ。
「十分統計量」によって記述される分布関数の集合は「指数分布族と呼ばれる。
「ボルツマンマシン」も平均と分散によってモデルを決定することができるので、「指数関数族」の1つであることが分かる。

「十分統計量」と「指数関数族」については、詳しくはBishop[2]を参照されたい。

■ 3.4.7 「カルバック - ライブラー情報量」による「学習方程式」

ここで、次のデータ集合「x」から「**確率分布関数**」を次のように定義する。

$$Q(\boldsymbol{v}) = \frac{1}{N}\sum_{n}\delta(\boldsymbol{x}, \boldsymbol{v}) \qquad \text{式 (43)}$$

ここで、$\delta(x, y)$ は「**ディラックのデルタ関数**」と呼ばれ、次の性質をもつ。

$$\delta(\boldsymbol{x}, \boldsymbol{y}) = \begin{cases} 1 & \boldsymbol{x} = \boldsymbol{y}\text{のとき} \\ 0 & \boldsymbol{x} \neq \boldsymbol{y}\text{のとき} \end{cases} \qquad \text{式 (44)}$$

データから定義される「分布関数」を「**経験分布関数**」と呼ぶ。

「ボルツマンマシン」の学習は「経験分布関数」と「ボルツマンマシン」の分布関数を一致させることで得ることができる。

*

2つの分布関数の近さを量る関数に「**カルバック – ライブラー情報量**」がある。

以後、「**KL情報量**」と略記することにする。

今、2つの確率分布「$P(x)$」と「$Q(x)$」があったとする。
この間の「KL情報量」は次の式で定義される。

$$KL(P||Q) = \sum_{\boldsymbol{x}} P(\boldsymbol{x}) \log\left(\frac{P(\boldsymbol{x})}{Q(\boldsymbol{x})}\right) \quad \text{式 (45)}$$

$\sum_{\mathbf{x}} P(\mathbf{x}) = 1$, $\sum_{x} Q(\mathbf{x}) = 1$であることから、「KL情報量」は、次のように変形できる。

$$\begin{aligned} KL(P||Q) &= \sum_{\boldsymbol{x}} \left\{ P(\boldsymbol{x}) \log\left(\frac{P(\boldsymbol{x})}{Q(\boldsymbol{x})}\right) + Q(\boldsymbol{x}) - P(\mathbf{x}) \right\} \\ &= \sum_{x} \left\{ P(\boldsymbol{x}) \left(-\log\left(\frac{Q(\boldsymbol{x})}{P(\boldsymbol{x})}\right) + \frac{Q(\boldsymbol{x})}{P(\boldsymbol{x})} - 1 \right) \right\} \end{aligned} \quad \text{式 (46)}$$

「自然対数」であれば、次の不等式が成り立つ。

$$-\log x + x - 1 \geq 0 \quad \text{式 (47)}$$

この不等式は「$x = 1$」のときだけ等号が成り立つ。
この不等式によって、「KL情報量」は非負であることを証明できる。

$$KL(P||Q) \geq 0 \quad \text{式 (48)}$$

非負であることから、「**カルバック－ライブラー距離**」と呼ばれることもあるが、「$P(x)$」と「$Q(x)$」が対称的でないことなど、**数学的な距離の条件を満たしていない**ことは注意すべきである。

*

この「KL情報量」を使うと、「ボルツマンマシン」と「経験分布関数」の近さは、次のように書ける。

$$KL(P||Q) = \sum_{\boldsymbol{x}} P(\boldsymbol{x}) \log\left(\frac{P(\boldsymbol{x})}{Q(\boldsymbol{x})}\right) \quad \text{式 (49)}$$

この「KL 情報量」を「尤度関数」として、「w」と「θ」について微分して「0」とおくと、「**学習方程式**」を導くことができる。

■ 3.4.8 「可視変数」と「隠れ変数」

これまで「ボルツマンマシン」の変数はすべて観測できる変数であると仮定していた。
これを「**可視変数**」と呼ぶ。

これに対して観測できない変数を含む場合がある。これを「**隠れ変数**」と呼ぶ。
「隠れ変数」をもつ「ボルツマンマシン」は、入出力のための「可視変数」だけでなく内部に多くの変数をもつために表現力の向上が期待される。

■ 3.4.9 「ボルツマンマシン」の課題と解決策

「ボルツマンマシン」の課題として挙げられるのが、「学習方程式」を解くために多くの計算量を必要とすることである。

学習では**式 (49)** の右辺の変数のサンプリングを行なって「ボルツマンマシン」の出力を生成し、左辺の「経験分布」と近くなるようにパラメータ「w」と「θ」を決定する。

*

このサンプリングはノードの取りえるすべての状態で行なわなければならない。
たとえば、ノード数を「N」とすると、全ノードの状態の数は「2^N」である。

「$N = 100$」のとき、状態数は「1.27×10^{30}」、「$N = 1000$」では「1.07×10^{301}」という、非常な大きな値となる。

■ 3.4.10 制限付きボルツマンマシン

「ボルツマンマシン」の高速化についてはさまざまな工夫が行なわれているが、ここでは「**制限付きボルツマンマシン**」を説明する。

*

「制限付きボルツマンマシン」では、ノード間の結合を「**2部グラフ**」と考える。
「2部グラフ」とは、ノードが2つのグループから構成され、1つのグループ内のノード間はリンクがなく、2つのグループのノード間でのみリンクをもつようなグラフである。

「隠れ変数」のノード間と「可視変数」のノード間にはリンクがなく、「隠れ変数」と「可視変数」のノードの間にだけ結合をもつ「ボルツマンマシン」を、「制限付きボルツマンマシン」と呼ぶ。

*

制約のない「ボルツマンマシン」では「確率変数」は独立ではなく影響を及ぼしあっているので、サンプリングが効率的に行なえないが、制約のある「ボルツマンマシン」では、一方のグループのノードの値が定まると、他方のグループの「確率変数」は独立となる。
このような場合はサンプリングを効率的に行なうことができる。

*

さらに、現在の深層学習のブームのきっかけとなったモデルとして、「**ディープボルツマンマシン**」がある。

「2部グラフ」の「可視変数」と「隠れ変数」の各グループを層とすると、2層のネットワークとなる。
ここからさらに「隠れ層」を積み上げたネットワークを、「ディープボルツマンマシン」と呼ぶ。
ノードの数が増えることで、高度な処理を行なうことが期待されている。

*

さらに、「制限付きボルツマンマシン」に対しては「コントラスティブ・ダイバージェンス」と呼ぶ近似的計算手法も提案され、深層学習のブームときっかけとなった[10]。

*

日本語での、深層学習における「ボルツマンマシン」の解説は少ないが、興味ある読者は[11]（あるいは[12]）を参照されたい。

3.5 「非階層ニューラルネット」の事例

■ 3.5.1 マルコフランダム場 (MRF)

「非階層ニューラルネット」と関連が深い手法として、「マルコフランダム場」(Markov Random Field) がある。

「マルコフランダム場」は画像処理や自然言語処理に使われるが、ここでは「ニューラルネット」と関連の深い画像修復を説明する。

*

「Geman-Geman」※は、「ベイズ推定」の考えを導入して、画像修復の定式化を行なった[13]。

> ※ この2人は兄弟であり、揃って応用数学者で機械学習と画像認識の研究者である。
> 「Geman 兄弟」としても引用されることが多い。

ここでは、画像のピクセルは「2次元格子状のノード」と考える。

ノードは黒いピクセルを「+1」、白いピクセルを「-1」とした2値を取るとする。

今、「原画像のピクセル」を「p_i」で表わす。

この原画像はある一定の確率で劣化し「d_i」となる。

原論文では、「ノイズ」だけでなく、「ぼやけ」や「ゆがみ」などの劣化を考えているが、ここでは「ノイズ」だけを考える。

*

この劣化の状態遷移「$P(d_i|p_i)$」を次のように表わす。

$$p(d_i|p_i) = \frac{e^{\beta d_i p_i}}{e^{+\beta} + e^{-\beta}} \qquad \text{式 (50)}$$

画像全体の状態遷移は次のように書ける。

$$p(\boldsymbol{d}|\boldsymbol{p}) = \prod_i p(d_i|p_i) \qquad \text{式 (51)}$$

この式は、原画像から劣化画像への「遷移確率」であり、「尤度関数」である。

今、劣化画像から原画像の「遷移確率」、すなわち「事後分布」を求めたいが、「事前知識」がないので「尤度関数」と「事後分布」は一致することになる。

しかし、このままでは推定した画像は劣化画像と等しくなり、修復はできない。

*

そこで、画像に対する知識「隣り合ったピクセルは同じ色であることが多い」を「事前知識」として導入する。

「事前分布」として式で書くと、次のようになる。

$$p(p) =\propto \exp\sum_{\langle ij\rangle} \beta p_i p_j \qquad \text{式 (52)}$$

ここで「和記号の $\langle ij\rangle$」は、隣り合った2つのピクセルについて行なう。

これによって、「事後分布」は次のように書ける。

$$\begin{aligned} p(p|d) &= p(d|p)p(p) \\ &= \frac{\exp\beta\{\sum_{(ij)} p_i p_j - \sum_i p_i d_i\}}{Z} \end{aligned} \qquad \text{式 (53)}$$

この式は**第3.2.3項**の「エネルギー関数」にほかならない。

式(33)では「外場」と考えられていた項が、ここでは「事前分布」となる。

Column ギブスサンプリング

「**ギブスサンプリング**」は、後の節で説明する「Geman-Geman」[13]による画像修復の論文で提案されたサンプリングの手法であるが、現在では、さまざまなシミュレーションで利用されている。

*

N 個の変数「$x_1, \cdots, x_N$」の確率分布「$p(x_1, x_2, \cdots, x_N)$」が与えられているとする。

時刻 t において、「$x_1(t), \cdots, x_N(t)$」が決定されているとき、「ギブスサンプリング」は、次の規則で「$x_1(t+1)$，…，$x_N(t+1)$」を「サンプリング」（確率的に決定）する。

(1)「$x_1(t+1)$」を「条件付き確率分布」、

$$p(x_1|x_2(t),\cdots,x_N(t))$$

に従うようにサンプリングする。

(2)「$x_1(t+1)$，…，$x_{i-1}(t+1)$」が決定されているとき、「$x_i(t+1)$」を「条件付き確率分布」、

$$p(x_i|x_1(t+1),\ldots,x_{i-1}(t+1),x_{i+1}(t),\ldots,x_N(t))$$

に従うようにサンプリングする。

*

「Geman-Geman」の論文において、統計力学で「ボルツマン分布」としても知られている「ギブス分布」を確率分布「$p(x_1,\cdots,x_N)$」と仮定して提案されたことから、歴史的に「ギブスサンプリング」という呼称が使われているが、この説明にあるように「$p(x_1,\cdots,x_N)$」は任意の確率分布であってもかまわない。

Column クリーク

画像修復の「事前分布」の**式(52)**において、隣り合ったピクセルごとにエネルギーの計算を行なった。

正方格子ではない任意のグラフの「MRF」では、このエネルギーの計算は「**クリーク**」と呼ばれるグラフ上の部分グラフごとに行なわれる。

「クリーク」は、すべてのノードの組にノードが存在する部分グラフである。
「クリーク」の「全ノード」は「全結合」である。

画像修復でのピクセルは、2次元の正方格子のノードで表わされていたので、「クリーク」は2つのノードをリンクした部分グラフであり、エネルギーの計算は隣り合ったピクセル間でよかったのである。

Column 推定としての「正則化項」

「ニューラルネット」を「ベイズ」の立場で考えてみる。

「ニューラルネット」の「尤度関数」は「正規分布」で定義される。

$$p(x|w) = \prod_{n=1}^{N} p(x^{(n)}|w) \quad \text{式 (54)}$$

$$= \prod_{n=1}^{N} \mathcal{N}(\sigma(g(x^{(n)}, w)t^{(n)}, 1)) \quad \text{式 (55)}$$

$$= \prod_{n=1}^{N} \frac{1}{\sqrt{2\pi}} \exp\{\frac{1}{2}(\sigma(g(x^{(}n).w)) - t^{(}n))^2\} \quad \text{式 (56)}$$

「正規分布」の平均値に対する「事前分布」は「正規分布」となり、次のようになる。

$$p(w) = \exp^{\frac{-\lambda}{2}} |w^2| \quad \text{式 (57)}$$

「λ」は正規化の強さを調整するためのパラメータである。
「尤度関数」と「事前分布」から次の関数を最大化する。

$$p(x|w)p(w) = \prod_{n=1}^{N} \frac{1}{\sqrt{2\pi}} \exp\{\frac{1}{2}(\sigma(g(x^{(n)}, w)) - t^{(n)})^2\} \exp(-\frac{\lambda}{2}|w^2|) \quad \text{式 (58)}$$

このままでは、最大化が難しいので、対数を取る。

$$\log p(x|w)p(w) = \log(\prod_{n=1}^{N} \frac{1}{\sqrt{2\pi}} \exp\{\frac{1}{2}(\sigma(g(x^{(n)}, w)) - t^{(n)})^2\} \times \exp(-\frac{\lambda}{2}|w^2|))$$

$$= \log \frac{1}{\sqrt{2\pi}} + \frac{1}{2}\left(\sigma(g(x^{(n)}, w)) - t^{(n)}\right)^2 - \frac{\lambda}{2}\left|w^2\right|$$

*

定数項「$\log 1/\sqrt{2\pi}$」は最大化に影響しないので、削除する。
全体の符号を入れ替え、「負」の「**対数尤度関数**」とすると、「**正則化項**」

付きの損失関数となる。

$$L = -\frac{1}{2}\left(\sigma(g(x^{(n)}, w)) - t^{(n)}\right)^2 + \frac{\lambda}{2}\left|w^2\right| \quad \text{式 (59)}$$

ベイズ的に考えると、「正則化項」は、内部結合「w」に対する「事前知識」と考えることができる。

第4章

「深層学習」への誘い(いざな)

本章では、最先端の「深層学習技術」において「ニューラルネット」の技術がどのように活用されているかを解説します。

4.1 「深層学習」の幕開け

2.6節では、ノードの個数に制限を設けなければ、「多層パーセプトロン」によって、任意の連続関数を任意の精度で表現することが可能であることを述べた。

その一方で、ノードの数が膨大になると、最適化するパラメータの個数も膨大になるため、学習に必要な「訓練データ」の量も膨大になるとともに、実用的な時間内での学習が困難になる。

この問題の解決には、ネットワークの階層を増やす「深層化」が有効であることが知られている。

「多層化」によって、より少ないノード数で同等の効果を得ることが可能となり、また、部分的に事前学習することによって、学習効率を向上させることも出来る。

今後は「重み」と「バイアス」をまとめて「パラメータ」と呼ぶことにする。

*

「深層学習」の有効性は昔から知られていたにも拘わらず、広く実用に供されるようになった時期は、意外に最近である。

高性能な「GPU」の登場と、インターネットが普及して大量のデータセットが得られるようになったことで、「深層学習」は大きな進歩を遂げることができた。

「ジェフェリー・ヒントン」(Geoffrey Everest Hinton、1947－)らが発表した8層のニューラルネットワーク「AlexNet」は深層ネットワークの嚆矢となった。

「AlexNet」は6千万ものパラメータをもち、「ILSVRC」という非常に大規模な画像認識のコンペティションにおいてエラー率の記録を「26%」から

「18%」へと大幅に更新した。

その後、「AlphaGo」が囲碁の実戦でプロに勝利したことを経て、「第三次ニューロブーム」、「人工知能ブーム」に突入した。

*

最先端の「深層学習技術」は、さらに多層な「ニューラルネット」で構成されており、「パラメータ」の数も莫大である。

たとえば、自然言語を入力すると、その意味を解釈して適切な画像を生成する「Dall-E2」は、合計で50億個の「パラメータ」を内包していた。

*

本章は、最前線で活躍している「深層学習技術」と、**第2章**で解説した「ニューラルネット」の橋渡しを担う。

4.2 「深層学習」を支える技術

■ 4.2.1 「深層化」の落とし穴

2.6節では、「ニューラルネットワーク」を「多層化」することによってモデルの表現力が上がり、線形分離でない一般的な問題でも表現できるようになることを述べた。

*

しかし、層を増やすことで、別の問題が発生する。

第一に莫大な「パラメータ」を最適化する必要があるため、計算コストが多くかかってしまう。

したがって、「ハードウェアの性能向上」が必要不可欠である。

第二に、**2-4節**で取り挙げたように、層を逆に進むにつれて「学習更新」ができなくなる、「勾配消失問題」が生じる。

「活性化関数」の微分が1以下の場合、層が深くなればなるほど小さくなり、「パラメータ」の更新がほとんど行なわれない。

第三に、「深層化」して「パラメータ」を増やしたにも関わらず、未知のデータに対しての予測の的中率が変わらない（むしろ悪化する）問題が生じる。

この問題は、「**過適合**」（**オーバーフィッティング**）と呼ばれる。

学習に用いた訓練データに対してだけではなく、未知のデータに対しても精度良く分類を行なえる能力を「汎化性能」と呼ぶが、「過適合」を避け、「汎化性能」をもつモデルを作成することが我々の目標である。

しかし、「パラメータ」が増えたことにより、モデルの表現力が上がり、学習の際に用意した訓練データに過剰に適合してしまう現象が発生するのである。

■ 4.2.2 特徴抽出

モデル内部には、(a) 訓練データから新しい「特徴データ」を作る機構と、(b) その「特徴データ」と「教師ラベル」によって学習を行なう機構が存在すると解釈する（図を参照）。

本節では、「特徴抽出の機構」と「予測の機構」を明確に分けて考えた際の、「特徴抽出の機構」について説明する。

＊

特徴抽出の例として、「次元削減」を説明する。

「次元削減」の最も基本的な例としては「主成分分析」（PCA）が挙げられる。

ここでは、図65で表わされる、説明変数が2個の訓練データを考える。

新たに座標軸「z」と「u」を考えて座標変換を行なうと、全てのデータは「座標軸z」の値のみで表わすことができる。

したがって、「座標軸z」が与える特徴のみで学習を行なっても同じ効果が得られる筈である。

＊

以上ではデータの次元を減じたため、「次元削減」と呼ばれている。

「PCA」では座標軸を回転させる「線形」の変換で「次元削減」を行なうが、「ニューラルネット」を使った「特徴抽出」では、「非線形」な変換で、より有効な特徴の「変換」を行なう。

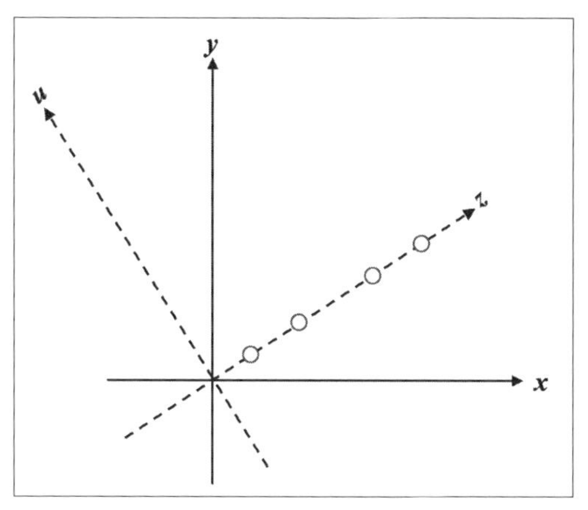

図 65 次元削減による特徴抽出の例

「特徴抽出」の基本的な目的は、訓練データに含まれている重要な情報を落とさずに、「次元の小さいデータセット」を作ることである。

「特徴抽出」の最も基本的な例は、「**オートエンコーダ**」である。

■ 4.2.3 オートエンコーダ

「オートエンコーダ」は入力と出力の次元が同じ2層の「ニューラルネットワーク」を、入力された訓練データと同一の出力が得られるように学習したものである（図 66）。

＊

「中間層」のノードの数を少なく設定すれば、元の訓練データの次元より小さい。

「オートエンコーダ」の出力は入力の訓練データになると考えれば、「中間層」から出力されるベクトルは、次元は小さいが、訓練データと同一の情報をもっていることになる。「オートエンコーダ」は2層の「パーセプトロン」であるので、「勾配消失問題」を避けて学習を行なうことができる。

「オートエンコーダ」で生成した「中間層」を取り出して、目的のネットワークに追加し、また、「中間層」の出力を訓練データとして「オートエンコーダ」の学習を実施する処理を繰り返すことで、目的のネットワークを成長させることができる（図 66）。

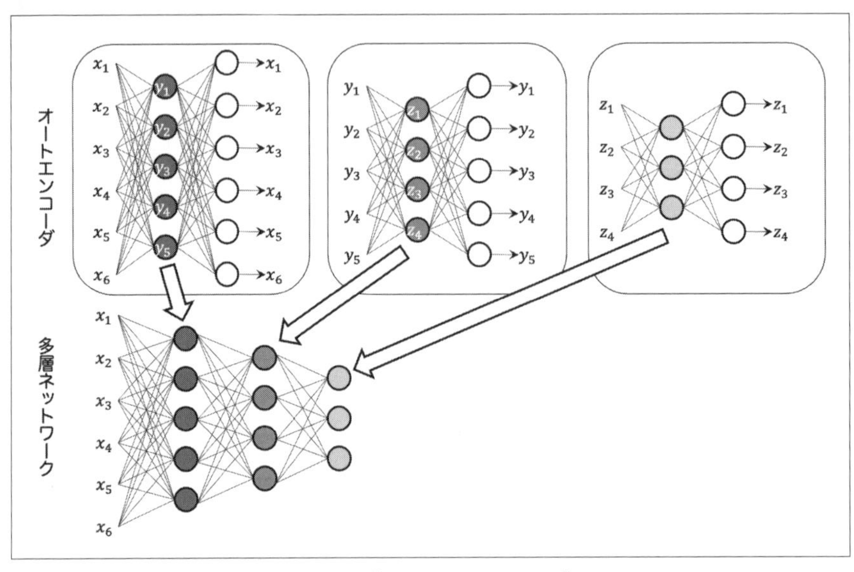

図66　積層オートエンコーダ

■ 4.2.4 疎結合

「パラメータの数」を抑える方法としては、「ニューラルネットワーク」を「**疎結合**」にすることが挙げられる。

*

結合を疎にするとは「**全結合ニューラルネットワーク**」のうち、いくつかのニューロンのつながりを切り離すことで「パラメータ数」を減らすことである。

しかし、なりふりかまわず「疎結合」にすればいいわけではない。

たとえば「特徴抽出」の部分を下手に「疎結合」にしてしまい、もともとの訓練データの情報を落としてしまう危険性がある。

4.3.1 項では、「疎結合」の代表的な例として「画像認識の問題」を扱う際に、有力な方法として、「**畳み込みニューラルネットワーク**」を紹介する。

■ 4.2.5 転移学習

ここでは、「画像認識」を念頭において話を進める。

*

以上では、「畳み込み層」の基本的な概念を述べてきた。

実際、現実の問題に有力なモデルを作るためには、大量の訓練データが必要になる。
つまり、よりよい「特徴抽出」を行なうためには、ネットワークを深層化し、大量の訓練データを用いて学習を行なう必要がある。

しかし、個人で充分な訓練データを取得することは非常に困難である。
さらに、訓練データを万が一集められたとしても、大量の訓練データには学習の段階で莫大な計算コストが生じてしまう。

したがって、実用的な「特徴抽出」を行なうための学習をいつも一からはじめることは、いかにも効率的ではない。
とはいえ、学習はできなくとも、すでに学習されたパラメータの値さえ分かれば、「特徴抽出」を行なう「ニューラルネット」を再現することができる。

つまり、事前に大量のデータで長時間学習して「特徴抽出」に最適化されたパラメータの値さえ分かれば、私達の手元の環境でも、より高度な「特徴抽出」ができるのである。
あとは各自が取り組むべき問題に応じた訓練データを用いて、後段の予測を行なう「全結合ネットワーク」のみを学習してやれば良い。

このような学習方法は、「**転移学習**」と呼ばれ、驚くべき効果を上げている。

＊

「転移学習がなぜうまくいっているのか」について、直観的な説明を述べる。

たとえば、私達人間にとって、画像に映っているものが「本」か「ボール」かを判別することと、「犬」か「猫」かを判別することは、まったく別の分類である。
しかし、たとえば「その物体がどのような輪郭で、どのようなパーツを持っているのか」についての情報は共通して必要であり、「視覚情報」から抽出する特徴の種類は共通している。

＊

「転移学習」の有名な例としては、「Visual Geometry Group」の「VGG

16」が挙げられる。

「VGG16」は、「畳み込み層」が「13層」、「全結合層」が「3層」の「畳み込みニューラルネットワーク」である。
「VGG16」は100万枚を超える画像で学習済みであり、このモデルは「Imagenetデータベース」からインポートできる。

日用品や動物などのデータで学習が行なわれており、デフォルトでは「1000種類」の「分類問題」に適用可能であるが、「全結合層」のみを各自の問題に合わせて再学習させることで、幅広い問題に適用できる。

4.3 「深層学習」の応用

近年、顕著な成果を上げている「深層学習」の応用例として、「**畳み込みニューラルネット**」「**回帰型ニューラルネット**」「**トランスフォーマー**」の3つの重要なアーキテクチャを概説する。

4.3.1 畳み込みニューラルネット

「畳み込みニューラルネット」は、主に画像データの学習に威力を発揮するアーキテクチャである。

画像データの「特徴抽出」を行なうために、「**畳み込み演算**」(画像処理で広く利用されている) を実行する「畳み込み層」から構成された「**特徴抽出ネットワーク**」と、抽出された特徴を用いて学習を行なう「**学習ネットワーク**」から構成される。

以降で少し詳しく解説するように、「畳み込み演算」は「**画像解析**」でよく使われる手法で、「画像データ」にある定まった処理を行なうことで、画像の平滑化を行なったり、オブジェクトのエッジを際立たせたりする効果をもつ。
「畳み込み演算」は、「**カーネル**」と呼ばれる「パラメータ」で処理が決定され、特定の「カーネル」を使うことで特定の効果が得られることが知られている。
画像処理では固定の「カーネル」を利用するが、対照的に、「畳み込みネットワーク」では、「カーネル」を「重み」と見なして、「訓練データ」と「ラベル」から最適な「カーネル」を学習する点に基本アイデアがある。

＊

まず、「畳み込み演算」から説明する。

「畳み込み演算」は、行列を行列に変換する関数であるので、下式で与えられる「5 × 5」の「行列 A」に、「3 × 3」の行列である「カーネル K」が定める「畳み込み演算」を適用する例を見る。

$$A = \begin{bmatrix} 1 & 1 & 2 & 2 & 1 \\ 1 & 9 & 8 & 9 & 1 \\ 1 & 9 & 4 & 8 & 2 \\ 2 & 8 & 9 & 9 & 1 \\ 1 & 3 & 1 & 1 & 2 \end{bmatrix}, \quad K = \begin{bmatrix} 0 & 1 & 0 \\ 1 & -4 & 1 \\ 0 & 1 & 0 \end{bmatrix}$$

この例における「畳み込み演算」の結果は、「3 行 3 列」の行列になるが、その「i 行 j 列」の成分は、次のように計算する。

まず、「A」のうちから「3 × 3」の「ブロック」(連続する行と列の共通部分として得られる部分行列) を、その「1 行 1 列成分」が「A」の「i 行 j 列成分」と一致するように定める。

そして、この「ブロック」と「K の成分」ごとの積 (**アダマール積**) を、計算する。

たとえば、「i =1」および「j =1」「i = 2」および「j = 3」の場合は、

$$\begin{bmatrix} 1 & 1 & 2 \\ 1 & 9 & 8 \\ 1 & 9 & 4 \end{bmatrix} \circ \begin{bmatrix} 0 & 1 & 0 \\ 1 & -4 & 1 \\ 0 & 1 & 0 \end{bmatrix} = \begin{bmatrix} 1\times 0 & 1\times 1 & 2\times 0 \\ 1\times 1 & 9\times(-4) & 8\times 1 \\ 1\times 0 & 9\times 1 & 4\times 0 \end{bmatrix} = \begin{bmatrix} 0 & 1 & 0 \\ 1 & -36 & 8 \\ 0 & 9 & 0 \end{bmatrix}$$

$$\begin{bmatrix} 8 & 9 & 1 \\ 4 & 8 & 2 \\ 9 & 9 & 1 \end{bmatrix} \circ \begin{bmatrix} 0 & 1 & 0 \\ 1 & -4 & 1 \\ 0 & 1 & 0 \end{bmatrix} = \begin{bmatrix} 8\times 0 & 9\times 1 & 1\times 0 \\ 4\times 1 & 8\times(-4) & 2\times 1 \\ 9\times 0 & 9\times 1 & 1\times 0 \end{bmatrix} = \begin{bmatrix} 0 & 9 & 0 \\ 4 & -32 & 2 \\ 0 & 9 & 0 \end{bmatrix}$$

と計算される。

「i 行 j 列成分」はこの行列の「成分の和」と定義され、たとえば、「畳み

込み演算」の結果である行列の「1行1列」と「2行3列」の成分は、それぞれ、

$$0+1+0+1-36+8+0+9+0=-17$$

$$0+9+0+4-32+2+0+9+0=-8$$

と計算される。

＊

残りの成分も計算すると、「行列 A」に「カーネル K」が定める「畳み込み演算」を行なった結果は、次の「3 × 3 行列」となる。

$$\begin{bmatrix} -17 & -8 & -17 \\ -14 & 18 & -8 \\ -9 & -14 & -17 \end{bmatrix}$$

＊

「畳み込み演算」を画像処理に適用する場合、「画像イメージ」を「行列」として取り扱う。

たとえば、「100 × 100 ピクセル」のモノクロ画像は、「100 × 100 の行列」とみなし、各成分は、各ピクセルの階調を表わす「0 から 255」までの整数とする。

「画像イメージ」に「畳み込み演算」を施したときの効果は、「カーネル」によって決定される。

たとえば、カーネルの、

$$K_S = \begin{bmatrix} \frac{1}{9} & \frac{1}{9} & \frac{1}{9} \\ \frac{1}{9} & \frac{1}{9} & \frac{1}{9} \\ \frac{1}{9} & \frac{1}{9} & \frac{1}{9} \end{bmatrix}$$

が定める「畳み込み演算」を画像イメージに適用すると、「3 × 3」の「9個」のピクセルの間で階調を「平滑化」（平均化）した画像が得られる。

また、「カーネル K_V」と「K_H」による「畳み込み演算」をそれぞれ実行することによって、「垂直方向」と「水平方向」のエッジを検出する画像処理を実行できる。

$$K_V = \begin{bmatrix} -1 & 0 & 1 \\ -2 & 0 & 2 \\ -1 & 0 & 1 \end{bmatrix}, \quad K_H = \begin{bmatrix} -1 & -2 & -1 \\ 0 & 0 & 0 \\ 1 & 2 & 1 \end{bmatrix}$$

図67は、元画像（a）に、「カーネルK_S」「K_V」「K_H」が定める「畳み込み演算」を施し、「平滑化（b）」「垂直エッジ検出（c）」「水平エッジ検出（d）」の効果を得たものである。

演算結果は、「98 × 98の行列」となる。

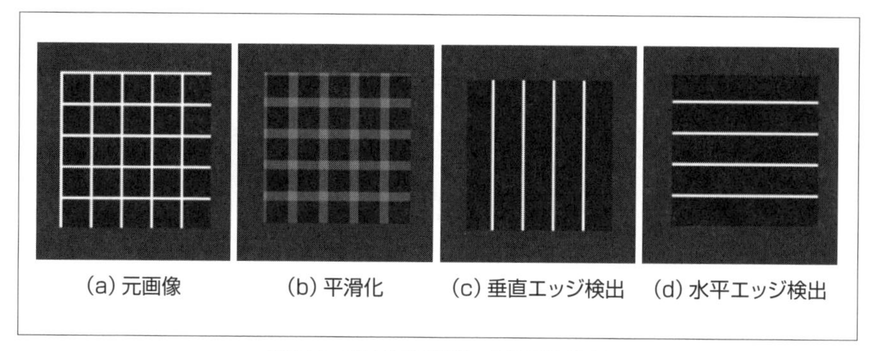

図67　畳み込み変換による画像処理

「平滑化」や「垂直エッジ検出」「水平エッジ検出」の場合のように、画像解析では、画像から「狙った効果」（狙った特徴）が得られるように、既知の「カーネル」から狙いに適合するものを選択して使う。

しかし、「畳み込みニューラルネット」では、訓練データが可能な限り正しく分類されるような（「損失関数」が最小になるような）未知の特徴を探索することに目的があり、「カーネル」を学習によって「畳み込み演算」で決定する点が対照的である。

このために、「畳み込みニューラルネット」を構成する「畳み込み層」では、「カーネル」の成分は決めずに、「カーネル」のサイズのみをあらかじめ決定する。

*

ノードを二次元格子状に配置した層を2つ用意し、一方は「畳み込み演算」

を施す前の画像のピクセルに対応してノードを配置し、また、他方は、「演算後の画像のピクセル」に対応してノードを配置する。

リンクは、「畳み込み演算」の「入力となるノード」から、「出力となるノード」に向かって定義され、リンクの「重み」が「カーネル」の未知の成分を意味し、学習によって決定される（図68）。

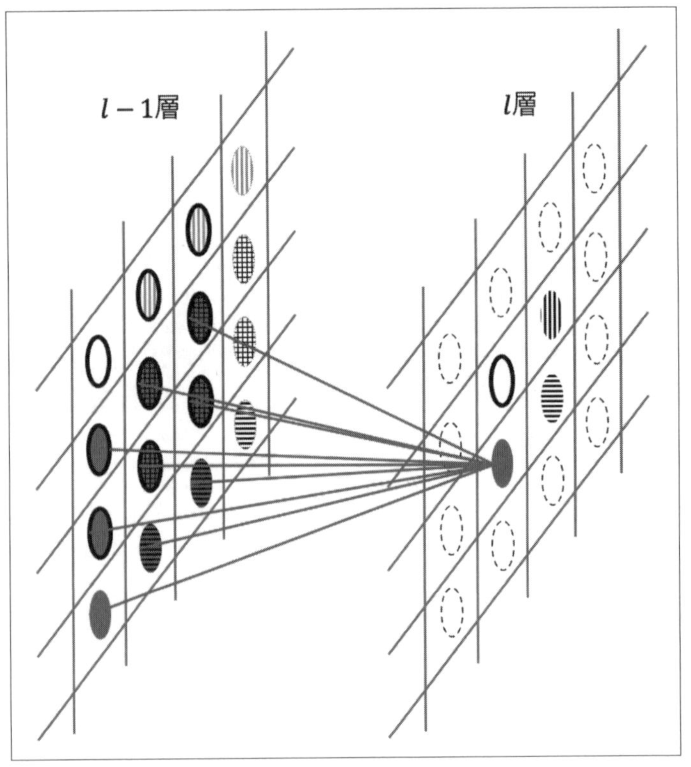

図68 「ニューラルネット」の機構

＊

「特徴抽出ネットワーク」は、基本的に、複数の「畳み込み層」の積み上げであり、「学習後」であれば、学習によって決定された「重み」が「カーネル」を決定し、かつ決定された「カーネル」が定める「畳み込み演算」を層の階数だけ実行した結果を特徴として出力する。

「畳み込みニューラルネット」の後段の「学習ネットワーク」は、抽出された特徴を入力として学習を実行する「**全結合型パーセプトロン**」とするのが一般である。

■ 4.3.2 回帰型ニューラルネット

4.3.1 項で見た「**CNN**」は、主として画像を対象として、特徴を抽出する「ニューラルネット」であった。

＊

一方、データが時間や文脈などの順序に従って並ぶ「系列データ」の処理にも重要な応用がある。

たとえば、株価の予測や、自動翻訳が分かりやすい例であろう。

＊

この項では、「系列データ」から特徴を取り出すことを目的とした「回帰型ニューラルネット」(**Recurrent Neural Network、RNN**)と、その発展系であり、実用において有用性が確かめられている、「**長・短期記憶**」(**Long Short Term Memory、LSTM**)について概説する。

●「RNN」の構造

「RNN」は、ノードの出力が再度入力される「ループ構造」をもつ。

この「ループ構造」によって、ある時点での出力を生成する処理に、その時点より以前のステップで入力されたデータの情報を含めることが可能となる。

広い意味での「RNN」は、ノードからの出力が、直接あるいは何らかの変換が施された後に、もとのノードに入力される性質をもつ「人工ニューラルネット」のアーキテクチャの総称である。

そのため、**3章**で説明した「Hopfield モデル」も「RNN」に含まれる。

ここでは、「系列データ」を処理することを目的として広く利用されている、「隠れ層」と「出力層」の2層からなる単純な「回帰型ニューラルネット」に限定して説明を行なう。

「入力データ」はそれぞれが「$\dim x$ 次元」のベクトルである長さ T の系列 $\{x_t \mid t = 1, 2, \cdots, T\}$ であり、「ステップ t」において「$x_t =$ ($x_1[t], \cdots, x_{\dim x}[t]$)」がすべての「隠れ層」のノードに入力される。

一方、「隠れ層」と「出力層」は、それぞれ「$\dim h$ 個」のノードと「$\dim y$ 個」のノードとから構成され、「隠れ層」と「出力層」のノード間の結合は、

「全結合」である。

*

この「RNN」が**2章**で見た単純な「全結合2層パーセプトロン」と異なる点は、「**ステップ** t」の計算において、「ステップ（$t-1$）」における「隠れ層」の出力「$h_t-1 = (h_1[t-1], \cdots, h_{\dim h}[t-1])$」が、入力「$x_t = (x_1[t], \cdots, x_{\dim x}[t])$」とともに「隠れ層」に入力される設計にある。

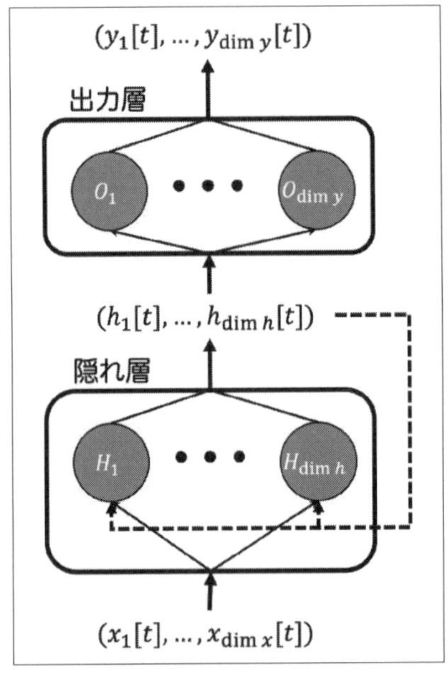

図69 「RNN」の構成

*

具体的には、「$h_t = (h_1[t], \cdots, h_{\dim h}[t])$」は次式により計算される。

「f」は、「隠れ層」のノードで共通の「活性化関数」とする。

「$w_{k,1}, \cdots, w_{k,\dim x}$」は、「隠れ層」の k 番目のノードへの入力への「重み」、「$w'_{k,1}, \cdots, w'_{k,\dim h}$」は「隠れ層」の出力が再び「隠れ層」に入力されるときに乗じられる「重み」である。

$$h_k[t] = f\left(\sum_{i=1}^{\dim x} w_{k,i}x_i[t] + \sum_{i=1}^{\dim h} w'_{k,i}h_i[t-1] + b_k\right)$$

「隠れ層」の出力「$\boldsymbol{h}_{t-1}$」は、入力「$\boldsymbol{x}_1, \boldsymbol{x}_2, \cdots, \boldsymbol{x}_{t-1}$」に依存するデータであり、「$h_{t-1}$」と「$\boldsymbol{x}_t$」から算出される「$\boldsymbol{h}_t$」は「$\boldsymbol{x}_1, \boldsymbol{x}_2, \cdots, \boldsymbol{x}_t$」に依存するデータとなる。

このことから、「$\boldsymbol{h}_t$」を「ステップ t」における「隠れ状態」と呼ぶこともある。

＊

一方、「ステップ t」における出力「$\boldsymbol{y}_t = (y_1[t], \cdots, y_{\dim y}[t])$」は、「**隠れ層**」の出力「$\boldsymbol{h}_t$」の「線形結合」として定義する。

$$y_k[t] = \sum_{i=1}^{\dim h} v_{k,i} h_i[t]$$

「$v_{k,1}, \cdots, v_{k,\dim h}$」は「出力層」の k 番目のノードへの入力の「重み」である。

＊

「RNN」の「学習アルゴリズム」としては、「Back Propagation Through Time」（BPTT）と呼ばれる手法が一般的に利用される。

「BPTT」は、「RNN」を計算ステップの実行順に層が重なる「ニューラルネット」と見なして、「バックプロパゲーション」を実行するアルゴリズムである（図 70）。

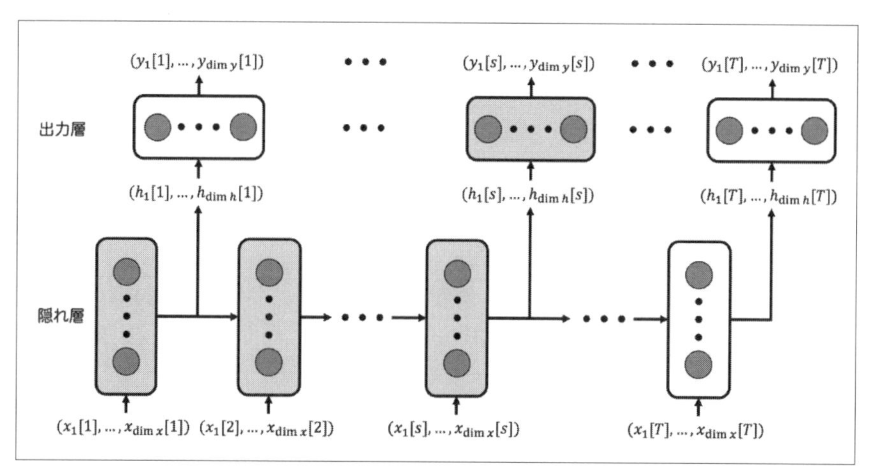

図 70　「RNN」のステップ方向への展開

「RNN」の出力「$\boldsymbol{y}_1, \cdots, \boldsymbol{y}_T$」によって損失「$L(\boldsymbol{y}_1, \cdots, \boldsymbol{y}_T)$」が定まるが、この損失が各ステップの損失「$L(\boldsymbol{y}_t)$」の和に分解されるように「損失関数」を選択するとする。

すなわち、

$$L(\boldsymbol{y}_1, \ldots, \boldsymbol{y}_T) = \sum_{t=1}^{T} L(\boldsymbol{y}_t)$$

が成り立つとする。

したがって、損失「$L(\boldsymbol{y}_1, \cdots, \boldsymbol{y}_T)$」の「重み」と「バイアス」に関する「勾配ベクトル」は、「ステップs $(1 \leq s \leq T)$」の損失「$L(\boldsymbol{y}_s)$」の「勾配ベクトル」の総和となるので、**図70**中で灰色の矩形で示した「$(s+1)$ 層」の「階層型ニューラルネット」において、「$L(\boldsymbol{y}_s)$」の「勾配ベクトル」を計算すればよい。

＊

「階層型ニューラルネット」であるので、**2-7節**で説明した「バックプロパゲーション」をそのまま利用できそうであるが、各層の「重み」と「バイアス」は共通であることを考慮しなければならない。

結論のみを述べれば、それぞれの「ステップt」における「重み」をいったん独立な変数「$w_{k,1}[t], \cdots, w_{k,\dim x}[t]$」「$w'_{k,1}[t], \cdots, w'_{k,\dim h}[t]$」、および「$b_k[t]$」と考えて「バックプロパゲーション」を実行し、得られた「勾配ベクトル」の総和によって、入力に対する重み「$w_{k,1}, \cdots, w_{k,\dim x}$」、「隠れ状態」に対する重み「$w'_{k,1}, \cdots, w'_{k,\dim h}$」および、バイアス「$b_k$」に関する「勾配ベクトル」を計算することができる（**コラム「BPTTの計算」**）。

Column 「BPTT」の計算

「$L(\boldsymbol{y}_s)$」の誤差の逆伝播から「勾配ベクトル」を計算する方法を見る。

＊

図70に示したように、計算ステップの方向に層を展開することにより、「RNN」を「階層型ニューラルネット」と見なし、**2-7節**で解説した「バックプロパゲーション」を適用する。

ただし、これまでに説明した「階層型ニューラルネット」と異なり、「RNN」では各層の「重み」と「バイアス」が層によらず同一であるので、工夫が必要である。

＊

まず、いったん各層の「重み」と「バイアス」はすべて互いに独立であるものと仮定して、「バックプロパゲーション」を実行する。

すなわち、「ステップ t」における k 番目のノードの「重み」と「バイアス」を「$w_{k,1}[t], \cdots, w_{k,\dim x}[t]$」「$w'_{k,1}[t], \cdots, w'_{k,\dim h}[t]$」と「$b_k[t]$」とし、変数「$u_k[t]$」を、

$$u_k[t] = \sum_{i=1}^{\dim x} w_{k,i}[t] x_i[t] + \sum_{i=1}^{\dim h} w'_{k,i}[t] h_i[t-1] + b_k[t]$$

と定めると、このノードに伝播する誤差「$\frac{\partial L(\boldsymbol{y}_s)}{\partial u_k[t]}$」は、「バックプロパゲーション」(**2-7 節**)によって「漸化式」から計算され、「勾配ベクトル」は誤差「$\frac{\partial L(\boldsymbol{y}_s)}{\partial u_k[t]}$」から以下のように導出される。

$$\begin{aligned}
&\nabla_{\boldsymbol{w}_k[t], \boldsymbol{w}'_k[t], b_k[t]} L(\boldsymbol{y}_s) \\
&\quad = \left(\frac{\partial L(\boldsymbol{y}_s)}{\partial w_{k,1}[t]}, \ldots, \frac{\partial L(\boldsymbol{y}_s)}{\partial w_{k,\dim x}[t]}, \frac{\partial L(\boldsymbol{y}_s)}{\partial w'_{k,1}[t]}, \ldots, \frac{\partial L(\boldsymbol{y}_s)}{\partial w'_{k,\dim h}[t]}, \frac{\partial L(\boldsymbol{y}_s)}{\partial b_k[t]} \right) \\
&\quad = \frac{\partial L(\boldsymbol{y}_s)}{\partial u_k[t]} (x_1[t], \ldots, x_{\dim x}[t], h_1[t-1], \ldots, h_{\dim h}[t-1], 1)
\end{aligned}$$

ここで、

$$w_{k,i}[t] = w_{k,i}, \quad w'_{k,i}[t] = w'_{k,i}, \quad b_k[t] = b_k$$

によって変数を集約すると、「合成関数」の微分公式により、

$$\begin{aligned}
\frac{\partial L(\boldsymbol{y}_s)}{\partial w_{k,i}} &= \sum_{t=1}^{s} \frac{\partial L(\boldsymbol{y}_s)}{\partial w_{k,i}[t]} \frac{\partial w_{k,i}[t]}{\partial w_{k,i}} = \sum_{t=1}^{s} \frac{\partial L(\boldsymbol{y}_s)}{\partial w_{k,i}[t]} \\
\frac{\partial L(\boldsymbol{y}_s)}{\partial w'_{k,i}} &= \sum_{t=1}^{s} \frac{\partial L(\boldsymbol{y}_s)}{\partial w'_{k,i}[t]} \frac{\partial w'_{k,i}[t]}{\partial w'_{k,i}} = \sum_{t=1}^{s} \frac{\partial L(\boldsymbol{y}_s)}{\partial w'_{k,i}[t]} \\
\frac{\partial L(\boldsymbol{y}_s)}{\partial b_k} &= \sum_{t=1}^{s} \frac{\partial L(\boldsymbol{y}_s)}{\partial b_k[t]} \frac{\partial b_k[t]}{\partial b_k} = \sum_{t=1}^{s} \frac{\partial L(\boldsymbol{y}_s)}{\partial b_k[t]}
\end{aligned}$$

を得る(**コラム「合成関数の微分公式」**)。

●「RNN」の課題

「BPTT」における「勾配消失問題」は、「RNN」の技術上の課題の一つである。

「BPTT」の原理は、計算ステップの実行順序の方向に階層を展開して得られる「階層型ニューラルネット」に「バックプロパゲーション」を適用する点にあるが、**2.7.4項**で述べたように、「バックプロパゲーション」による学習では層が深くなるにつれて「勾配消失問題」が発生しやすくなる。

この事実では、「BPTT」では、「$t-s>0$」が大きいと、「ステップt」における誤差関数「$L(y_t)$」に対する「ステップs」の層における「勾配ベクトル」が、展開により得られる「階層型ニューラルネット」の「階層数」は入力系列の長さになる。

そのため、長い「系列データ」を入力すると、「ステップt」初期に実行したステップに相当する層で「勾配消失」が発生し、結果として、出力のステップから離れた「過去」の入力データを処理するための「重み」と「バイアス」の学習が停滞するため、遠い「過去」の入力データが有効に出力に反映されないという現象が起きる。

●「長・短期記憶」(Long Short Time Memory、LSTM)

「LSTM」は、「RNN」の「勾配消失問題」を解決するアーキテクチャの一つである。

「長・短期記憶」という命名は、「LSTM」が記憶する時間の長さを最適化する仕組みを有していることに由来し、機構的には、「**CEC**」「**忘却ゲート**」「**入力ゲート**」「**出力ゲート**」の4つの構成要素が「RNN」に付加される。

*

まず、「RNN」の「勾配消失問題」を解決し、「古い記憶を忘れない」ための仕組みが、「**Constant Error Carousel**」(CEC)である。

図71では、説明の簡明のために各種次元を「1次元」として、ステップ方向に展開した(a) RNNと(b) CECを図解している。

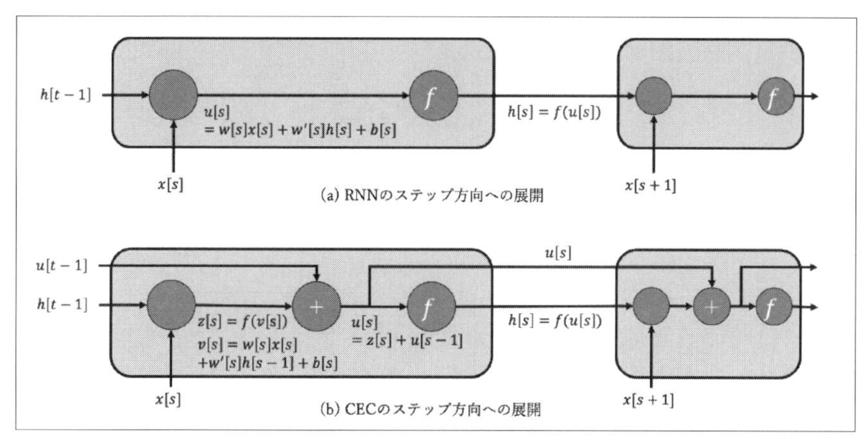

図71 「CEC」の仕組み

「BPTT」の説明で述べたように、各「ステップ s」における重み「$w[s], w'[s]$」とバイアス「$b[s]$」をいったん独立変数として扱って「バックプロパゲーション」を適用することで、ステップごとに得られる「勾配ベクトル」の和を取れば、求める「w,w', s」に関する「勾配ベクトル」を得ることができる（**コラム「BPTTの計算」**）。

図71（a）と**（b）**を比較すると、「CEC」がとても簡単な工夫であることが分かる。

「RNN」「CEC」どちらの場合でも、「ステップ s」における隠れ状態「$h[s]$」を最後の活性化関数「f」への入力を「$u[s]$」と表わす。

表9に「ステップ s」における順伝播の計算式を与える。

「CEC」では「$u[s]$」を定義する右辺に「$u[s-1]$」が加えられていることが最も重要な変更である。

表9 「RNN」と「CEC」の比較

RNN	CEC
順伝播	
$u[s] = w[s]x[s] + w'[s]h[s-1] + b[s]$	$u[s] = z[s] + u[s-1]$ $z[s] = f(v[s])$ $v[s] = w[s]x[s] + w'[s]h[s-1] + b[s]$

逆伝播	
$\frac{\partial L}{\partial u[s]} = \frac{\partial L}{\partial u[s+1]} w'[s+1] f'(u[s])$	$\frac{\partial L}{\partial u[s]} = \frac{\partial L}{\partial u[s+1]} (1 + f'(v[s+1]) w'[s+1] f'(u[s]))$

＊

この変更により「バックプロパゲーション」の漸化式がどのように変化するかを見てみよう。

「$t > s$」とし、第t層の誤差関数「$L(y_t)$」を第（$s+2$）層から第t層までの変数によって展開した後、第（$s+1$）層の変数を加えてさらに展開する。

すなわち、「$L(y_t)$」を、まず、「$w[s+2], w[s+3], \cdots, w[t], w'[s+2], w'[s+3], \cdots, w'[t], b[s+2], b[s+3], \cdots, b[t]$」、および、「$u[s+1]$」の関数として表わし、次いで、変数「$u[s+1]$」を、

$$u[s+1] = u[s] + f\left(w[s+1]x[s+1] + w'[s+1]f(u[s]) + b[s+1]\right)$$

によって、変数「$w[s+1], w'[s+1], b[s+1], u[s]$」に変数変換する。

「合成関数」の微分公式（**コラム「合成関数の微分公式」**）により、変数変換後の $\frac{\partial L(\boldsymbol{y}_t)}{\partial u[s]}$ と変数変換前の $\frac{\partial L(\boldsymbol{y}_t)}{\partial u[s+1]}$ の間には、

$$\frac{\partial L(\boldsymbol{y}_t)}{\partial u[s]} = \frac{\partial L(\boldsymbol{y}_t)}{\partial u[s+1]} \cdot \frac{\partial u[s+1]}{\partial u[s]}$$

の関係が成り立つので、「RNN」と「CEC」のそれぞれについて**表9**に示した逆伝播の漸化式を得る。

＊

「RNN」の漸化式からは、

$$\frac{\partial L}{\partial u[s]} = \frac{\partial L}{\partial u[t]} w'[t] f'(u[t-1]) w'[t-1] f'(u[t-2]) \cdots w'[s+1] f'(u[s])$$

を得るが、「$w'[t]f'(u[t-1])$」の絶対値が「1」より小さく、かつ、「$t-s$」が大きいと、右辺の値が「0」に近くなって、「勾配消失」の原因となる。

一方、「CEC」の漸化式から得られる展開式、

$$\frac{\partial L}{\partial u[s]} = \frac{\partial L}{\partial u[t]} \{1 + f'(v[t])w'[t]f'(u[t-1])\} \cdots \{1 + f'(v[s+1])w'[s+1]f'(u[s])\}$$

では、右辺の中括弧で囲まれた各因子が定数項「1」を含むため、「$t-s$」が大きくなっても、右辺は「0」に収束し難くなるのである。

因子に「1」が含まれる事実は、下式による。項 $u[s]$ の存在が鍵であることが分かる。

$$\frac{\partial u[s+1]}{\partial u[s]} = \frac{\partial u[s]}{\partial u[s]} + \frac{\partial}{\partial u[s]} f\left(w[s+1]x[s+1] + w'[s+1]f(u[s]) + b[s+1]\right)$$

*

「LSTM」では、「CEC」に加えて、「忘却ゲート」と呼ばれる構成要素が付け加えられる。

「CEC」では「$u[s-1]$」を「$z[s] = f\,(w[s]x[s] + w'[s]h[s-1] + b[s])$」に加算することで、「ステップ s」の「重み」と「バイアス」の学習を促進することが可能となり、入力「$x[s]$」を「ステップ t」の出力に正しく反映させることができるようになる。

*

逆に、「$u[s-1]$」を加算しなければ、学習を阻害することで、「ステップ t」の出力に対する「ステップ s」の入力を「忘却」させることができる。

「忘却ゲート」は、「0」から「1」の間の値をとるロジスティック関数「ζ」を「活性化関数」として、「ニューロンノード」の出力「$\zeta\,(g[s])$」を「$u[s-1]$」に乗じた後に「$z[s]$」に加えることで、「ステップ s」の入力が「ステップ t」に与える影響を学習により制御することを目的とする。

図70 中では、入力「$x[s]$」と隠れ状態「$h[s-1]$」の重み付き線形和「$g[s]$」を計算するノードを新たに追加し、「$g[s]$」をロジスティック関数に入力した結果と「$u[s-1]$」の積「$\zeta\,(g[s])\;u[s-1]$」が、別のノードからの出力「$z[s]$」と足し合わされる手順を図解している。

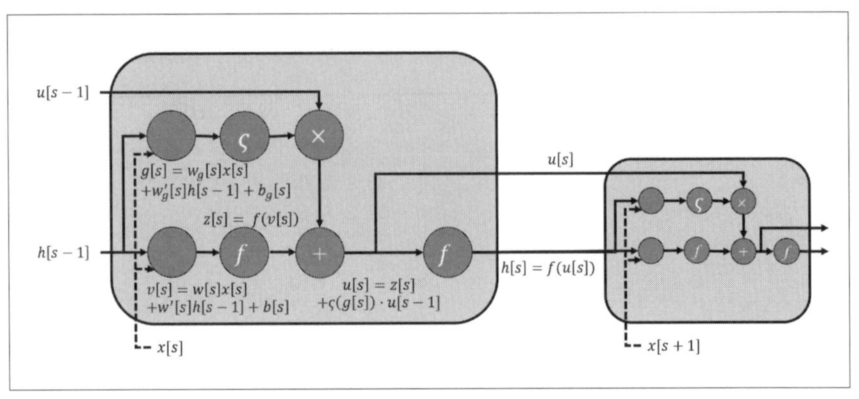

図72 「忘却ゲート」のステップ方向への展開

＊

「入力ゲート」と「出力ゲート」は、「忘却ゲート」と同じ原理の機構である。

先に説明したように、「重み」と「バイアス」の更新に用いられる「勾配ベクトル」は、各ステップの出力から個別に「バックプロパゲーション」で計算し、それらを足し合わせることによって計算する。

このとき、異なる層の出力に由来する「勾配ベクトル」が互いに打ち消しあって、結果として学習を阻害してしまうという問題（「**入力重み衝突問題**」「**出力重み衝突問題**」）が出来する。

「入力ゲート」と「出力ゲート」はこの問題の解決と緩和を目的に導入されたが、本書ではより詳しい説明は行わない。

図73に、「CEC」「忘却ゲート」「入力ゲート」「出力ゲート」を含めた、「LSTM」全体構成を示す。

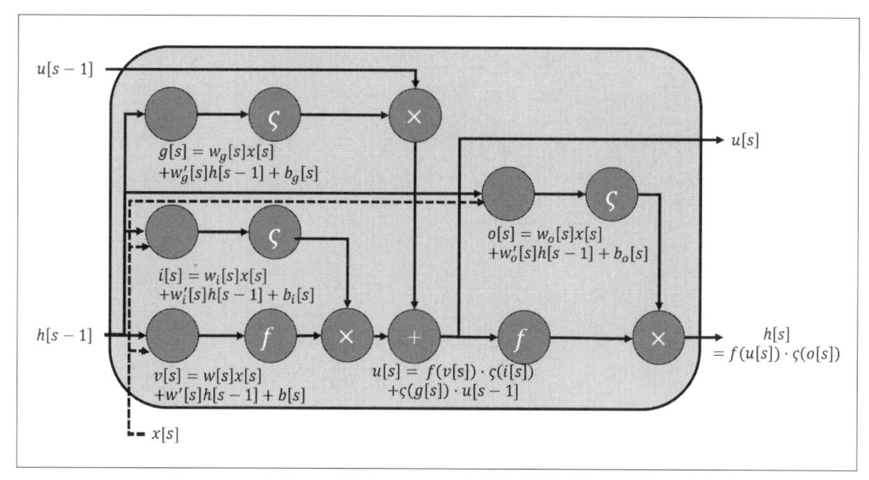

図 73　LSTM

●「LSTM」の課題

「RNN」に比べてより多くの課題を克服した「LSTM」であるが、まだ乗り越えるべき問題も存在する。

そのうちの一つが、「並列処理に向いていない」という問題である。

＊

「RNN」と「LSTM」は、入力を系列に沿った順番で処理を行なう必要であるため、複数のステップを並列的に処理することができないのである。

■ 4.3.3 トランスフォーマー

「トランスフォーマー」は2017年に発表された「人工ニューラルネット」の強力なアーキテクチャであり、「**アテンション**」と呼ばれる概念に基づき、主に「系列データ」への応用においてパラダイムシフトを実現した。

同じ「系列データ」を対象とする「RSS」や「LST」では、並列計算が制限されていることが欠点と認識されていた。

この欠点を解消することにより、「トランスフォーマー」では、膨大な訓練データを用いた学習が可能となり、その結果、「Bert」や「GPT」など、自然言語処理におけるブレークスルーとなる強力な学習済みモデルを提供することとなった。

「トランスフォーマー」のもう一つの重要な改善点は、「系列データ」における位置（ステップ）に影響されることなく、関連性の強いデータを**「注視」**して評価を行なえる点にある。

「RNN」や「LSTM」では、出力に対する入力の影響は、「系列データ」中での入力の位置（ステップ）が早期であるほど弱くなるので、出力は近傍の入力の影響を必要以上に強く受けることになる。

たとえば、機械翻訳の場合を考える。

代名詞を含む文章を翻訳する場合、代名詞が指す名詞が「系列データ」の早い段階で現われた場合、「RNN」や「LSTM」ではその名詞が強く記憶されず、正しく翻訳できない可能性がある。

一方、「トランスフォーマー」では「系列データ」中の出現位置によらず、任意のデータの間の関係の強さを評価できるため、正しく名詞と代名詞の関係を検出することが出来る。

この改善により、「トランスフォーマー」に基づくモデルは、機械翻訳などの自然言語処理のコンペティションにおいて、記録を次々と塗り替えてきた。

*

以下では、論文「Attention is all we need」に基づいて、「トランスフォーマー」の原理を、順を追って解説するが、原理に直接関係しない詳細の処理（正規化など）についての説明は意図的に省略した。

必要以上の詳細の説明は、却って、原理の理解の妨げになると考えたからであるが、実装などが目的である場合は原論文を参照してもらいたい。

● エンコーダ・デコーダ・アーキテクチャ

「トランスフォーマー」を最初に提唱した論文「Attention is all you need」では、「エンコーダ」と「デコーダ」と呼ばれる二つのサブネットワークから構成されるアーキテクチャを提唱している。

この**「エンコーダ・デコーダ・アーキテクチャ」**は、「seq2seq」（sequence to sequence）とも呼ばれる、「系列データ」を別の「系列データ」に変換する処理（機械翻訳など）において広く用いられる。

翻訳問題を例とすると、「エンコーダ」は入力情報である原文を「要約」データに符号化（エンコード）し、「デコーダ」は「要約」データを入力として、翻訳先言語へと復号（デコード）する（図74）。

一般的な言葉で述べれば、「エンコーダ」によって「入力系列データ」の特徴を抽出し、抽出した特徴に基づいて出力系列を生成する仕組みである。

「トランスフォーマー」は、「エンコーダ」のみをもつ「**エンコーダ・トランスフォーマー**」や、「デコーダ」のみをもつ「**デコーダ・トランスフォーマー**」も存在し、それぞれ「文章のクラスタリング問題」や「文章作成問題」などに利用実績をもつ。

いずれも「トランスフォーマー」を理解する上で重要ではあるが、ここでは「エンコーダ・デコーダ・トランスフォーマー」に焦点を当てて解説を進めていく。

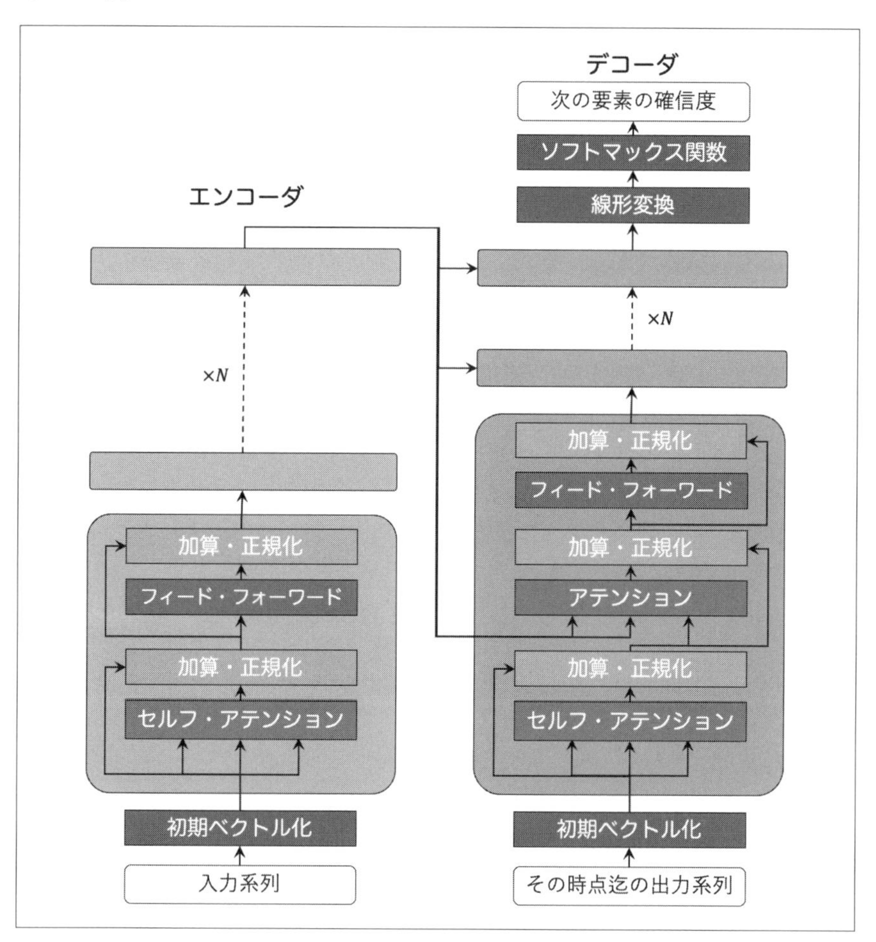

図74 「トランスフォーマー」の構造

● トークン化

「トランスフォーマー」は、自然言語処理、中でも、機械翻訳への応用における画期的な性能で注目を集めている。

機械翻訳での入力データは文章である。
一方、「トランスフォーマー」への入力は、一般的な「系列データ」である。
文章は「文字」の配列であるので、一文字が一単位のデータを構成する「系列データ」とみなすことが可能であり、文章の意味を取り扱わないような問題では文字を単位とした「系列データ」を処理に用いることも多い。
しかし、翻訳問題では文章を意味の単位である単語の「系列データ」と定義したほうが、より正確な翻訳が期待できる。

このように、解決したい問題によって、「系列データ」の単位が異なることが想定できるので、「系列データ」の単位を抽象的に「**トークン**」と呼び、文章などを「トークン」の「系列データ」に変換する処理を「**トークン化**」と呼ぶことが通例である。

日本語では単語はさらに小さな単語に分解されることがあるので、「単語」への分解は一意ではない可能性がある。
そこで、これ以上分解できない最小単位の単語を形態素と呼び、文章を「**形態素**」に分解する処理を「**形態素解析**」と呼ぶ。
「形態素解析」は自然言語処理の最も基本的な処理の一つである。
下に、「形態素」を「トークン」とした、日英二つの文章の「トークン」への分解例を示す。

- 私の趣味はプログラミングです。→ [“私” , “の” , “趣味” , “は” , “プログラミング” , “です”]
- My hobby is programming. → [“My” , “hobby” , “is” , “programming”]

二重引用符で囲まれた単語が「トークン」である。

● ベクトル化

「トランスフォーマー」の中核をなす処理は、「トークン」をベクトルで表現する処理、「**ベクトル化**」である。
「ベクトル化」は機械学習の基本的な処理の一つである。
特に、「トランスフォーマー」では、次の性質を満たすように「トークン」

を「ベクトル化」する。

> **関係の強い「トークン」を表現するベクトルの間の内積の値は大きく、関係の弱い「トークン」を表現するベクトルの間の内積の値は小さい。**

機械学習においては、ベクトルで表現された二つのデータの類似性を評価する方法として、内積が広い範囲で利用される。

内積をさらに一般化した関数を「**カーネル**」と呼ぶが、「カーネル」によってデータ間の類似度を評価して分類などを行なうアルゴリズムである「**カーネル機械**」には多くの例が提案されており、主要な分類アルゴリズムの一つである「**サポートベクターマシン**」も「カーネル機械」の一例である。

下式は、前出の英文に現われる4個の「トークン」、“My”、“hobby”、“is”、“programming” のそれぞれを6次元のベクトルで表現した例である。

$$\begin{bmatrix} \text{“My”} \\ \text{“hobby”} \\ \text{“is”} \\ \text{“programming”} \end{bmatrix} \to \begin{bmatrix} 0.1 & -0.15 & -0.93 & -0.34 & 0.65 & -0.51 \\ 0.14 & 0.63 & -1.01 & -2.2 & 2.05 & 0.24 \\ -0.04 & 0.02 & -1.35 & 0.76 & 0.42 & 0.7 \\ 0.76 & 1.75 & -1.13 & 1.11 & 0.75 & 1.92 \end{bmatrix}$$

式 (60)

この例に基づいて、” My” と” hobby” の内積を計算すると、

$$\begin{aligned} 2.8 = &\begin{pmatrix} 0.1 & -0.15 & -0.93 & -0.34 & 0.65 & -0.51 \end{pmatrix} \cdot \\ &\begin{pmatrix} 0.14 & 0.63 & -1.01 & -2.2 & 2.05 & 0.24 \end{pmatrix} \\ &= 0.1 \times 0.14 + (-0.15) \times 0.63 + (-0.93) \times (-1.01) \\ &\quad + (-0.34) \times (-2.2) + 0.65 \times 2.05 + (-0.51) \times 0.24 \end{aligned}$$

となり、続けて、“My” と “is”、“My” と “programming” の内積を計算すると、

$$\begin{aligned} 0.9 = &\ 0.1 \times (-0.04) + (-0.15) \times 0.02 + (-0.93) \times (-1.35) \\ &+ (-0.34) \times 0.76 + 0.65 \times 0.42 + (-0.51) \times 0.7 \end{aligned}$$

$$
\begin{aligned}
-0.02 = &\ 0.1 \times 0.76 + (-0.15) \times 1.75 + (-0.93) \times (-1.13) \\
&+ (-0.34) \times 1.11 + 0.65 \times 0.75 + (-0.51) \times 1.92
\end{aligned}
$$

となる。

内積の値の大小は単語の間の関係の強さを表わしているので、“My”は、“hobby”との関係は強く、“is”との関係は中程度、“programming”との関係は弱いと評価される。

さらに、“hobby”と“programming”の間の内積を計算すると、

$$
\begin{aligned}
1.92 = &\ 0.14 \times 0.76 + 0.63 \times 1.75 + (-1.01) \times (-1.13) \\
&+ (-2.2) \times 1.11 + 2.05 \times 0.75 + 0.24 \times 1.92
\end{aligned}
$$

となり、**式(60)**は、「“My”と“hobby”、“hobby”と“programming”の間の関係は強いにもかかわらず、“My”と“programming”の間の関係は弱い」という事実を表現していることが分かる。

この事実は次のように説明することができる。

“My”は“hobby”を直接修飾している単語であることから関係性が強く、また、問題の文は“hobby”=“programming”を意味しているため、文意に照らして両者の関係は強い。

一方、“My”と“programming”は、“hobby”を介して間接的に関連しているだけで、両者の間には直接の関係は存在しない。

ここで注意しておくべきは、トークン間の関係は入力された文の中で決定される関係であるという点であり、トークン間の関係の強度は入力された文を学習することでしか得られない。

たとえば、“My”、“hobby”、“programming”の関係の強度は、“My hobby is programming.”という文章中でのものであり、普遍的なものではない。

実際、「トランスフォーマー」の「エンコーダ」は、入力となる系列(文章)における「トークン」(単語)の間の関係を評価して、内積によって関係の強弱を評価できるようにベクトル化を行ない、その結果を出力する。

つまり、「エンコーダ」の出力は、**式(60)**の形式の行列であり、行数は

「系列データ」に表われる「トークン」の個数、各行は対応する「トークン」のベクトル表現を与える。

説明のため上記の例ではベクトル表現の次元を 6 としたが、実際には、「**表現次元**」は非常に大きく設定され、たとえば、512 次元などとする。

ベクトル表現の次元を大きく設定する理由は、次の思考実験から想像することができると思う。

“My”、“hobby”、“programming” のベクトル表現を、それぞれ、$\boldsymbol{v}_{\mathrm{M}}$、$\boldsymbol{v}_{\mathrm{h}}$、$\boldsymbol{v}_{\mathrm{p}}$ と表わす。

2 単語の間の関係が強い時は内積の値を「1」、弱いときは内積の値を「0」とするように、ベクトル表現を定めることを目標としてみよう。

すなわち、次が成り立つように、各ベクトルの値を定めたい。

$$\boldsymbol{v}_{\mathrm{M}} \cdot \boldsymbol{v}_{\mathrm{h}} = \boldsymbol{v}_{\mathrm{h}} \cdot \boldsymbol{v}_{\mathrm{p}} = 1, \quad \boldsymbol{v}_{\mathrm{h}} \cdot \boldsymbol{v}_{\mathrm{p}} = 0 \qquad \text{式 (61)}$$

仮にベクトル表現の次元を「1」とすると、「$\boldsymbol{v}_{\mathrm{h}} = 0$」、または、「$\boldsymbol{v}_{\mathrm{p}} = 0$」が成り立つので、**式 (61)** が成り立つことはない。

一方、ベクトル表現の次元を「3」とすれば、ベクトルを以下のように定めれば、**式 (61)** を成り立たせることができる。

$$\boldsymbol{v}_{\mathrm{M}} = (1, 1, 0), \quad \boldsymbol{v}_{\mathrm{h}} = (1, 0, 1), \quad \boldsymbol{v}_{\mathrm{p}} = (0, 0, 1)$$

「系列データ」に現われる「トークン」の個数は多く、「トークン」相互の関係は複雑になる。

したがって、充分にベクトル表現の次元を大きく設定して、多数の「トークン」の間の関係を表現できるようにする必要があるのである。

*

さて、機械学習一般において内積の計算は頻出するが、特に、「トランスフォーマー」を含め、「人工ニューラルネット」では、内積の計算の比重は非常に大きい。

たとえば、ニューロン素子内で入力の重み付き和を計算する計算も、「**重みベクトル**」と「**入力ベクトル**」の内積で計算される。

$$w_1 x_1 + \cdots + w_n x_n = (w_1, \ldots, w_n) \cdot (x_1, \ldots, x_n)$$

「人工ニューラルネット」では、大量の内積を効率的に計算する手段として、行列が利用される。

たとえば、**式（61）**の各ベクトル表現の内積は、以下の行列計算により、一括して計算することができる。

$$
\begin{bmatrix} 0.1 & -0.15 & -0.93 & -0.34 & 0.65 & -0.51 \\ 0.14 & 0.63 & -1.01 & -2.2 & 2.05 & 0.24 \\ -0.04 & 0.02 & -1.35 & 0.76 & 0.42 & 0.7 \\ 0.76 & 1.75 & -1.13 & 1.11 & 0.75 & 1.92 \end{bmatrix}
\begin{bmatrix} 0.1 & -0.15 & -0.93 & -0.34 & 0.65 & -0.51 \\ 0.14 & 0.63 & -1.01 & -2.2 & 2.05 & 0.24 \\ -0.04 & 0.02 & -1.35 & 0.76 & 0.42 & 0.7 \\ 0.76 & 1.75 & -1.13 & 1.11 & 0.75 & 1.92 \end{bmatrix}^{\top}
$$

$$
= \begin{bmatrix} 0.1 & -0.15 & -0.93 & -0.34 & 0.65 & -0.51 \\ 0.14 & 0.63 & -1.01 & -2.2 & 2.05 & 0.24 \\ -0.04 & 0.02 & -1.35 & 0.76 & 0.42 & 0.7 \\ 0.76 & 1.75 & -1.13 & 1.11 & 0.75 & 1.92 \end{bmatrix}
\begin{bmatrix} 0.1 & 0.14 & -0.04 & 0.76 \\ -0.15 & 0.63 & 0.02 & 1.75 \\ -0.93 & -1.01 & -1.35 & -1.13 \\ -0.34 & -2.2 & 0.76 & 1.11 \\ 0.65 & 2.05 & 0.42 & 0.75 \\ -0.51 & 0.24 & 0.7 & 1.92 \end{bmatrix}
$$

$$
= \begin{bmatrix} 1.69 & 2.8 & 0.9 & -0.02 \\ 2.8 & 10.52 & 0.72 & 1.92 \\ 0.9 & 0.72 & 3.09 & 4.04 \\ -0.02 & 1.92 & 4.04 & 10.36 \end{bmatrix}
$$

式（62）

この行列を参照することによって、たとえば、“My”（**式（60）**の第1行）と“hobby”（**式（60）**の第2行）のベクトル表現の内積は、1行2列の成分によって「2.8」と与えられることが分かる。

つまり、同じ「トークン」の組み合わせを許す「${}_4H_2 = {}_5C_2 = 10$通り」の組み合わせに対して、**式（62）**に示す4行4列の行列が値を与える。

実際、この行列は「対称行列」（i行j列の成分とj行i列の成分が等しい）であるので、正確に10個の値を特定している。

行列Mに対して、$M^{\top}$は「**転置行列**」といい、Mの行と列を入れ替えて得られる行列である。

以下では、まず、「エンコーダ」を構成する機能を順に説明する。

● セルフ・アテンション

「**セルフ・アテンション**」は、「エンコーダ」における中核となる処理であり、「トークン」のベクトル表現が与えられたとき、内積で与えられるトークン間の関係をさらに強調するように、ベクトル表現を変換するための計算である。

例を用いて説明する。

式（62）の第1行をみると、“My”と他の「トークン」との関係の強弱が分かる。

この関係の強弱に基いて「重み」を決定し、ベクトル表現の「重み付き和」で差分Δv_Mを計算し、Δv_Mを“My”のベクトル表現v_Mに加えることにより、新たなベクトル表現に更新することを考える。

更新されたベクトル表現では、**式 (62)** で表現されるトークン間の関係がより明確に表現されることを期待する。

すなわち、適当な重み「$w_1, \cdots ,w_4$」に対して、

$$\begin{aligned}\Delta \boldsymbol{v}_{\mathrm{M}} =& w_1 \cdot \begin{pmatrix}0.1 & -0.15 & -0.93 & -0.34 & 0.65 & -0.51\end{pmatrix} \\ &+ w_2 \cdot \begin{pmatrix}0.14 & 0.63 & -1.01 & -2.2 & 2.05 & 0.24\end{pmatrix} \\ &+ w_3 \cdot \begin{pmatrix}-0.04 & 0.02 & -1.35 & 0.76 & 0.42 & 0.7\end{pmatrix} \\ &+ w_4 \cdot \begin{pmatrix}0.76 & 1.75 & -1.13 & 1.11 & 0.75 & 1.92\end{pmatrix}\end{aligned}$$

により差分を計算し、「$(v_{\mathrm{M}} = 0.1\ -0.15\ -0.93\ -0.34\ 0.65\ -0.51)$」を、「$v_{\mathrm{M}} + \Delta v_{\mathrm{M}}$」で更新する。

重み「$w_1, \cdots, w_4$」は、**式 (62)** の第1行で示される "My" との関係の強弱によって定められるべきであるが、このとき、「**ソフト（アーグ）マックス関数**」を利用する。

コラム「ソフト（アーグ）マックス関数」で説明したように、「ソフト（アーグ）マックス関数」は「アーグマックス（arg max）関数」の滑らかな近似であることから、この処理の根拠が理解できると思う。

また、「ソフト（アーグ）マックス」の値は確率と解釈することができる事実に根拠を求めてもいい。

具体的には、「重み」を次のように計算する。

$$S = e^{1.69} + e^{2.8} + e^{0.9} + e^{-0.02} = 25.22$$

$$\begin{pmatrix}w_1 & w_2 & w_3 & w_4\end{pmatrix} = \begin{pmatrix}\frac{e^{1.69}}{S} & \frac{e^{2.8}}{S} & \frac{e^{0.9}}{S} & \frac{e^{-0.02}}{S}\end{pmatrix} = \begin{pmatrix}0.21 & 0.65 & 0.1 & 0.04\end{pmatrix}$$

式 (60) の右辺の行列を「V」と表わすこととすると、行列の積の計算、

$$\Delta \boldsymbol{v}_{\mathrm{M}} = \begin{pmatrix}w_1 & w_2 & w_3 & w_4\end{pmatrix} V$$

によって Δv_{M} が計算される。

同様に、行列Mを引数とする関数「soft arg max(M)」を行ごとに「ソフト（アーグ）マックス」を計算する関数とすると、

$$\Delta V = \begin{bmatrix} \Delta \boldsymbol{v}_{\mathrm{M}} \\ \Delta \boldsymbol{v}_{\mathrm{h}} \\ \Delta \boldsymbol{v}_{\mathrm{i}} \\ \Delta \boldsymbol{v}_{\mathrm{p}} \end{bmatrix}$$

$$= \mathrm{soft\,arg\,max}\left(\mathrm{VV}^{\top}\right)\mathrm{V}$$

$$= \begin{bmatrix} 0.21 & 0.65 & 0.1 & 0.04 \\ 0 & 1 & 0 & 0 \\ 0.03 & 0.02 & 0.26 & 0.68 \\ 0 & 0 & 0 & 1 \end{bmatrix} \begin{bmatrix} 0.1 & -0.15 & -0.93 & -0.34 & 0.65 & -0.51 \\ 0.14 & 0.63 & -1.01 & -2.2 & 2.05 & 0.24 \\ -0.04 & 0.02 & -1.35 & 0.76 & 0.42 & 0.7 \\ 0.76 & 1.75 & -1.13 & 1.11 & 0.75 & 1.92 \end{bmatrix}$$

$$= \begin{bmatrix} 0.14 & 0.45 & -1.03 & -1.38 & 1.54 & 0.19 \\ 0.14 & 0.63 & -1.01 & -2.19 & 2.05 & 0.24 \\ 0.52 & 1.21 & -1.18 & 0.89 & 0.69 & 1.49 \\ 0.76 & 1.74 & -1.13 & 1.1 & 0.75 & 1.91 \end{bmatrix}$$

が差分ΔVを決定し、「エンコーダ」ではVを「V + ΔV」により更新する。

セルフ・アテンション

「トークン」のベクトル表現を表わす行列をVとするとき、「セルフ・アテンション」はVの更新の差分ΔVを次式で計算する。

$$\Delta \mathrm{V} = \mathrm{soft\,arg\,max}\left(\mathrm{VV}^{\top}\right)\mathrm{V}$$

● フィード・フォーワード

「セルフ・アテンション」によって、「トークン関係」が強調されたベクトル表現を「多層ニューラルネット」に入力し、再度差分を計算し、計算した差分をベクトル表現に加算することで、新しいベクトル表現を得る。

「多層ニューラル」の出力は、入力であるベクトル表現と同じ行数・列数をもつ行列であり、「重み」と「バイアス」のパラメータは学習によって最適化される。

論文「Attention is all we need」では、2層の「ニューラルネット」と「Relu関数」による構成が述べられており、行数・列数ともに表現次元である重み行列 W_1 と W_2 と、バイアスパラメータ b_1 と b_2 により、次式に従ってベク

トル表現Vを更新する。

$$V \leftarrow V + \max(0, VW_1 + b_1)\, W_2 + b_2$$

「エンコーダ」を構成する基本ユニットは、「セルフ・アテンション」と「フィード・フォーワード」のフローであり、「エンコーダ」は基本ユニットを複数層重ねた深層ネットワークである（**図72**）。

「エンコーダ」の出力は、行数が「トークン」の個数･列数が表現次元（たとえば、512）となる行列であり、「デコーダ」の各ユニットにおいて参照される。

次いで、「デコーダ」について説明を行なう。

● アテンション

「デコーダ」は、その時点までに生成した部分的なデータ系列を入力とし、次に来るべき「系列データ」の要素を計算する（**図72**）。

機械翻訳の場合は、「エンコーダ」の出力を原文の「要約」として参照しながら、その時点までの「翻訳」を入力とし、次に来るべき単語を出力する。

より正確には、翻訳対象言語に属する「語彙」の各単語に対して、現時点での出力系列に追加するべきか否かの「確信度」を出力する。

出力系列を更新するためには、最も「確信度」が高い単語を選択し、出力系列の最後尾に追加すればよい。

「デコーダ」による処理を出力系列の長さだけ繰り返すことによって、最終的な出力となるデータ系列を得ることができる。

「デコーダ」の基本ユニットでの最初の処理は、「セルフ・アテンション」によって計算した差分による、入力系列のベクトル表現の変換である。

入力、すなわち、時点tでの出力系列のベクトル表現をV_tと表わすと、V_tは、行数がt、列数が表現次元となる行列であり、すでに見たように、

$$V_t \leftarrow V_t + \operatorname{soft\,arg\,max}\left(V_t V_t^\top\right) V_t$$

によってベクトル表現が更新される。

「デコーダ」の基本ユニット内での次の処理は、「セルフ・アテンション」より一般的なアテンションにより差分を計算し、計算した差分を V_t に加算する計算である。

今、「エンコーダ」の出力をSと表わすと、Sは、行数が入力系列のトークン数 ℓ_S、列数が表現次元となる行列であり、アテンションによる処理は次の数式で表現される。

$$V_t \leftarrow V_t + \mathrm{soft\,arg\,max}\left(V_t S^\top\right) S$$

「$V_t V_t^\top$」は、時点 t における出力系列に現われる「トークン」同士の関係の強度を表現する、行数 t・列数 t の行列であった。

同じ行列計算で異なる「トークン」集合の間の関係の強度を計算することができ、実際、「$V_t S^\top$」は、時点tにおいて出力された t 個の「トークン」と、入力系列に現われる ℓ_S 個の「トークン」の間の関係の強度を評価する行数 t・列数 ℓ_S の行列である。

アテンション

ステップtにおける出力系列に含まれる「トークン」のベクトル表現を行列 V_t、「エンコーダ」の出力である入力系列の「トークン」のベクトル表現を行列Sで表わすとき、アテンションは V_t の更新の差分 ΔV_t を次式で計算する。

$$\Delta V_t = \mathrm{soft\,arg\,max}\left(V_t S^\top\right) S$$

● マルチヘッド・アテンション

「セルフ・アテンション」とアテンションで扱う行列の列数は、「トークン」の表現次元であり、たとえば、512のように大きな値であった。

このような大きな次元の行列の計算には、長い時間と大きなメモリが必要となる。

また、ここまでで説明した「セルフ・アテンション」とアテンションの計算は学習対象となるパラメータを含まない固定の計算であり、学習による最適化の対象とならない。

この二つの問題の解決として、「**マルチヘッド・アテンション**」という仕組みが利用される。

「マルチヘッド・アテンション」では、表現ベクトルを次元の低い h 個のベクトルに分解してから、(セルフ・) アテンションの計算を実行し、得ら

れた h 個の行列を結合して、表現行列と同じ行数・列数の行列を再構成する。

今、ベクトル表現の行列 V の行数を ℓ、列数を k とし、「セルフ・アテンション」を例にとって、具体的に説明しよう。

「$k = hk'$」によって、k' を定め、「重みパラメータ」を成分とする行数 ℓ・列数 k' の h 個の行列「$W_1, \cdots, W_h$」に対して、

$$V_1 = VW_1, \ldots V_h = VW_h$$

を定義する。

行列「$V_1, \cdots, V_h$」は、それぞれ列数 ℓ・行数 k' の行列であり、「セルフ・アテンション」による差分、

$$\Delta V_i = \operatorname{soft\,arg\,max}\left(V_i V_i^\top\right) V_i, \quad i = 1, \ldots, h$$

も列数 ℓ・行数 k' の行列である。

ベクトル表現 V の更新は、

$$V \leftarrow V + \begin{bmatrix} \Delta V_1 & \ldots & \Delta V_h \end{bmatrix}$$

による。

各、V_i の列数は「$k' = \frac{k}{h}$」と小さく、また、ΔV_i の計算は並列に実行することができるため、計算効率がいい。

また、(セルフ・) アテンションも学習による最適化が行なわれるため、学習効率が改善されることも確かめられている。

● 位置符号化

「エンコーダ」への入力は、「入力系列データ」に現われる「トークン」のベクトル表現であった。

たとえば、機械翻訳を考えると、「入力系列データ」は単語の系列であり、同じ単語が一つの文中に複数回現われる可能性がある。

しかし、たとえ同じ単語であっても、文中での位置が異なれば異なる意味をもつので、ベクトルでの表現も異ならなければならない。

すなわち、「トークン」をベクトル化するときには、「トークン」の系列中での位置情報を含むようにする必要がある。

この処理を「**位置符号化**」と呼ぶ。

「位置符号化」には、**「マルチヘッド・アテンション」と「フィード・フォーワード」による処理を経ても位置情報が継承される**ようになされなければならないという要件が存在する。

論文「Attention is all we need」に具体的な符号化方式が記述されているが、それを説明することは本書の趣旨を超えるため、興味のある読者は原論文を参照されたい。

参考文献目録

第1章の参考文献

[1] 申吉浩ほか、機械学習アルゴリズム入門―類似性の科学― 工学社、2022 年

[2] W. S. McCulloch and W. Pitts, A logical calculus of the ideas immanent in nervous activity, The bulletin of mathematical biophysics vol.5 pp.115-133 (1943)

[3] F. Rosenblatt, The Perceptron: A Probabilistic Model for Information Storage and Organization in the Brain, Psychological Review vol.65 pp.386-408 (1958)

[4] M. Minsky and D, Papert, Perceptrons, Papert, MIT Press, 1969(邦訳、S. パパート共著、中野馨、阪口豊訳、パーセプトロン〔改訂版〕、パーソナルメディア、1993 年)

[5] Perceptron, Mark I, National Musium of Amrerican History,https://americanhistory.si.edu/collections/search/object/nmah_334414

[6] D. E. Rummelhart and J. E. McClelland, editors. Parallel Distributed Processing. MIT Press, Cambridge MA, 1986

[7] D. E. Rummelhart et al., Learning Internal Representations by Error Propagation, in [6]

[8] G. E. Hinton and T. J. Sejnowski. Learning and Relearning, in [6]

[9] S. Amari, Theory of adaptive pattern classifiers. IEEE Trans., EC-16(3), 299307 (1967)

[10] K. Fukushima et al., Neocognitron: a neural network model for a mechanism of visual pattern recognition. IEEE Transactions on Systems, Man, and Cybernetics vol.13 pp.826–834 (1983)

[11] A. Krizhevsky et al., ImageNet classification with deep convolutional neural networks, NIPS (2012)

[12] A. Vaswani, Attention Is All You Need, arXiv:1706.03762

[13] J. Devlin et al., BERT: Pre-training of Deep Bidirectional Transformers for Language Understanding, arXiv:1810.04805

[14] I. J. Goodfellow et al., Generative Adversarial Networks, arXiv:1406.2661

第３章の参考文献

[1] J.J. Hopfield, Neural networks and physical systems with emergent collective computational abilities, Proc. Natl. Acad. sci. USA., vol.79 pp.2554-2558 (1982)

[2] C. M. ビショップ、パターン認識と機械学習(上、下)　元田浩監訳 丸善出版社 2012 年(C. M. Bishop, Pattern Recognition and Machine Learning, Splinger-Verlag New York, 2006)

[3] S. W. Edwards and P. W. Anderson, Thory of spin glasses. Jour. Phys.F, vol.2, p.965 (1975)

[4] P.W. Anderson, Science, vol.177 pp.393-396 (1972)

[5] E. Gardner and B. Derrida, Optimal storage properties of neural network models. Journal of Physics A: Mathematical and General. vol.21 pp.271–284 (1988)

[6] 西森秀稔、スピングラス理論と情報統計力学、岩波書店、1999 年

[7] A. Engel and C. Van den Broeck, Statistical Mechanics of Learning., Cambridge University Press (2001)

[8] D. E. Rummelhart and J. E. McClelland, editors. Parallel Distributed Processing. MIT Press, Cambridge MA, 1986

[9] G. E. Hinton and T. J. Sejnowski. Learning and Relearning in Boltzman Machine. in D. E. Rummelhart and J. E. McClelland, editors. Parallel Distributed Processing. MIT Press, Cambridge MA,1986

[10] G. E. Hinton. Trainig Products of Experts by minimizing Contrastive Divergence, Neural Computaion vol.8 pp.1771-1800 (2006)

[11] 安田宗樹、ディープボルツマンマシン入門、人工知能学会誌、28 474　(2013)

[12] 麻生秀樹他、深層学習Deep Learning、人工知能学会(監修)　近代科学社 (2015 年)

[13] S. Geman and D. Geman, Stochastic Relascasyution, Gibbs Distrbutions and the Bayesian Restoration of Image, IEEE Trans. PAMI. vol.6 pp.721-741 (1984)

索引

アルファベット順

五十音順

■著者略歴

申　吉浩（しん・よしひろ）

1960年　大韓民国ソウル生まれ
1990年　東京大学大学院理学系研究科数学専門課程博士課程単位取得退学
2007年　Carnegie Mellon CyLab Japan 教授
2010年　兵庫県立大学大学院応用情報科学研究科教授
現在・学習院大学計算機センター教授・博士（工学）

園田　隆史（そのだ・たかし）

1956年 長崎生まれ
1985年 日本大学大学院理工学研究科物理学専攻 博士後期課程修了 理学博士
同年 富士ゼロックス（株）入社
現在 学習院大学および大妻女子大学 非常勤講師

甘利　丈慈（あまり・じょうじ）

1999年 東京生まれ
現在・学習院大学大学院自然科学研究科2年

髙井　絢之介（たかい・じゅんのすけ）

1998年　茨城生まれ
現在・学習院大学大学院自然科学研究科2年

室田　佳亮（むろた・けいすけ）

1998年　東京生まれ
現在・東京大学大学院理学系研究科物理学専攻修士2年

本書の内容に関するご質問は、
①返信用の切手を同封した手紙
②往復はがき
③ FAX (03) 5269-6031
（返信先の FAX 番号を明記してください）
④ E-mail　editors@kohgakusha.co.jp
のいずれかで、工学社編集部あてにお願いします。
なお、電話によるお問い合わせはご遠慮ください。

サポートページは下記にあります。

［工学社サイト］
http://www.kohgakusha.co.jp/

I/O BOOKS

基礎からのニューラルネット―人工知能の基盤技術―

2023年1月25日　初版発行　ⓒ2023

監　修　　申　吉浩
発行人　　星　正明
発行所　　株式会社工学社
〒160-0004 東京都新宿区四谷 4-28-20 2F
電話　　(03) 5269-2041（代）［営業］
　　　　(03) 5269-6041（代）［編集］
振替口座　00150-6-22510

※定価はカバーに表示してあります。

印刷：シナノ印刷（株）

ISBN978-4-7775-2232-3